KB082887

산티아고 프랑스길, 28일간의 556㎞ 도보 일기

띄엄띄엄 산티아고 순례길

안녕 지음

2019년 7월

프랑스 생장피드포르에서
스페인 산티아고 데 콤포스텔라까지

산티아고 순례길 프랑스길
Camino de Santiago l El camino Francés

28일간의 기록

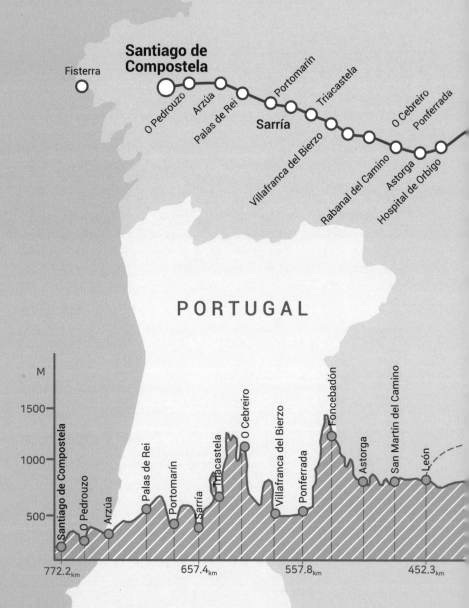

Fisterra

Santiago de Compostela

O Pedrouzo

Arzúa

Palas de Rei

Sarría

Portomarín

Triacastela

Villafranca del Bierzo

Rabanal del Camino

O Cebreiro

Astorga

Hospital de Orbigo

Ponferrada

PORTUGAL

M

1500

1000

500

Santiago de Compostela

O Pedrouzo

Arzúa

Palas de Rei

Portomarín

Sarría

Triacastela

O Cebreiro

Villafranca del Bierzo

Ponferrada

Foncebadón

Astorga

San Martín del Camino

León

772.2km

657.4km

557.8km

452.3km

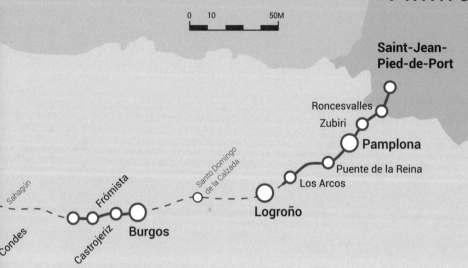

FRANCE

Saint-Jean-Pied-de-Port

Roncesvalles

Zubiri

Pamplona

Puente de la Reina

Los Arcos

Logroño

0   10   50M

Santo Domingo de la Calzada

Sahagún

Frómista

Castrojeriz

Burgos

Condes

ESPAÑA

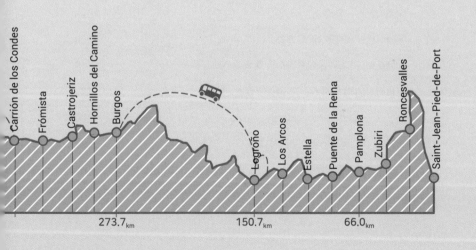

Carrión de los Condes

Frómista

Castrojeriz

Hornillos del Camino

Burgos

Logroño

Los Arcos

Estella

Puente de la Reina

Pamplona

Zubiri

Roncesvalles

Saint-Jean-Pied-de-Port

273.7 km   150.7 km   66.0 km

목차

순례길 열흘 차에 만난 온타나스 마을

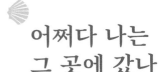

어쩌다 나는
그 곳에 갔나

　예고 없이 결단되는 무언가들은 항상 삶 속에 존재한다. 유럽을 몇 번씩 방문하고 또 한참을 한 나라에 있으면서도 단 한 번도 내가 산티아고에 가게 되리라고 생각하지 못했던 것처럼. 언뜻 들었을 땐 종교적인 색채가 강해서 철저히 무신론자인 나에겐 맞지 않는다고 생각했다. 적어도 내가 이 길을 걷는다는 건, 하나의 모순이었다. 그것이 2019년이 오기 전까지 그랬다. 기해년의 나는 참으로 안됐었다. 스스로 그런 말을 할 정도의 상황들이 새해 첫날부터 우후죽순 생겨났다. 마치 출연에 동의하지 않은 막장 드라마의 주인공이라도 된 느낌이었다. 하차는 나의 의지론 불가했다.

　단순히 안 좋은 상황만이 이유의 전부는 아니다. 음 소거 버튼이 눌러진 것만 같은 세상이 있었고 터벅터벅 걷는 발걸음에 맞춰 굵은 모래와 자잘한 돌들이 짓이겨 지는 소리가 그 안에 있었다. 많은 이들에게 '산티아고 순례길'이라는 것을 알게 한, 어느 프로그램의 한 장면이었다. 끝도 없는 길을 걷는 사람, 거기서 나는 끌렸다. 당시의 나는 불안한 내 환경 속에서 제대로 준비하지 못한 채 프랑스에 입학 원서를 넣었다. 어딘가 있을 '운'을 양심도 없이 기대했지만, 결과는 역시나 처참했다. 떠나고 싶었고, 도망치고 싶었다.

5월 몇 주간의 비교 끝에 77만 원짜리 파리 왕복 티켓을 샀다. 비행기 표를 산다는 건 생각보다 쉽지 않다. 이것저것 재고 따져야 하는 것투성이다. 이번 구매에서 제일 큰 변수는 프랑스 길의 시작점인 남부 마을로 내려가는 떼제베TGV 기차표였다. 프랑스 기차표는 우리나라처럼 정액가가 아니다. 3개월 전 최저가가 오픈되고 나서부터 계속 금액이 오르는 시스템이다. 20유로대에서 시작해 비싸면 120유로도 넘어가는 제멋대로의 가격 사이에서 타협점을 찾아야 했다. 하루치 숙박료를 계산했을 때에도 가격이 괜찮은지, 혹시 모를 비행기 연착을 고려했을 때 가능한 시간대인지 등등. 너덜너덜한 마음으로 시작한 것치곤 꽤 성실한 준비였다.

비행기 표를 사고 나서 일주일은 정보 검색만 했다. 평소 등산과 담을 쌓고 살았던 터라 모든 것에 문외한이었고 때문에 단어들이 모두 신문물 같았다. 고어텍스니 비브람창이니, 양말이 이건 이렇고 저건 저렇다는 이야기들만으로도 선택의 장애는 늘어갔다. 구매 품목 중 가장 중요한 신발에 과감한 투자를 했다. 이번에만 딱 신고 말 게 뻔한 신발에 20만 원을 넘게 썼고 양말도 무려 한 켤레에 3만 원인 스마트 울 양말을 샀다. 생전 처음으로 발가락 양말도 샀다. 내가 이런 걸 신게될 줄이야. 이것 말고도 아직 사야 할 것들이 많았다. 등산스틱, 판초 우의, 침낭 등. 이 와중에 다행인 것은 첫 유럽 여행 때 산 50ℓ 배낭을 쓸 수 있다는 점이다.

출발 전날, 온종일 배낭을 꾸렸다. 아직 들어갈 것이 한참인데 배낭은 이미 터지기 직전이었다. 버스를 타고 공항에 와서 메고 다니는 데 정말 무거웠다. 공항 카운터에서 위탁 수하물로 보내려 배낭을 컨베이어에 올려놓았을 때, 무게를 알려주시던 직원분의 말을 듣곤 놀라 다시 한번 되물었다.

"네? 십구 킬로요?"

꼭 필요한 것

등산화(목 긴 거), 등산스틱, 경량침낭
판초 우의, 바람막이, 슬리퍼
스포츠 타월 1장, 속옷 2세트, 각종 양말,
선크림, 땀띠 분, 수분크림, 바세린
일 모자(목에 천 달린 것), 반짇고리
상비약(특히 항히스타민제), 머리끈,
반소매 티셔츠 2장, 스포츠레깅스 1벌,
냉장고 바지 1벌, 동전 지갑, 충전기,
옷핀 여러 개, 빨래집게 여러 개, 여름 장갑,
쿨토시, 초반에 쓸 일회용 샤워 제품
(나중에 마트에 가서 겸용 하나 사면 됨)

필요 없던 것 (버린 것)

마스크팩, 휴X 시간,
플라스틱 용기,
등산바지, 텀블러,
헤드랜턴, 스패츠,
스킨, 로션, 알로에 젤,
클렌징폼(분실)
휴대폰 파우치,
스포츠 테이프,
여분의 스포츠 타월,
옷걸이, 진드기 시트

있어서 좋았던 것

라면 티백, 참기름,
수저 세트(나무로 된 가벼운 것),
에코백(장 본 것 넣어 다닐 용도),
우산(숙소 도착 후 사용),
진드기 기피제(효과는 잘
모르겠으나 마음의 안정을 줌),
비상식량(다만 너무 무거워서
초반에 다 먹음)

나라서 챙긴 것

수채화 용구, 필름카메라,
필름 15롤, 대용량 보조배터리,
보조 크로스백(유럽 가면 항상 씀)

오랜만의
프랑스

2019-07-02 | 도착날 | Paris ~ Saint-Jean-Pied-de-Port

내가 인천과 제주 다음으로 가장 많이 방문한 공항은 단연 이곳, 파리의 샤를 드골이다. 10시간이 넘는 지루한 시간을 지나, 예상 시간보다 40분 일찍 비행기 가 착륙했다. 컨베이어 앞에서 위탁으로 보낸 나의 배낭을 기다렸다. 짐이 나오기 를 기다리는 이때가 제일 걱정이 심하다. 혹시나 내 짐이 오지 않았을까 봐. 물론 그런 경우는 아직 한 번도 겪어보지 못했지만, 최악을 먼저 생각하는 편이 정신건

강에 이롭다는 것을 잘 안다. 한참을 안 나와 애를 태우던 배낭이 벨트를 따라 나온다. 경유지인 하노이에서 잘도 10시간을 보관되었다 나타난 것이다. 그 시간 동안 나는 잠시 레이오버로 시내에 나갔다 왔는데, 지구상 어딘가의 날씨가 그렇게까지 습할 수 있다는 것이 참 경이로웠던 경험이었다. 배낭이 너무 무겁기 때문에 반동으로 어깨에 들쳐 올린다. 이제 해야 할 일은 바욘Bayonne으로 가는 기차를 타기 위해 파리 시내의 몽파르나스 역Gare Montparnasse까지 이동하는 것이다. 공항에서 시내로 가는 방법엔 여러 가지가 있는데 오늘은 전에 인터넷에서 본 가장 저렴한 루트를 이용하기로 했다. 종이로 된 일회권을 단 두 장만 사용하여 가는 것으로 단돈 4유로다. 보통 8유로 이상을 지불하는 것에 비하면 정말 저렴한 수단이다. 다만 버스의 배차 시간이 길기에 시간의 구애가 없어야 한다. 무엇보다 나는 프랑스어를 조금은 할 줄 알기에 상대적으로 더 할만했다. 만약 첫 프랑스 방문이 순례길을 위한 것이라면 돈을 좀 더 써서 편한 리무진을 타는 것이 좋다. 시작도 전에 큰 배낭을 메고 낯선 이곳에서 헤매는 건 너무 힘들 테니 말이다.

93번 버스를 타기 위해 터미널 2에서 3으로 이동한다. 출구 쪽으로 가다 보면 CDGVAL 이라는 셔틀 트레인 위치 표지판을 볼 수 있다. 그걸 타고 터미널3에 와서는 외부에 있는 갸흐 후티에흐Gare Routière를 찾아가면 된다. 버스 환승센터 같은 곳인데, B4 위치에 93번 버스가 온다. 여기서 1회권(Ticket+1) 1장 쓴다. 나는 지난 여행에서 남은 것이 있어서 그걸 썼는데, 보통 구매는 기계나 창구에서 할 수 있다. 참고로 기계가 훨씬 편하고 친절할 것이다. 버스가 오길 기다리는 동안 가방은 바닥에 내동댕이쳤다. 너무 무거워 메고 있을 수가 없다. 배낭 외에도 오른쪽엔 크로스백이 왼쪽엔 에코백이 있고 목엔 무거운 필름 카메라도 달려 있다. 아직 길을 걷지도 않았는데 이대로 괜찮을지, 걱정이란 것이 밀려온다.

버스를 기다리는 동안 친구들에게 무사 도착을 알렸다. 얼추 대화의 시차가 맞다. 20분 뒤 나타난 버스는 교통체증 없이 시원하게 도로를 달렸다. 날씨가 참으로 청명하다. 거의 2년 만의 재방문. 개인적으로 나는 프랑스를 좋아한다. 운이 좋게도 아직 큰 인종차별을 당하지 않았고 만난 이들, 분위기, 풍경 모두가 좋았다. 심지어 프랑스어를 배우는 것도. 물론 힘든 점도 꽤 있었지만, 기억이라는 것이 늘 그렇듯 결국 남는 건 좋았던 것뿐이고 안 좋았던 것의 상당수는 미화를 통해 자기 위로로 남겨진다. 한 시간쯤 걸려 93번 버스가 종점인 지하철 5호선 끝의 보비니 파블로 피카소Bobigny-Pablo Picasso 역에 도착했다. 5호선의 열차는 나름 신식이라 좋다. 이제 여기서 새로운 티켓을 써서 동역Gare de l'est까지 간 후 4호선으로 환승하면 된다. 그렇게 몽파르나스 역에 무리 없이 도착했다. 이미 여러 번 이곳에 와 본 경험 덕분이다. 시간이 남아 근처 맥도날드에서 맥모닝으로 아침을 해결했고 근처 마트에서 과일과 물 하나를 샀다. 여름의 유럽은 마트에서 납작복숭아를 쉽게 볼 수 있는 시기다. 스페인 산이라고 쓰여 있는 걸 보니 곧 더욱 싸게 먹을 수 있을 것 같아 욕심 없이 딱 2개만 집었다. 더불어 내일 순례길에서 점심으로 먹을 샌드위치도 샀다.

시간이 거의 다 될 때쯤에야 전광판에 플랫폼 번호가 나왔다. 개찰구를 지나 들어갈 때 검표원이 표를 일일이 확인한다. 미소지자의 입장을 방지하기 위한 것인데 테러에 몸살을 앓고 있는 프랑스라 이런 일은 매우 중요하다. 고속 기차를 타고 바욘으로 간다. 바욘은 프랑스 지도상으로 보자면 8시 방향쯤에 있는 도시로, 그 근처에 비아리츠Biarritz라고 바다를 낀 유명한 휴양도시가 있다. 프랑스인들이 주로 휴가를 가는 곳이다. 참고로 나는 17년도에 이미 두 도시 모두 방문했었다.

중간에 보르도Bordeaux를 경유하여 바욘에 도착했다. 여기서 한 시간 삼십 분 후에 오는 작은 기차로 갈아타야 생장 피 드 포르Saint-Jean-Pied-de-Port로 간다. 그 잠깐 사이에 반가운 얼굴을 만났다. 2년 전 프랑스 생활을 할 때 어학원에서 만난 일본인 언니가 여름 휴가차 프랑스에 머물고 있었는데 신기하게도 타이밍이 맞았다. 우연도 이런 우연이 없다. 언니는 자신의 버킷 리스트인 비아리츠 여행을 위해 와 있었는데 고맙게도 시간이 없는 나를 위해 버스를 타고 역 앞까지 와 주었다.

바욘 역 근처는 어수선했다. 2년 전에도 하고 있던 공사를 아직도 하고 있었다. 시내까지 버스를 타고 이쪽까지 넘어온 그녀와 반가운 인사를 나누고 근처 노천 카페에 갔다. 여전히 어색한 프랑스어를 쓰며 서로 열심히 떠들었다. 둘 다 수준이 비슷하다 보니 이해를 하면 안 되는 틀린 문장들도 찰떡같이 알아듣는다. 한국에서부터 애지중지 들고 온 파란색 에코백에는 그녀를 위한 선물들로 가득했다. 그녀 역시 나에게 줄 선물을 한 보따리 가져왔었는데 내 가방은 이미 용량 초과였다. 최대한 마음만 받고 대부분 돌려보냈다. 나의 가방을 한 번 들어보겠다던 그녀는 들쳐 메는 것조차 성공하지 못했다. 이건 불가능한 일이라며 고개를 저은 그녀는 순례길 여정 중간에 정말 괜찮게 다니고 있냐는 안부까지 보내주었다.

기차 시간에 맞춰 플랫폼 바로 앞에서 헤어졌다. 겨우 두 칸짜리 기차 안엔 누가 봐도 나 지금 걸으러 간다고 광고하는 듯한 순례자들뿐이다. 그러고 보니 전에 이 도시에 왔을 때, 왜 이렇게 배낭족이 많은가 했다. 그들이 순례자 일 줄이야… 그런 그들 사이에 이렇게 내가 있게 되다니, 내가 이걸 하러 오다니.

인생, 참 알 수가 없다.

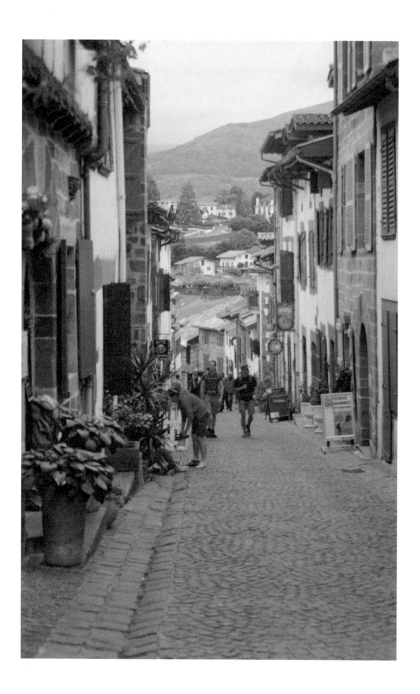

바욘에서부터 흐렸던 날씨는 생장으로 다가갈수록 조금씩 맑아졌다. 그저 첫 날부터 비가 오는 고행은 아니길 바라는 중이다. 생장 역에 도착하자 순례자들이 길을 찾아간다. 위치를 몰라도 그들만 따라가면 되는 게 대부분이 가장 먼저 순례자 사무실에 들러 순례자 여권을 만든다. 여권은 알베르게Albergue*에 체크인할 때마다 순례자임을 확인해 주는 용도이자 찍혀진 도장으로 자신의 경로를 증명해 주는 역할을 한다. 이것이 있어야 산티아고에서 완주증을 받을 수 있다. 순례자 사무실에 도착하니 사람들로 북적였다. 원래는 이미 사무실 문이 닫혔을 시간인데, 내가 탄 게 이 마을로 들어오는 오늘의 마지막 기차라 여기에 타고 있던 순례자들까지 받아준다. 긴 테이블에 따라 앉은 여러 명의 자원봉사자가 여권 발급을 도와주고 있다. 각자 구사 가능한 언어가 테이블에 적혀 있다. 성수기에는 간혹 한국인이 봉사하고 있다는 이야기도 있었다. 대부분 영어나 스페인어를 구사하는 직원 앞에 서 있다. 나는 당당히 프랑스어를 하시는 분께 서 있다가 차례에 맞춰 발급을 받았다. 그런데 그분은 내게 영어로 설명을 해주셨고 반면에 나는 프랑스어로 대답했다. 희한한 상황. 어찌 됐건 내일의 여정 중 주의해야 할 부분에 대해 안내를 받고 2유로와 함께 순례자 여권을 만들었다. 앞 장엔 나의 국적, 여권 번호와 이름, 실거주지를 비롯하여 도보, 자전거, 말 등 걷는 수단에 대해 체크하게끔 되어 있다. 내용은 모두 프랑스어로 적혀 있다. 사무실 한쪽엔 알아서 기부하고 가리비를 가져갈 수 있게끔 되어 있다. 가리비는 순례길의 상징인데, 유래가 하도 많아서 무엇이 태초인지는 알 수 없지만 가리비의 선들이 산티아고로 오는 길을 상징한다는 말을 들은 적이 있다. 여권을 만들고 바로 옆에 있는 숙소로 들어갔다. 이미 한국에서부터 예약하고 온 *Gite Makila*는 전체 여정 중 제일 비싼 숙소였다. 친절한 직원의 안내를 받아 체크인했다. 그가 내 가방을 들어 준다고 하길래 됐다고 손사래를 쳤다. 괜찮다며 내 가방을 든 그가 잠시 멈칫하더니 '네 가방 너무 무거워, 너 미쳤어.'라는 말을 한다. 그런 그의 말에 멋쩍게 웃으며

---

*알베르게(Albergue) : 마을 곳곳에 있는 순례자 전용 숙소로써 공립과 사립으로 나뉘어 진다.
화장실, 샤워실, 주방 등을 공용으로 사용하고 침대에는 별도의 이불이 없으니 침낭을 챙겨야 한다.

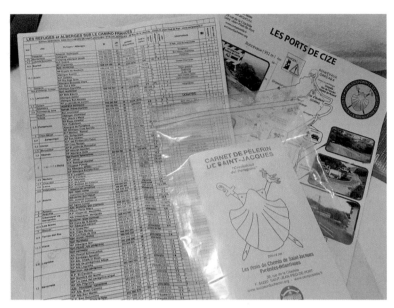

생장에서 여권을 만들면 지퍼백과 함께 프랑스길 모든 마을의 알베르게 현황(가격, 시설 등),
추천 일정에 따른 고도 표, 첫날 일정에 대해 조심해야 하는 구간의 지도를 준다.

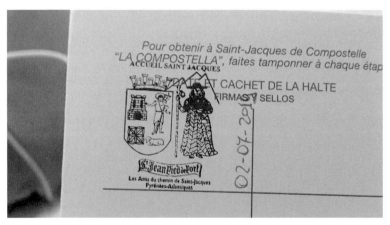

나의 첫 도장! 스페인어로 쎄요*Cello*라고 한다.

나도 안다고 말할 뿐, 지금은 딱히 할 수 있는 조치가 없다. 오늘 예약한 방은 혼성 도미토리지만 1인실처럼 큰 커튼을 칠 수 있고 게다가 침대도 단층이다. 게다가 방에 딸린 테라스를 통해 뒤편 마당으로 나갈 수 있는데 아주 널찍하고 좋았다. 날씨가 좋았다면 산과 어우러진 마을의 전경이 아주 좋았을 것 같다. 일단 고민 끝에 제일 무거운 비상식량 하나를 오늘 저녁으로 해치우기로 했다. 발열 도시락이라고 끈만 잡아당기면 알아서 데워지는 것인데, 사실 오늘 같은 날에 먹으려고 가져온 건 아니었다. 마트도 없는 작은 마을에 머물게 되면 쓰려고 한 것이다. 하지만 여기까지 가방을 메고 오면서 느낀 건, 무게를 줄이지 못하면 정말 큰일 날 것 같다는 것이다. 그러니 어쩔 수가 없었다.

드디어 내일부터 본격적인 여정이 시작된다. 하필 첫날, 프랑스길 전체 일정 중 난이도 최상으로 꼽힌다는 피레네*Pyrénées* 산맥을 넘어야 한다. 우회도 포기도 없을 27㎞의 여정. 하도 이 일정이 험난하다는 이야기를 많이 들어서 내일 아침에 배낭 트랜스퍼 서비스, 일명 한국인들 사이에서 '동키'라고 불리는 것을 이용하기로 했다. 8유로의 금액으로 론세바예스*Roncesvalles* 알베르게까지 짐을 옮겨주는 것이다. 다니다 보면 이런 서비스를 해 주는 업체가 참 많은데 경쟁이 심한 지역은 3유로 이하로도 가격이 형성되어 있다. 가방이 없으니 그나마 괜찮을 거라 믿으며 그렇게 잠자리에 들었다.

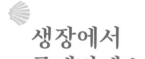

생장에서
론세바예스까지

2019-07-03 | 첫째 날 | Saint-Jean-Pied-de-Port ~ Roncesvalles

아침 일찍, 간단한 조식을 먹고 짐을 정리했다. 큰 배낭은 동키로 보낼 것이니 꼭 필요한 몇 가지들만 에코백에 따로 담았다. 늘 메고 다니는 크로스 가방과 필름 카메라까지가 오늘의 짐의 전부다. 숙소 근처의 트랜스퍼 서비스를 제공하는 사무실로 간다. 홈페이지로도 예약이 가능한데 숙소와 가깝기도 하여 그냥 왔다. 직원에게 론세바예스*Roncesvalles*까지 배낭을 보내고 싶다고 말했다. 몇 가지의 인적사항을 적고 돈을 지불하고 나왔다. 배낭이 없으니 너무 쉽게 넘진 않을까 하는 자신감마저 솟는다. 경쾌한 발걸음과는 달리 날씨는 어제처럼 흐렸다. 안개도 꼈지만 그래도 덕분에 공기는 촉촉했다. 가는 길 중간중간에 바닥이나 기둥에서 순례길 방향 표식을 만날 수 있었지만, 생각보다 길 찾기가 쉽지 않았다. 벌써 나는 한 번 경로를 이탈했다. 아까는 제법 있던 순례자들이 갑자기 한 명도 안 보이길래 미리 받아 온 까미노 지도 앱을 켜보니 엉뚱한 곳에 와 있었다. 다행히 많이 걸어 온 건 아니어서 금방 다시 제자리로 돌아갔다. 스페인에 가면 노란 화살표를 정말 자주, 편하게 볼 수 있으니 오늘만 좀 더 주의해서 걸어야 한다.

아스팔트 길을 따라 꽤 가다 보니 오리손Orison으로 가는 붉은 표지판을 발견했다. 생장에서 오후에 출발한다거나, 자신의 체력을 위해 무리하지 않기 위해서 이곳에 있는 알베르게에 묵기도 한다. 다만 오리손 알베르게는 딱 한 곳뿐이라 예약하는 건 필수다. 참고로 피레네길은 날씨가 너무 안 좋거나 겨울일 땐 통제가 된다. 그땐 다른 선택지 없이 생장에서부터 도로를 따라 우회해야 한다.

아스팔트 길에서 흙길로 변하면서 본격적인 등산이 시작됐다. 산은 밑에서 바라보는 것이라 믿는 내게, 그 속으로 들어가는 일은 익숙지 않다. 평소 등산을 좋아하던 이들이라면 어렵지 않았을 것을, 올라가다 멈춰 숨 고르기를 몇 번씩 반복하게 만든다. 걸어온 길을 돌아보는 일도 가끔은 해본다. 나름의 뿌듯함을 얻기 위한 것인데, 오늘은 날씨 덕분에 언제 뚫고 올라왔는지 모를 운해들이 장관을 이룬다. 흙길 옆으로 경사진 들판이 있고 그 위로 양들이 유유자적 머물러 있다. 여유로운 시간이라 느끼던 차에 수많은 양 떼 무리를 만났다. 길 가운데를 걷는 나를 두고 양들이 양쪽으로 갈라져 제 갈 길을 가고 있다. 마치 양들의 파도를 가르는 것 같다. 생전 처음 겪는 일에 왠지 신이 났다.

그 잠깐의 보상 같은 만남 뒤로, 곧이어 말도 안 되는 오르막길을 만났다. 아직은 어색하게 입에서 튀어나오는 '부엔 까미노Buen Camino (좋은 길 되세요)'라는 말을 연습이라도 하듯 이 구간에서 입이 닳도록 말했다. 서로에게 주는 응원이다. 하지만 몇 걸음도 못 가 지쳐 버린다. 헉헉거리는 내 옆으로 체력 좋은 이들이 먼저 올라간다. 그들을 보자니 평소에 운동 좀 해둘 걸 하는 후회가 들긴 하지만 어쨌건 지금은 늦었다. 멈춰서 숨을 고르는 나에게, 지나가는 순례자들 대부분이 힘내라는 말을 건네주고 간다. 그것이 그저 고맙다. 누군가에겐 성스러운 이 순례길에 이런 말을 해도 될지는 모르겠지만 이 길을 대변 해 줄 수 있는 것은 오직 이 단어밖에 없다고 생각한다. 이 오르막은 정말이지 '지옥'이었다. 만약 내가 지금 이 상황에서 배낭까지 메고 있었다면 당장 파리로 돌아가는 기차표를 예매했을 것이다. 힘든 경사 구간이 끝나니 긴 평지가 나왔다. 터덜터덜 숨을 고른다. 그리고 드디어, 안개 속에서 오리손 알베르게가 사막의 오아시스처럼 등장했다.

가장 만만한 콜라를 시키고 순례자 여권에 스스로 도장을 찍었다. 주인장들이 직접 찍어주는 경우도 있지만, 순례자들이 알아서 찍어 가게끔 마련해 놓은 곳들도 많다. 가만 보면 순례자들이 많이 있는 곳이 그렇다. 도장 앞에 방명록이 있다. 쓱 하고 봤더니 절규로 가득한 한국어들이 앞 장에 드문드문 보인다. 더 걷고 싶지 않다는 메시지에 피식하고 웃으며 나도 한 마디 적었다.

'살려줘…'

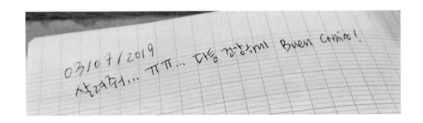

지친 순례자들로 어수선한 내부에서 나와 도로 건너편에 잘 만들어 놓은 테라스로 갔다. 모든 짐을 잠시 내려놓고 땀을 식히는데 지나가는 이들이 내게 괜찮냐고 물어본다. 저 말들로 봐선 지금 내가 어떤 몰골인진 안 봐도 알 것 같다. 항상 등산만 하면 금세 얼굴이 토마토처럼 터질 지경이 된다. 마치 낮술을 한 것 같이 보여서 고개를 당당히 들 수 없는 부끄러움이 든다.

시원한 콜라를 들이켠다. 캬아. 사실 이때만 해도 내가 이 여정 동안 그렇게나 많은 콜라를 마시게 될 줄은 몰랐다. 목을 축이며 주변을 살펴보니 한국인들 여럿이 한 테이블에 모여있다. 여기서 하루 묵은 듯한 차림새다. 아침에 생장에서부터 올라온 이들은 약간 혹은 굉장히 지쳐 있는데 그에 비해 그들은 상대적으로 매우 상쾌해 보였다. 그들은 서로 어색함 없이 이야기를 나누고 있다. 내가 유럽에서 만난 한국인들은 대부분 사교성이 좋았다. 그에 비해 나는 어찌나 없는지. 혼자 밥을 먹고 혼자 여행을 하는 일에 아무런 부담감이 없는 것도 그 한몫을 한다고 본다.

아직 갈 길이 멀기에 서둘러 다시 길을 나선다. 잔뜩 흐렸던 날씨가 조금씩 개기 시작했다. 햇빛의 열기가 차갑게 자욱했던 안개들을 순식간에 걷어간다. 그야말로 장관이다. 누군가가 재생을 16배속으로 돌려놓은 듯한 놀라운 속도였다. 길은 매우 아름답다. 나무 대신 잔디가 가득한 산이라 어디를 봐도 시야가 막힘이 없다. 굽은 길은 계속해서 위로 올라간다. 분명 아깐 날씨가 개는 것 같았는데 지대가 높아질수록 뭔가 더욱 흐려졌고 이내 비가 왔다. 유럽의 날씨가 변화무쌍한 것은 잘 알고 있었지만 금방 해가 떠 놓고선 또 이렇게 갑자기 세차게 비가 내리는 건 늘 적응이 안 된다. 판초 우의를 챙겨오지 못했기에 어쩔 수 없이 그냥 맞으며 걸어간다. 땀으로 젖나 비에 젖나 찝찝한 건 뭐 비등하다. 어느 정도 맞을 만큼 맞고 난 뒤에 날이 또 갰다. 이번엔 정말 완전히 개었다.

점심시간에 맞추어 언덕 위의 푸드트럭이 보이기 시작했다. 보였다고 해서 금방인 것은 아니다. '보이는 것보다 사물이 더 멀리에 있습니다.'라는 도움말 스티

커를 붙이고 싶을 정도로 생각보다 꽤 걸려서 도착했다. 항상 그 자리에 있다는 트럭은 생각보다 단출하다. 냉장 보관이 되어 있지 않은 음료수들이 늘어서 있다. 딱히 별다른 선택지 없이 콜라를 고르고 여기저기 흩어져 쉬고 있는 그들 사이에 섞여 돌 위에 앉았다. 앓는 소리가 절로 난다. 점심은 어제 마트에서 산 샌드위치와 납작 복숭아. 어디까지 왔는지 지도를 한 번 확인했다. 세상에, 아직도 정상이 아니라니… 나 진짜 이 길 괜찮을까? 그런 의심이 시작됐다.

푸드트럭에서 좀 더 올라가면 작은 십자가가 있다. 이곳이 꽤 중요한 포인트다. 여기서 오른쪽이 아닌 왼편의 급경사 언덕을 올라야 한다. 이 지점에서 순례자들이 종종 길을 잃는다고 한다. 순례길에선 단순히 걷는 이들 외에도 자전거를 타고 다니는 사람도 많은데, 이런 급경사가 이들에게도 예외는 아니다. 어딘가는 자전거용 우회로들이 있다지만 오늘은 없다. 몸을 끌고 오르는 것도 힘든데 여기다 자전거까지 있다니, 나 같으면 진작에 내버렸을 거다. 가다 서다 가다 서다, 한 걸음마다 한 번의 후회를 반복하면서 언덕을 정복했다.

어느새 프랑스에서 스페인으로 국경이 옮겨졌다. 표지판의 글자들이 쉬이 읽히지 않는다. 그리고 등장한 첫 식수대. 반원 모양으로 마련된 쉼터 가운데에 수도꼭지가 있다. 그 위로 그늘이 져 있던 덕분에 물이 참 시원했다. 전 일정 중 유일하게 시원했던 물이다. 알다시피 유럽의 수돗물엔 석회 성분이 있어서 보통 필터를 통해 걸러 마시거나 아예 따로 생수를 구매한다. 물론 그냥 마시는 이들도 많다. 나는 식수 목적을 위해 항상 물을 샀었는데, 지금은 그런 걸 가릴 때가 아니었다. 거의 비워져 가는 500㎖ 페트병에 가득가득 물을 담았다. 그런데 뒤에서 자신의 차례를 기다리는 이들의 물병 크기가 심상치 않다. 작은 정수기 통에, 1.5ℓ 페트병도 있다. 너무 무겁고 과하게 큰 게 아닌가 싶었다.

　해가 완전히 뜸과 동시에 울창한 나무가 길게 늘어진 낙엽길로 들어섰다. 단단히 굳은 흙길을 걷는 것과는 다르게 낙엽들이 완충 작용을 해주어 푹신푹신한 느낌이 들었다. 길은 참 아름다웠다. 푸르른 하늘이 뜨문뜨문 보일 정도로 나뭇잎이 가득했고 햇빛이 그 틈을 비집고 들어와 길 위에 밝은 조명을 쏘아댔다. 그런 햇살들을 볼 때마다 당연하단 듯 마음 어딘가가 따뜻해진다. 아주 사소한 자연에서 수수한 감정들을 찾아 읽는 것이 즐겁다.

발소리와 서로 부딪치는 이파리의 소리 말고는 별다른 것이 없던 길에, 어디선가 청명한 금속의 소리가 울린다. 마치 처마 끝에 달린 풍경의 소리 같기도 하다. 어디서 들리는지 알 길이 없는 채로 걷다 보니 어색하게 쳐진 울타리 안에 옹기종기 모여있는 흰 소들이 나타났다. 그중 몇 마리의 목에 종이 달려 있었다. 그들이 움직이거나 바람이 불면 거기서 소리가 났다. 쉬는 겸 잠시 멈춰 구경을 좀 했다. 왜냐하면 소들을 지나치고 바로 나타나는 대피소를 기점으로 땡볕 길이 시작되었기 때문이다. 마냥 피하고 있을 수 없어 발을 내딛긴 했지만 역시나 유럽의 태양은 쉽게 볼 녀석이 아니다. 강렬한 태양이 내 팔과 목으로 떨어졌다. 그래도 종일 노출되는 것도 아니고 지금부터 대략 몇 시간 정도면 괜찮을 것 같단 생각을 했다. 어차피 토시는 지금 가지고 있지도 않았다. 어깨에 멘 에코백에 모자가 들어 있지만, 평소에 모자를 전혀 안 썼던 탓에 아직은 어색해서 일단 걸었다. 순례길에 왔으니 좀 타는 것쯤이야 왔다 간다는 티도 좀 낼 겸, 나쁘지 않을 거다.

오긴 오는 걸까, 했던 정상이 드디어 나타났다. 정상에서 바라보는 풍경은 아주 좋다. 저 멀리 울창한 나무들이 끝나는 지점쯤에 론세바예스 공립 알베르게가 보인다. 오늘의 도착지가 가시권 안에 들어와서 기뻤으나 그것은 아주 잠시였다. 이제 겨우 반쯤 온 것이다. 내리막을 시작하자마자 만난 흙길의 경사가 매우 가팔랐다. 여기서도 주의해야 하는 갈림길이 있어서 전날 받은 안내문을 보면서 방향을 확인하고 걸어갔다. 사실 이걸 걷는다고 말해도 될까 싶다. 마치 생전 해보지도 않은 발레를 하는 기분이다. 아무리 여유가 있는 신발을 신었대도 발끝이 신발을 뚫고 나올 것만 같다. 순례자들은 정해진 길을 따라 굽이쳐 걷지 않고 대부분이 낮은 언덕을 가로질러 내려간다. 거리를 어떻게 해서든 단축하기 위한 발버둥이다. 나도 그 대열에 합류했다. 내리막길에서 제일 빛을 보는 건 자전거다. 지금까지의 수고를 한순간에 보상받는다. 지금만큼은 바람과 같이 사라지는 그들이 부럽다. 내리막에서만 자전거를 탈 수 있으면 좋겠다.

지쳐가는 몸 상태에 맞춰 점점 사진을 찍는 횟수가 줄어들고 있다. 그리고 서서히 땡볕 아래에서 내 팔뚝과 목이 익어가고 있었다. 첫날부터 너무 까맣게 타는 게 아닌가 싶어서 아까부터 쓸까 말까 고민을 계속하던 모자를 썼다. 평소 모자를 전혀 안 쓰기에 답답함이라는 옵션까지 추가되었다. 여러모로 총체적 난국이다. 이 정도 가면 나오겠지 싶은 알베르게는 도대체 어디에 있는 건지 모르겠다. 쉬고 싶어도 마땅한 곳이 없고 그럴만한 여유도 없다. 이러다 저녁에 도착하면 침대 배정에 문제가 될 수도 있다. 론세바예스 알베르게는 한국에서 예약하고 왔다. 그도 그럴 게 잘 곳이라곤 이곳밖에 없다. 더군다나 첫날의 루트는 대부분 똑같기 때문에 성수기엔 정말 사람들로 미어터진다. 몇백 명이 묵을 수 있는 규모인데도 말이다. 사실 예약하는 건 묵을 자리가 없을까 봐 인 것도 있지만 또 다른 이유도 있다. 이곳엔 신관과 구관이 있다. 평소엔 신관만 쓰고 인원이 넘치면 닫혀있던 구관을 오픈한다. 신관은 시설이 좋고 침대도 편안한데, 구관은 이름처럼 상대적으로 노후화되어 있다. 내가 길을 나선 7월 초가 극성수기는 아니지만 길을 나선 첫날이니 좀 신경을 쓰고 싶었다. 참고로 원래 공립 알베르게는 예약이 안 된다. 선

착순으로 순례자들을 받고 의료상의 특별한 사유가 없는 한 연박도 되지 않는다. 다만 이곳은 예약이 가능하다. 예약은 어렵지 않게 홈페이지에서 가능했고 숙박료는 온라인상에서 카드 결제로 진행된다.

　오후 4시 40분. 알베르게엔 이미 순례자들로 가득했다. 체크인을 위해 꽤 오랫동안 기다린 후, 출신지와 순례길에 온 목적 등을 작성하여 제출하고 순례자 여권에 도장을 받았다. 침대 번호가 적힌 종이를 받고 나서야 아침에 보낸 배낭을 찾으러 다녔다. 빨간 조끼를 입은 자원봉사자분께 물어보니 외부에 있는 창고로 나를 데려가 주셨다. 나이가 지긋한 여성분이셨는데 내 침대 번호를 보곤 좋은 위치를 받았다고 해주셨다. 칙칙한 창고 안에서 금방 찾은 가방을 웃차 하는 기합 소리를 내며 업었다. 그런 나를 보며 너무 무거워 보인다고 걱정까지 해주셨는데 이쯤 되니, 나 정말 큰일을 낸 것 같다.
　하지만 이것 말고도 큰일은 더 있었다. 샤워하는 내내 따갑다 했더니만 밖에 나와 거울을 보니 왼쪽 어깨에 거대한 화상이 생겨 있었다. 어깨에 메고 온 에코백 때문에 티의 목 부분이 늘어났고 그 면적이 그대로 햇빛에 노출된 것이었다. 이미 두 팔뚝은 불타오르고 있었고 옷에 닿는 것조차 고통이었다. 생각보다 심각했다. 특히나 팔 보다 더 연약한 피부인 목 부분에 이 정도 충격이 온 건 태어나 처음이다. 수영장에 갈 때야 꼼꼼히 선크림을 바른다지만, 오늘은 그런 예방을 했을 리가 없었다. 첫날부터 화상으로 시작될 줄이야. 가져온 수많은 비상약 중엔 당연히 화상 연고는 없었다. 급한 대로 챙겨온 알로에 젤을 발랐다. 이미 심신이 지쳐 있었지만 당장 내일 입을 옷을 생각해 빨래하러 가야 했다. 세탁기를 쓰기엔 가난한 순례자이므로 이 와중에 손빨래를 했다. 입구에 있는 빨랫줄에 빨래를 널고 저녁밥을 먹었다. 오늘도 비상식량을 뜯는다. 가방의 무게를 어떻게든 줄여야겠다는 생각뿐이다. 버릴 것이 없나 가방을 보다가 결국 공병에 담아온 로션과 스킨을 버렸다. 수분크림 하나로도 충분할 것 같았고 실제로도 그랬다. 게다가 아직 마스크 팩이 많다.

일찍 침대에 누웠다. 내일 일정도 만만치가 않다. 난이도가 별 4개짜리 코스다. 출발을 새벽 5시엔 해야 할 것 같았다. 내일은 저놈의 배낭을 메고 걸어야 하니 말이다. 그런데 잠자리에 들 수가 없었다. 뒤척이면 화상의 고통이 쏟아져서 송장처럼 누워 있어도 끙끙대는 소리가 절로 났다. 불타오를 때마다 알로에 젤을 수시로 발랐지만 아무런 소용이 없었다. 이 나이에 이런 말을 해도 될지는 모르겠지만, 엄마가 보고 싶었다. 하지만 그전에 일단 의사 선생님이 더 필요하다.

첫째 날 | 41,522보 | 27.59㎞

론세바예스에서
라라소아나까지

2019-07-04 | 둘째 날 | Roncesvalles ~ Larrasoaña

새벽 3시에 눈이 떠졌다. 피곤함이 뚜렷했지만, 화상의 고통 때문에 계속해서 잠을 잘 수 있는 상태가 아니었다. 이게 정말 맞는 건가 싶은 의문과 지금이라도 그만두어야 하는 게 아닌가 싶은 의심이 첫날이 지나자마자 들다니…. 그래도 지금까지 벌인 일들이 있으니 벌써, 적어도 여기서는 그만둘 수 없다고 생각했다. 일단 지금 내가 할 수 있는 일을 하자. 그것은 해가 뜨기 전에 빨리 길에 나서는 것이었다. 몸을 일으켜 침대에서 나왔다. 전날 1층 침대로 배정을 받은 것이 이 와중에 다행이다. 어두운 복도를 따라 길게 늘어선 침대에서 다양한 코골이 소리가 들렸다. 그게 너무나 이해된다. 입구 쪽 휴게공간으로 짐을 하나하나 옮겨가면서 최대한 조용히 움직이는데 중년의 여성이 내게 말을 걸었다.

"한국 사람이에요?"

그렇다고 하자 처음 질문과는 달리 반말로 대화가 이어졌다. 누가 봐도 나이 차이가 확실했으나 그보다 중요한 건 우린 지금 초면이라는 사실이다.

"지금 나가려고? 오늘 어디까지 갈 거야?"

나는 그다지 인간관계가 유하지 못한데 특히 대화의 예의에선 더욱더 날카롭다. 나 또한 어린아이를 만날 때 스스럼없이 반말이 나오려고 하는데 그럴 때마다 악착같이 신경 써서 정중히 말하려 한다. 그렇기에 지금과 같은 순간은 불쾌하다.

"라라소아나요."

그렇다고 똑같이 반말하는 정도는 아니다. 웬만하다면.

"얼마나 걸리는데?"
"27km요."
"아, 그래서 지금 준비하는구나. 나도 같이 갈까?"

아니라고 단호하게 대답했다. 일말의 망설임도 없다. 이처럼 여지없는 대답을 하면 대부분은 알겠다 하고 후퇴를 하건만 대화는 계속해서 이어졌다.

"잘 걸어?"
"아니요."
"그래서 같이 가자는 건데. 가다가 힘들면 택시 타자."
"아니요. 전 택시 안 타요."

다시 한번 단호한 태도에 마침내 대화가 끊어졌다. 택시나 타자고 이곳에 온 게 아니었다. 절뚝거려도 꼭 이 두 발로 걷겠다는 신념이 강하게 있었다.

바깥으로 나오니 어젯밤 널어둔 빨래가 산속 이슬에 흠딱 젖어버린 상태였다. 걷는 걸 잊고 잠들었는데 바람도 거셌던 모양인지 바닥으로 흩어져 떨어진 빨랫 감들 사이에 내 바지가 있었다. 약간 묻은 흙을 대충 털었다. 이제 막 빨래를 한 것처럼 젖은 옷들을 봉지에 담아 가방 제일 위쪽 주머니에 넣었다. 그리고 미리 챙겨온 옷핀을 이용해 양말을 가방에 하나씩 매달았다. 이렇게 하고 걸으면 강렬 한 햇빛 덕에 금방 바싹 마르게 된다. 아직 해가 뜬 건 아니지만 걷다가 꺼내 달 여유는 없을 것 같으니 지금 미리 달기로 했다. 출발 전 나와 같이 분주하게 걸음 을 시작하는 이들에게 한국에서부터 챙겨온 사탕을 나눠줬다. 나는 순전히 좋은 마음으로 챙겨왔던 것들인데, 미리 말하자면 이날 바로 이 일을 그만뒀다. 그들 중 누군가가 길거리에 아무렇게나 포장지를 버렸고 떡하니 쓰인 한국어에 괜한 오해가 생길까 봐서였다. 호의의 결과가 아름답지 못해서 조금 슬펐다.

새벽 5시, 씩씩하게 깜깜한 도로를 따라 몇 걸음 내디뎠다가 큰 트럭이 오는 걸 보고 후다닥 다시 처음 위치로 돌아왔다. 방향은 분명 맞는데 도로가 좁아서 보행 의 여유가 없었다. 시작부터 다시 지도를 봐야만 했다. 다시 주변을 찬찬히 둘러 보았을 때 산티아고 콤포스텔라라고 쓰인 표지판 아래에서 사람들의 흔적을 발 견했다. 약간 언덕져 있는 길이었는데 딱 올라오니 여기구나 싶었다. 도로 옆에 나란히 난 긴 길은 마치 숲속 같았다. 나무들이 키가 크고 울창해서 달빛조차 들 어오지 않는 칠흑이었다. 휴대전화의 불빛을 비추며 걸음에도 튀어나온 나무 뿌리에 몇 번씩 발이 걸렸다. 그러는 중에 멘 지 얼마 되지도 않은 배낭이 정말 너 무나 무거웠다. 게다가 어깨 화상 때문에 정상적인 자세로 가방끈을 멜 수가 없 다. 왼쪽 끈을 삐딱하게 어깨 끝에 걸쳐야 했다. 긴 길을 다 빠져나오니 걸어온 방향에서 해가 떠오르고 있었다. 그리고 오늘의 첫 마을인 스페인어로는 부르게테 *Burguete*가 등장했다. 이곳 지역 방언인 바스크어로는 오리츠*Auritz*라 불린다. 잘 닦인 도롯가를 따라 작은 물줄기가 졸졸 흐른다. 새소리와 섞인 이 기분 좋은 소리가 나의 아침 배경 음악이라니, 불과 며칠 전만 해도 나의 아침은 붐비는 지하철 속이었는데 말이다. 마을은 아주 고요했고 건물들은 정갈하면서도 어딘가 서로 닮아 있었다.

잘 닦인 마을 길은 그다지 길지 않았다. 친절하게 그려진 노란 화살표를 따라 금방 옆으로 새었고 길은 다시 자연 속으로 이어졌다. 얕은 냇가 위의 작은 나무 다리를 건넜다. 조용한 시골길에 해가 떠오른다. 여기저기 방목된 소들이 손만 뻗으면 쉽게 쓰다듬을 수 있는 만한 거리에 있다. 이 길에서 중국인 모자를 만났다. 의사소통을 담당하는 씩씩한 아들과 속도가 느린 엄마. 그녀는 종종 뒤를 돌아보며 자신보다 더 느린 나를 걱정해주었다. 그렇다, 정말이지 나는 거북이였다. 이미 한참 잘못된 어제로 인해 몸이 안 좋았기에 시작부터 걷는 속도가 아주 느렸다. 시간이 지날수록 누가 가방을 더 무겁게 만드는 것 같았다. 꽤 긴 오르막이 등장하면서 그들과는 자연스레 멀어졌다. 내가 뒤로 계속 쳐지는 사이, 길 위엔 제법 많은 순례자가 생겼다. 혼자 묵묵히 걷는 사람들은 생각보다 없다. 삼삼오오 함께 나아가는 이들이 더 많은 편이다. 혼자 걸으면 빠르지만 같이 걸으면 더 멀리 갈 수 있다는 말이 생각난다. 난 멀리 가지 못하는데 심지어 빠르지도 않다. 그래도 이렇게 걸어가다 보면 어떻게든 도착은 하겠거니 하고 걷는다. 후퇴라곤 없는 길이다. 그나마 좋은 풍경이 위안이 된다. 숨이 턱하고 막히던 오르막이 끝나니 내리막이 등장했고 마을 하나를 지났다. 평지의 수월함을 느끼기도 잠시, 다시 오르막. 어느덧 챙겼던 물은 아껴먹지 않으면 위험할 수준으로 남게 되었다. 500㎖의 물은 자신을 목마름에 가두게 하는 용량이 될 수 있다는 걸 깨달았다. 더욱 큰 페트병이 필요하다.

산을 넘는다. 이젠 더위까지 추가되었다. 시원한 콜라를 벌컥벌컥하고 싶은 마음이 간절한데 바르Bar*가 있는 다음 마을이 나오려면 아직 한참이나 남았다. 묵묵히 걷는 것밖엔 여기서 내가 할 수 있는 일이 없다. 지나가는 이들과 '부엔 까미노'라고 인사를 건네면서 한국인도 몇 명 만났다. 그중 한 분이 나를 알아봤다. 나에겐 초면이었는데, 알고 보니 아침에 나와 조금 불편한 대화를 했던 그 여성분과 함께 온 조카였다. 아마 그녀가 나에 관해 설명했고 그것에 내가 딱 부합했던 모양이다. 근데 조카분은 혼자였다. 그녀의 행방을 물으니 걷는 걸 잘 못해서 교통편을 통해 이미 숙소로 보내드렸다고 한다. 그렇군요, 라는 짧은 말로 대화는 끝났고 그분은 먼저 떠나갔다. 사실 그분 말고도 다른 모든 순례자가 나를 지나쳐 갔다. 나는 그 누구도 따라잡지 못했다. 쉬지 않고 걸어도 계속 그들과 멀어졌다. 마치 그들은 무빙워크 위에서 걷고 있는 것처럼. 그래도 이렇게 매일 하다 보면 적응되어 금방 나아지겠지, 라는 막연한 희망이 있었다.

시원한 냇가가 한 번 더 나왔다. 몸의 열기를 식히기에 적당한 유속이었다. 먼저 도착한 다른 순례자 몇몇은 이미 답답한 신발을 벗고 발을 담그고 있었다. 물을 좋아하는 나도 동참하고 싶었지만, 지체 할 수 있는 시간이 없었다. 쉬지 않고 걸어야만 오늘의 목적지인 라라소아나Larrasoaña까지 갈 수 있다. 길을 걷는데 더는 아무런 생각도 들지 않았다. 본격적으로 '후회'라는 걸 고려 해야 되는 게 아닌가 싶은 차에 드디어 바르가 나왔다. 아까 첫 마을에서 바르를 본 이후로 지금

---

*바르(Bar) : 마을마다 웬만하면 하나씩은 있는 바르에선 커피, 음료를 비롯해 음식과 술을 섭취 할 수 있고 영업시간이 일반 식당이나 술집보다 길다. 알베르게나 슈퍼를 겸해서 운영하는 곳도 종종 있다.

이 두 번째다. 확실히 오랜만에 나온 바르라 그런지 순례자들로 안팎이 북적북적했다. 밖은 해가 강렬해서 내부로 들어가는데 아까 길을 걷다 만난 대만인 두 명이 테이블에 이미 앉아 있었다. 합석하자는 그들의 손짓에 콜라를 시키고 함께 앉았다. 서로 이름을 말해주었으나 금방 까먹었다. 발음이 어려운 탓도 있다. 참고로 내 이름에 들어 있는 '효'는 생각보다 외국인들이 발음하기 어려워한다. 사실 한국에서도 내 이름을 한 번에 알아듣는 사람은 잘 없다. 가끔은 내 이름이 좀 흔했다면 어땠을까 싶다. 뭔가 일을 저질렀을 때 내 이름은 상대적으로 금방 들통이 나버린다.

그들과 간단한 대화가 오갔다. 그들은 친구 사이고 현재 휴가 중이며 직업은 선생님이라고 했다. 나 또한 내가 알게 된 정보만큼의 이야기를 꺼냈다. 그러는 사이 한 모금씩 마시던 콜라가 모두 비워졌고, 나는 먼저 자리에서 일어났다.

오랜만에 만난 바르, 귀여운 순례자 조형물이 있다.

또 보자는 간단한 인사를 하고 내리막을 탔다. 내리막은 정말 징조가 좋지 않다. 아니나 다를까, 슬금슬금 끝나던 내리막이 평지와 접어들더니 곧이어 나타난 오르막길은 어제의 고난을 고스란히 떠올리게 했다. 사실 처음에 오르막길을 보았을 때만 해도 고생의 시간이 그리 길지 않을 거라는 추측을 했다. 하지만 막상 뛰어든 내게 나타난 건 잘 닦이지 않은 시멘트와 울퉁불퉁한 돌들뿐이었다. '대지옥'이라고 말했을 만큼 절망적인 길이었다. 물은 거의 바닥이 났고, 신체적인 갈증에 심리적 요인까지 더해졌다. 가방에 들어 있는 물티슈를 짜서 그 물이라도 마시고 싶은 심정이었다. 이러다 정말 큰일 나는 게 아닐까 싶은 걱정을 하며 내리막과 오르막을 번갈아 겪었다. 가방은 천근만근이고 이미 중천에 뜬 해는 어제의 화상과 함께 맹렬히 불타오르고 있었다. 그렇게 정신을 놓고 한참 걷다 쉬기를 반복하다, 뜬금없이 나타난 도로와 그 옆에 세워진 푸드트럭을 봤다. 좀비와 같은 걸음으로 가까이 다가갔다. 가방을 바닥에 아무렇게나 던져 놓고 콜라를 샀다. 스페인 콜라는 한국에서 마신 맛과는 전혀 다르다. 맛은 물론이고, 탄산음료인데도 갈증을 해소 시켜준다. 절대 기분 탓이 아닌 게, 한국에서 콜라를 잘 안 마시는 친구도 스페인에 여행 가서는 일주일 동안 1년 치 콜라를 다 마셨다고 했다. 정말 이건 마셔봐야 안다. 의자에 앉아 답답한 트래킹화를 벗었다. 물집이 생기지 않기 위해선 쉴 때 신발을 벗어서 양말을 말려 준다거나 새것으로 교체해 주는 것이 필요하지만 내게 여분은 없으므로 말려주는 것이 전부였다. 잠시 여유가 생겼으니 집에 연락했다. 혹시 몰라 한국으로 발신이 가능한 유심을 산 것이 신의 한 수였다. 순례길에서 데이터를 써서 전화하는 건 쉽지 않다. 마을에서도 데이터가 안된 경우가 있다. 어제도 그랬다. 다행히 시차가 얼추 맞아서 간단하게 통화를 할수 있었는데 내용의 대부분은 힘들다는 나의 일방적인 투정과 한탄이었다. 여기서 잘 수는 없으니 다시 가방을 멘다. 발이 부은 건지 신발을 신는데 아주 꽉 끼어서 불편한 데다 쉬고 나니 사지가 더 말썽이었다.

무슨 길이 이렇게 생겨 먹었나… 라고 밖엔 할 말이 없다.

등산스틱이 없었으면 진작에 굴러떨어지거나 발목을 접질렸을 길을 겨우 다 내려왔고 드디어 마을의 형체가 보였다. 많은 순례자가 오늘의 종착지로 정하는 수비리Zubiri에 도착했을 때는 이미 오후 2시가 넘어있었다. 이 시간 쯤 되면 나 또한 여기서 일정을 마무리해야 했지만, 오늘의 목표는 이다음 마을인 라라소아나까지다. 아직 5㎞를 더 가야 했으므로 슈퍼에 들러 물을 사야 했다. 다리를 건너 마을 안쪽 작은 슈퍼에 들렀다. 슈퍼 옆에는 식당이 있었는데 내부가 트여 있어서 서로 왔다 갔다 할 수 있었다. 저렴하게 콜라와 물을 샀고 혹시 얼음이 있냐는 나의 질문에 직원이 흔쾌히 컵에 얼음을 담아 건네주었다. 그 얼음은 아마도 식당에서 받아 온 것 같았다. 직원의 배려 덕분에 슈퍼 앞 파라솔에서 시원하게 쉬었다. 출발 전에 슈퍼에 문의해서 화장실도 썼는데, 식당에 딸린 화장실이어서 그런지 식당 주인이 달갑지 않다는 눈빛을 보냈다. 서둘러 불편한 자리를 떠나 다시 순례길로 돌아가는데 아까 만난 남자분을 또 보았다. 진즉 도착해 쉬고 있던 그는 이제야 오냐며 약간 나를 놀란 기색으로 쳐다보고 물었다. 그렇다고 말하며 중간에 자주 쉬었다고 대답했다. 발걸음이 느리기도 했지만 쉬기도 정말 무척 쉬었다. 쉬는 것이 도움이 되는 건 아니지만 어깨의 고통과 발에서 느껴지는 불편함 때문에 어쩔 수 없었다.

"숙소는 잡아 놨어요?"

수비리 역시 론세바예스 못지않게 순례자가 많으므로 이곳 또한 예약을 많이 걸어 놓는다. 그 사실을 대변하듯, 이미 마을 여기저기에 사람들이 붐볐다.

"저 여기 말고 라라소아나까지 갈 거예요."
"지금요?"

손목에 찬 시계로 이미 시간이 늦었다는 것을 확인한 그가 나를 만류했지만 어쩔 수가 없다. 오늘 라라소아나까지 가지 않으면 내일은 그만큼 또 얹어서 더 걸어야 하기 때문이다. 이렇게까지 무리해서 걷는 이유는 곧 만나게 될 팜플로나 *Pamplona*에서 열리는 한 축제 때문이다. 나는 그 축제를 피하고 싶었다.

라라소아나까지 5㎞. 확실히 수비리 전까지만 해도 제법 많았던 순례자들이 보이지 않는다. 그렇게 오래 걸리지 않아 도착할 것 같다는 추측과 기대를 안고 다시 걷기를 시작했다. 하지만 생각과 달리 길은 좁았고 너무 멀었다. 이미 떨어진 체력을 비웃으며 강렬하게 타오르는 태양과 무거운 배낭… 모든 게 속수무책이었다. 아까 슈퍼에서 산 물을 다 마셔버린 상태로 오르막을 올랐다. 라라소아나 가기 전에 식수대가 있다고 했으니 그것만 믿으며 걸었다. 오르막을 다 오르고 꺾자 식수대와 휴식 공간이 나타났다. 붉게 상기된 얼굴로 배낭을 내려놓고 물을 받았다. 식수대가 태양 아래 노출되어 있던 탓에 굉장히 뜨뜻한 물이 나왔다. 온도가 무슨 소용인가, 그저 마신다. 그늘에서 쉬는 동안, 몸은 편할지언정 마음은 불편했다. 이대로 늘어져 버리면 도착이 정말 너무 늦어 버릴 것 같다는 생각이 들었다. 또한 라라소아나에 있는 공립 알베르게에 자리가 없지 않을까 하는 불안감도 들었다. 다시 시작. 초반의 숲길을 지나고 나니 이게 정말 순례길인가 싶은 공사장이 나왔다. 모래 먼지가 풀풀 날리는 공사장 한복판 다음으로 연달아 공사 자재 생산 공장도 하나 지났다. 마침내 라라소아나를 봤을 땐 작게 탄성이 터져 나왔다. 힘이 없으니 큰 액션은 나오지 않는다. 몸을 움직이는 게 이젠 내 의지가 아닌 것 같다. 오후 5시. 오전 5시에 출발을 했으니 12시간 만의 도착이었다.

라라소아나 공립 알베르게, 바로 앞에 식수대가 있다.

다행히 침대는 여유 있었다. 숙박비 8유로와 일회용 시트값 1유로를 지불해 2층 방으로 올라왔다. 침대 시트만 우선 정리를 해 놓고 지금의 몰골을 한 채 슈퍼로 향했다. 슈퍼라기보단 구멍가게였다. 사과와 구워 먹을 고기를 사고 다시 돌아왔다. 마을은 예뻤지만, 산발이 된 머리를 한 채 둘러볼 여유는 전혀 없었다. 단체 순례자들이 주방에서 한창 파스타를 만들고 있는 사이에 샤워와 빨래를 했다. 샤워하는 동안 화상의 고통에 너무 괴로웠다. 빨래할 것들을 챙겨 1층으로 내려갔다. 주방 옆문을 열고 몇 계단을 내려오면 그곳에 빨래터와 빨랫줄들이 걸려 있다. 햇빛이 잘 드는 곳에 있어서 빨래하는 동안 등이 뜨거웠다.

알베르게 주방에 있는 인덕션은 제품마다 사용하는 방법이 제각각이라 그 앞에 서면 버벅대기 일쑤다. 그래서 먼저 주방을 썼던 순례자의 도움을 받고 또 내가 다음 사용자에게 도움을 주면서 인덕션의 사용 방법이 마치 전래동화처럼 전해지게 된다. 아까 사 온 고기를 구웠다. 좀 많이 샀는데 이걸 들고 갈 순 없으니 그냥 다 썼다. 한국에서 챙겨온 쌈장과 햇반을 꺼냈다. 이제 겨우 둘째 날인데 벌써 한식이 그리울 리는 없었다. 그저 단순히 가방이 무거워서, 먹어 없애기로 한 것이다. 고기를 구울 땐 한국에서 챙겨간 나무젓가락을 사용했다. 나무로 된 수저 세트를 하나 사서 가져갔는데 마트에서 요거트를 사 먹을 때나 요리를 하고 밥을 먹을 때마다 요긴하게 쓰였다. 밥과 구운 고기, 친구가 선물해준 라면 티백을 뜨거운 물에 우렸더니 그럴듯한 식사가 마련됐다. 채소라곤 없는 불균형한 식단이지만 아무렴 어떤가. 식사를 해치우고 아쉬움을 뒤로한 채 한참이나 남은 쌈장을 쓰레기통에 버렸다. 계속 함께하기엔 무거운 녀석이었다. 아무 간을 하지 않았던 남은 고기들은 빨래터를 기웃거리는 고양이들에게 주었다. 고기 몇 점에 삽시간에 모여든 고양이들이 약간의 난투극을 벌이기도 했지만, 다행히 내가 더 가진 게 없음을 알고 난 뒤, 또 아무렇지 않게 흩어졌다. 식기를 깨끗이 설거지하고 자리를 정돈한 뒤 방으로 와 침대에 누웠다. 침낭을 꺼내긴 했지만 역시나 덮기에는 방이 덥다. 진짜 이걸 꼭 덮고 자는 날이 올까 싶다. 휴대전화로 오늘의 걸음을 확인했다. 내가 살면서 하루에 5만 걸음을 넘기는 날이 올 줄이야. 놀라웠다가도 몸 상태를 보니 그럴 만도 했구나 싶다. 쉴 새 없이 불타오르는 팔에 또 알로에 젤을 열심히 발라보지만, 찰나의 순간에만 잠시 진정될 뿐이다. 벌겋게 달아오른 나의 팔을 보고 다른 사람이 어쩌다 그랬냐며 안쓰러워해 주었다.

그래, 내가 어쩌다 이랬을까. 나도 내가 안쓰럽다.

둘째 날 | 54,274보 | 37.33㎞

라라소아나에서
시수르 메노르까지

2019-07-05 | 셋째 날 | Larrasoaña ~ Cizur Menor

모두가 잠든 시간에 홀로 일어나 준비를 한다. 그래봤자 곧 나를 앞서갈 사람들이다. 세수와 양치만 간단히 하고 선 로션을 바른 뒤, 부스럭거리는 소음으로 피해를 줄까 봐 일단 짐을 다 건물 앞 벤치로 옮겨왔다. 거대한 배낭을 쓱 보다가 도무지 나에게 도움이 되지 않는 것 같은 대용량 알로에 젤을 과감히 쓰레기통에 투하했다. 그간 열심히 발라 봤지만 아무 득을 못 봤었고 게다가 구매한 상태 그대로 들고 온 터라 정말 무거웠다.

가로등 불빛에 의존해 하나둘씩 일을 처리했다. 아직 초반이라 속도는 좀 느릴지언정 나름의 순서가 있는 아침이다.

0. 침낭 접기
1. 바세린을 발에 바르고 울 양말, 발가락 양말 하나씩 신기

2. 화상 입은 팔뚝에 연고 바르고 토시 끼기

3. 배낭 가장 아래 주머니에 슬리퍼 구겨 넣기 (그냥은 안 들어간다)

4. 모자 쓰기

5. 물 받기 (물이라 쓰고 생명수라 읽음)

　어제 왔던 길을 찾아 다시 나간다. 해가 슬그머니 나타날 때쯤 연갈색의 밀밭이 나타났고 세차게 흐르는 계곡도 만났다. 아침 공기는 더할 나위 없이 상쾌하고 깨끗하다. 금세 도착한 첫 번째 마을은 아직 잠들어 있었다. 작은 마을을 지나자마자 나온 것은 순례자들의 발로 만들어진 좁은 흙길이었다. 도로와 완전히 맞닿은 것은 아니지만 그래도 가드레일이 없으니 주의를 하며 걸어야 했다. 옆으로 차들은 인정사정없이 쌩쌩 달렸다. 이 길의 끝에서 이상한 잡초 덤불을 헤쳤다. 지금 생각해보면 내가 길을 잘못 든 것 같다.

2시간 반 만에 처음으로 낡은 나무 벤치 앉아 쉬었다. 지나가는 몇몇 사람들에게 이제는 익숙해진 억양의 '부엔 까미노'를 해본다. 첫날과 둘째 날에 하도 많이 해서 더는 외국어 같지도 않다. 쉬어야겠다고 생각하면 제일 먼저 가방을 벗는다. 이놈의 가방, 분명 나는 맥시멀리스트가 아닌데도 왜 이리 무거운지 모르겠다.

다시 나선 길 위에서 이동식 바르를 만났다. 주인은 골조만 남은 채 버려진 건물에서 순례자들의 아침을 담당하고 있었다. 딱히 배가 고프지 않아서 멈추지 않았다. 팜플로나Pamplona에 도달하기 전부터 잘 닦인 도시가 나타나기 시작한다. 하지만 보도블록이 잘 깔려 있음에도 발걸음이 경쾌하지 못했다. 어제 발뒤꿈치에 엄청나게 큰 물집이 생겨버렸기 때문이다. 물집만은 안 생기게 하려고 아침마다 바세린도 바르고 기능성 양말도 두 켤레나 신으며 온갖 수를 다 쓰고 있었는데도 결국 피하지 못했다. 한쪽에만 생겨도 걸음걸이가 불편해지고 결국 또 다른 곳에 새로운 물집이 생기게 되는 악순환이 기어코 시작된 것이다.

　깔끔한 바닥보다도 내가 좋았던 것은 인위적으로 꾸며놓은 나무 그늘이다. 길을 따라 쭉 즐비한 나무들 덕에 그늘이 계속 있어서 덥지 않았다. 이럴 때 얼른 서둘러야 하건만, 화상 입은 어깨를 피해 비스듬히 멘 가방이 말썽이다. 무거워도 너무 무겁다. 여기가 정확히 어디인지도 모른 채 계속 걷다가 제법 큰 슈퍼를 만났다. 크다는 것의 기준은 카트의 유무와 출입문이 자동문인가로 파악이 가능하다는 것이 나의 의견이다. 나는 스페인만 오면 유독 그렇게 오렌지 주스를 찾는다. 왜냐하면 여기선 오렌지 과육이 가득 든 주스를 싼 가격에 만날 수 있기 때문이다. 다만 마트에서 고를 때 아주 심사숙고 해야 한다. 건더기가 들어 있는지 아닌지는 정확히 글자로 표기가 되어 있지만 내가 이 나라 언어를 잘 모르니 말이다. 흔들어 보고 뭔가 떠다니는 것 같아서 샀는데 아무것도 없던 적이 여러 번인지라 자세히 봐야 한다. 참고로 프랑스에서는 'Sans', 스페인에서는 'Sin'이라고 쓰여 있는 것이 '없다'라는 뜻이므로 그것을 피하면 된다. 구매에 실패한 탓에 저절로 알게 된 단어다. 그리고 그 실패는 오늘 했다.

팜플로나 성으로 들어가는 경사로가 나오기 전에 큰 공원이 하나 있다. 이곳 벤치에 앉아 어제 산 사과를 먹으며 간만인 것 같은 도시의 풍경을 관람했다. 차들이 쉼 없이 지나가고 신호등 불빛에 따라 움직이는 사람들. 요 며칠 자연 속에만 있었다고 벌써 조금 어색하다. 인간은 적응의 동물이라더니 이건 좀 너무 빠른 것 같다. 공원을 끼고돌면 저 멀리에 성문이 나온다. 아주 중세적인 모양새다. 이글거리는 태양이 고스란히 쏟아지는 오르막이다 보니 다들 문 앞 그늘 아래서 한숨 고르고 올라간다. 내부로 들어온 팜플로나는 내일부터 시작되는 산 페르민 축제*Fiesta de San Fermín* 준비에 박차를 가하고 있다. 일종의 종교 행사인 이 축제가 유명해진 것은 소몰이와 투우 때문이다. 거리 여기저기에 형형색색의 플래카드가 걸려 있고 상점들은 축제 아이템 판매에 한창이다. 비슷한 그림이 그려져 있는 흰색 티셔츠 그리고 빨간 머플러.

원래의 일정이라면 수비리 다음에 팜플로나에서 하루 쉬고 갈 테지만 나는 이 도시를 벗어나기 위해 어제 라라소아나까지 갔다. 왜냐하면 축제 하는 동안 팜플로나의 공립 알베르게가 문을 닫기 때문에 사설 숙소를 이용해야 하는데, 말했다시피 많은 인파가 몰리는 기간인지라 숙소 구하기가 어렵고 비싸다. 더불어 난 투우에 전혀 흥미가 없어서 굳이 복잡한 이곳에 돈을 더 내며 머물 이유가 없었다. 무대가 설치된 광장을 지나 길거리가 잘 보이는 야외 테이블에 잠시 앉아 콜라 한 잔을 하기로 했다. 콜라를 주문하며 얼음을 줄 수 있냐고 물어보는데 도통 '아이스'라는 단어가 전달되지 않았다. 몇 번의 설명 끝에 상당히 큰 컵과 그만큼 큰 동그란 얼음 하나를 얻어 냈다. 도시니까 잘 터지지 않을까 싶었던 인터넷은 생각보다 느렸다. 지인들에게 근황을 전하는 사이 짧은 휴식 시간이 지났다.

중심지에서 조금 떨어진 곳엔 노상 마켓도 준비 중이었다. 이동식 화장실 트레

거리에 이와 같은 축제 기념품 가게가 여럿 있다.

일러까지 있는, 큰 규모의 마켓이 길을 따라 늘어서 있었다. 자연스럽게 구경하다가 잊고 있던 일을 생각해 냈다. 샴푸와 바디워시가 없다는 사실을 말이다. 대도시인 팜플로나에 오면 샴푸와 바디워시를 한 방에 해결해 줄 올인원 제품을 사려고 한국에선 일회용을 몇 개만 들고 왔다. 일정을 계산해 수량을 맞춰 가져왔으니 오늘 꼭 사야 했다. 지도를 켜 큰 마트를 찾아 나섰다. 지도가 알려주는 방향을 따라 순례길 루트를 벗어나 다른 쪽으로 한참 걸었다. 지나가는 이들은 내가 마치 길을 잃은 줄 아는 것 같았다. 그 시선들에게 나는 지금 샴푸를 사러 가는 거라고 당당히 해명하고 싶었다.

지도에 그려진 건물의 크기나 영업시간 등을 보면서 대충 이곳이 크겠다 싶었는데, 예상한 대로 마트는 괜찮은 규모였다. 평소에 마트 구경을 참 좋아하지만 이미 시간은 오후 중반. 방앗간을 지나치는 참새의 심정으로 흥미로운 코너들을 뒤로 한 채 직진했다. 그런데 이 많은 제품 중에 뭐가 올인원 제품인지를 도무지 알 수 없었다. 주변 사람들에게 번역기를 돌려 물어봐야겠다고 생각했는데 하필 이쪽 코너만 한산했다. 겨우 나타난 직원에게 번역 문장을 보여주면서 바디랭귀지로 머리를 감고 몸을 씻는 행동을 취하니 그제야 이해를 한 것 같았다. 진열대를 쭉 보던 그녀가 그 용도의 제품이 없다고 말한다. 알겠다고 대답은 했지만 이런 큰 마트에 없을 리가 없다는 생각에 다시 처음부터 계속 하나씩 뚫어지게 읽어 갔다. 그러다 나머지들이 오로지 샴푸만 적혀 있는 것에 비해 뭐가 좀 더 많이 적혀 있는 제품을 들고 가 직원에게 보여주니 아차 하며 이것도 된다고 해줬다. 더 시간을 지체할 수 없어서 얼른 계산하고 나왔다. 오늘 산 제품은 앞으로 나의 샤워와 빨래를 동시에 책임지게 될 것이다. 다시 돌아가는 길은 올 때보다 훨씬 더 오래 걸렸다. 태양이 내뿜는 빛이 이제는 아플 지경이다. 아까보다 순례자들이 덜 보인다. 이미 지나갔거나 팜플로나에 머물거나, 둘 중 하나다. 길 위에서 외로운 시간이 지나간다. 아주 가끔 지나가는 이들과 동질감을 느끼며 짧게 건네는 인사는 생각보다 큰 힘이 된다. 아직 버릴 것이 많다는 듯 가방의 무게는 여전히 힘겹기만 하다. 도시인지라 계속 도로 옆 보도를 따라 걷는데 아스팔트의 열기까지 더해져 죽겠다는 소리가 절로 난다. 몇 걸음을 못 가 아주 작은 나무의 그늘 아래로 가방을 내던지고 숨었다. 이미 체력적으로 한참을 지쳐 있던 상황이다. 출발할 때만 해도 오늘의 목적지는 시스루 메노르Cizur Menor를 지나 다음 알베르게가 있는 사리키에기Zariquiegui까지 였다. 하지만 시스루 메노르로 향하는 언덕길에서 가다 서기를 수없이 반복했고 결국 나는 여기서 멈췄다. 일회용 시트를 사서 들어간 알베르게는 아주 널찍한 마당이 있는 곳이었다. 축제를 피해 여기까지 온 순례객들이 꽤 많았다. 거의 만석이었던 알베르게. 침대의 남은 자리는 당연히 2층뿐이었다. 성치 않는 발로 2층 침대에 오른다는건 고역이었다. 서둘러 샤워를 하고 빨래를 했다. 옷을 빨랫줄에 걸때는 꼭 집게로 집어야 한다. 바람이 꽤 불기 때문이다. 한국에서 챙겨온 게 있지만 대부분은 자체적으로 가진 집게가 있으므로 그걸 써도 된다. 할 일을 끝내고 주방으로 갔다. 주방엔 자판기도 있어서 시원한 음료수를 마실 수 있어서 제로 콜라를 뽑았다. 라면으로 대충 식사를 때우려는데 익숙한 얼굴이 보였다. 어제 길에서 만난 중국인 모자다. 자연스럽게 이야기가 오가며, 엄마의 버킷리스트를 위해 아들이 동행했다는 사실을 알게 되었다. 과연 나는 이 길을 엄마와 걸었다면 어땠을까? 아주 잠깐 생각했지만 지금 내 몸 하나도 건사 못하는 주제임을 깨달았다. 혼자여서 차라리 다행이라고도 생각했다. 내일 몇 시에 출발할 거냐는 이야기에 새벽 4시라고 대답했다. 차라리 해가 없는 새벽 시간에 더 일찍 나와 걸어야만 할 것 같다는 판단이 섰다. 그러자 자신들도 함께 가겠다고 한다. 딱히 상관은 없었기에 수락은 했지만, 왠지 모를 찜찜함이 들었다. 어쨌건 이렇게 첫 번째 동행이 생겼다.

셋째 날 | 41,031보 | 28.58㎞

시수르 메노르에서
마네루까지

2019-07-06 | 넷째 날 | Cizur Menor ~ Mañeru

　간밤의 알베르게는 매우 더웠다. 사람들이 모여 있던 방은 서로의 열기로 후끈
했고, 여전히 화상의 고통과 씨름을 하던 나는 자는 내내 뒤척였다. 밖으로 나오
니 정말 공기가 시원하고 상쾌했다. 문이 꼭 닫혀있던 우리 방과 달리 다른 방들
의 문은 열려 있던데, 다 그만한 이유가 있었다. 마당에 있는 테이블 위로 가방과
침낭들을 옮겼다. 새벽 4시 20분. 준비하느라 조금 지체되었다. 늦어서 미안하다

고 말하며 진작에 나를 기다리고 있던 중국인 모자와 함께 출발했다. 아주 깜깜한 마을. 노란색 화살표가 잘 보이지 않아서 주의하며 길을 찾아야 했다. 그들이 가져온 작은 랜턴보다 내 것이 더 밝은 탓에 어쩌다 보니 내가 조명 담당이 되었다. 뒤에서 묵묵히 길을 밝혔다. 마을 내부에서 조금 길을 헤매다 이내 흙길로 접어들었다. 광활한 해바라기밭 사이, 낮이었다면 좀 더 푸릇하고 노란 모습을 볼 수 있었을 거란 아쉬움이 잠깐 스쳤지만, 현실적으로 생각해보면 그늘 하나 없는 이 길은 오로지 고난뿐이었을 것이다. 어제의 일정에서 나 자신과 타협을 하지 않고 계속 걸어왔다면 아마 여기서 쓰러졌을 것이다. 오르막은 생각보다 길었고 쉴만한 곳은 어디에도 없었다. 길을 걷다가 뒤를 돌아보았다. 저 멀리 이 시간에도 빛나는 팜플로나가 보였다. 오늘, 그들의 축제가 시작된다. 투우라는 것엔 부정적인 시각이 있지만 그들의 문화를 이방인인 내가 어찌 관여할 수 있을까 싶다. 그저 관람하지 않는 것으로 내 의사를 표현한다.

  어느새 하나둘 다른 순례자들이 나타나기 시작했다. 아들은 다른 순례자와 떠들며 점점 우리의 시야에서 멀어졌다. 나는 이제 그녀와 단둘이 걷고 있었다. 하지만 나는 점차 그녀보다도 뒤처지기 시작했다. 물집의 상황은 하루하루 심각해지고 있었다. 어제도 물집의 물을 빼내긴 했지만 사그라지지 않았다. 반짇고리 가져오는 걸 잊었기 때문에 내가 쓸 수 있는 건 울며 겨자 먹기로 옷핀뿐이었다. 바늘에 실을 꿰어 물집을 통과시켜 놔야 그 실로 물이 빠지는데 그걸 못하니 완전한 처지가 되지 못하고 있었다. 앞서 걷던 그녀가 간간이 뒤를 돌아보며 내가 잘 따라오고 있는지 확인한다. 참, 이 부분까지만 해도 괜찮았는데… 문제가 생겼다. 그것은, 그녀가 정말 시도 때도 없이 방귀를 뀐다는 것이었다. 길은 아주 조용해서 우리의 발소리밖에 들리지 않았는데 그 적막을 깨고 그녀의 방귀 소리가 계속해서 들렸다. 뒤에서 듣는 나는 그 상황이 너무 불편했는데 곧이어 그녀의 트림까지 합세했다. 젠장. 가방도 무겁고 발도 아픈데 이젠 정말 별것이 다 나를 괴롭히고 있었다. 내내 오르막이던 흙길 끝에 저 멀리, 어제의 목표였던 마을이 보였다. 식수대가 있는 마을이니 물을 좀 채워가야겠다고 생각했는데… 갑자기 어떤 기분이 들은 것인지, 그녀가 냅다 야호 하고 크게 고함을 질렀다. 아직 잠을 자는 이들이 많은데 그들의 잠을 모두 깨워버리겠다는 듯 말이다. 예의를 찾아볼 수 없는 그녀의 행동에 나의 마음은 완전히 떠났다. 다시 혼자가 되고 싶었다.

인간관계를 형성할 때, 정해진 틀 안에서 사람들을 수용하고 거부한다. 그 기준은 상당히 명확하고 날카로워서 한 번 아니게 되면 두 번 돌아보는 일은 없고 또 내 안에 있던 사람이 그 기준에 한 번 걸려 넘어지면 일으켜 세워주는 일 또한 없다. 아닌 것은 뭘 해도 아닌 것이 나의 인간관계다. 이런 행동이 건방진 오만이나 재수 없음으로 치부되지 않도록, 나는 부단히도 그럴만한 가치가 있는 인간이 되고자 노력한다. 그리고 내 안에 들어온 사람들을 늘 나보다도 먼저 우선순위에 놓는다. 그들에겐 그럴만한 가치가, 나에겐 있다.

숨이 잔뜩 차오른다. 마을을 들어서기 직전까지도 경사는 가혹했다. 초입에 있는 휴식처가 괜히 마련된 것이 아니었다. 잠시 숨을 고르며 올라왔던 길을 내려다보면서, 이제 곧 이 길을 따라 올라올 다른 순례자를 떠올렸다. 역시 매도 먼저 맞는 게 낫다. 마을 중간쯤에 있던 알베르게 앞이 부산스러웠다. 출발을 앞둔 이들의 배낭이 밖에 나와 있었고 자판기 앞에서 커피를 마시며 하루를 여는 이들도 있었다. 작은 마을의 아스팔트 길을 벗어나자 다시금 비포장 경사로가 나왔다. 아득히 이어진 길을 보니 한숨이 나온다.

'아, 또 매 맞으러 가야 해.'

한숨 섞인 토로가 아주 적절한 비유였다고 생각하며 잠시 웃었다. 이윽고 그 길은 나를 후렸다. 양치식물 같은 것이 있던 예쁜 길이었지만 힘든 오르막 앞에선 주변 풍경이 눈에 오래 들어오지 않았다. 언덕 정상에 풍력 발전기가 여러 대 있을 만큼 이곳은 세찬 바람이 불었다. 걷는 것이 힘들어 잠시 멈춰 쉬면 바람으로 인해 추위가 몰려왔다. 걸으면 몸이 힘들고 쉬면 몸이 추우니, 걷는 것도 멈추는 것도 여건이 좋지 않았다. 알고 보니 여기가 그 유명한 페르돈*Perdón* 고개였다. 페르돈 고개가 유명한 것은 바로 정상에서 볼 수 있는 병사들 때문이다.

용서의 언덕*Mirador Alto Del Perdón*이라고도 불리는 이 정상 위에, 아주 길게 병사들이 놓여있다. 생각지 못한 만남이었다. 사실 나는 이 조형물이 일정 후반부에 가야 나오는 줄 알았다. 그래서 이 순간이 좀 얼떨떨했다.

해발 800*m* 정상에서 부는 바람은 올라오면서 겪은 것보다 훨씬 더 강력했다. 순례자상은 그 바람들을 여과 없이 표현하고 있었다. 여기까지 오는 동안 중국인

모자와는 완전히 헤어졌다. 굳이 나서서 그들을 찾고 싶지는 않았다. 정상에 올라왔으니 이제 내려갈 일만 남았는데, 이 내리막이 정말 힘들었다. 돌로 잔뜩 채워진 흙길은 몇 번씩이나 발목을 꺾이게 했다. 등산 스틱 없이 내려간다는 건 무리였다. 큰 돌과 자잘한 자갈들이 뒤섞인 길을 보면서 분명히 이 작은 자갈들도 저 돌만큼 컸을 텐데 나와 같은 이들이 등산스틱으로 찍어대고 발로 밟아대서 이렇게 줄어든 것이 분명하다고 생각했다. 길옆 쪽으로 누가 봐도 인위적으로 만들어낸 것 같은 우회로가 있었다. 조금이라도 덜 힘들기 위해 순례자들이 만든 그 길을 나도 따라 걸었다. 점점 걷는 시간이 늘면서 느끼는 건, 오르막보다 내리막이 가장 힘들다는 것이다. 그 길이 마무리될 때쯤 옆으로 광활한 밀밭이 보였다.

어찌나 크던지 한동안 내 시야에는 똑같은 갈색밖에 안 보여서 조금 지루했다. 약간의 언덕을 올라서 우테르가Uterga 마을에 도착했다. 오전 9시가 넘었고 태양이 슬슬 데워지고 있었다. 본능적으로 그늘을 찾아 걷다 문을 연 바르를 만났다.

나도 이제는 여유롭게 아침을 먹어봐야 하지 않을까, 그런 생각으로 안에 들어갔다. 야외 테이블 아래에 가방을 내려놓고 가게 내부로 들어갔다. 제대로 읽지 못하는 메뉴판 사이에서 스패니쉬 오믈렛을 시켰다. 스페인식 오믈렛은 감자와 양파 등을 올리브유에 볶고 그것을 계란과 다시 섞어 부친다. 보통 두껍게 한 판을 크게 부친 뒤 그걸 조각으로 나눠 판다. 하지만 막상 주문한 것이 나왔을 땐 내가 예상한 비주얼이 아니었다.

빵과 오믈렛이 따로 나온 것이 아니라 그것이 빵 사이에 껴서 샌드위치처럼 나왔다. 당연하단 듯 포크 또한 없었다. 입으로 베어 먹기엔 너무 컸고 바게트는 딱딱했다. 가방에서 젓가락을 꺼냈다. 이런 걸 보면 수저 세트를 챙겨오길 잘했다 싶다. 빵 한 쪽은 결국 남겼는데 마침 여분으로 가져온 지퍼백이 있어서 그 안에 챙겨 넣었다. 다시 가방을 메고 걷는데 그거 잠깐 쉬었다고 발의 고통이 말이 아니다. 어느 순간부터 쉬고 걸으면 발이 더욱 아파서 몸이 지쳐도 쉴 수가 없다. 그나마 이날은 마을이 연달아 나온 덕에 건물 구경하는 재미라도 있던 날이었다. 자잘한 마을을 지나 오바노스Obanos로 들어서기 전, 또 한 번 경사로를 오르는데 이번엔 아주 잘 닦인 시멘트 바닥이었다. 굽이치는 경사는 그 각도가 심해서 중간에 쉬었다간 정말 못 올라갈 것 같아 이를 악물고 한 번에 쳐냈다. 헉헉거리며 숨을 고르는데 뒤따라오던 다른 순례자와 눈이 마주쳤다. 내게 엄지 척을 해주는 그에게 웃으며 가볍게 인사했다.

혼자 걷는 긴 시간이 지나고 오늘 일정 중 가장 큰 마을인 푸엔트 라 레이나 *Puente la Reina*에 도착했다. 공립 알베르게를 지나쳐 시내로 들어가다가 오른쪽 골목길에서 마트 봉지를 들고 다니는 사람들을 보았다. 아무래도 이 근방에 큰 마트가 있는 모양이었다. 들렀다 가야겠다 싶어 그쪽으로 몸을 트려는 찰나, 저 멀리 바르에서 쉬던 중국인 엄마가 나를 발견하곤 고함을 치며 손을 흔들었다. 조용한 거리로 대뜸 나타난 큰 소리에 주변 사람들이 나를 쳐다본다. 아이고야. 다시금 합석하는 일은 하고 싶지 않아서 '노'라고 말하며 나는 여기로 갈 거라는 손짓을 크게 하곤 오른쪽으로 방향을 틀었다. 골목길을 통과해서 나왔을 땐 작은 노천 시장이 열려 있었다. 옷을 파는 것이 대부분이었기에 나는 바로 근처에 있던 마트로 들어갔다. 과일과 채소가 저렴한 유럽. 좋아하는 멜론 1통과 납작 복숭아 2개, 사과 1개를 구매했다. 슈퍼 근처 벤치에 앉아 같이 산 아이스크림을 먹으며 노천 시장의 풍경을 구경했다. 이 순간이 약간 사치스럽게 느껴질 때쯤 내게 뭔가가 없음을 깨달았다. 어디서부터 잃어버린 건지 여름용 장갑 한 짝이 없었다. 토시를 끼고 다니면서 혹여 손만 새까맣게 탈까 봐 더워도 늘 끼고 다녔던 것인데 한 짝만 덩그러니 있었다. 분명 마을 초입까진 착용하고 있었던 것 같아서 결국 왔던 길을 되돌아가 찾아보는데… 없다. 다시 들어온 슈퍼에도 없다. 완전히 잃어버렸다. 아까 중국인 모자를 외면했던 탓일까, 일종의 벌을 받은 것 같았다. 몸도 마음도 지친 채 마을을 벗어난다. 대부분 이 도시에서 머물지만 앞으로의 일정도 빡빡한 나는, 한 마을을 더 가야 했다. 알베르게가 있는 마네루*Mañeru*까지 말이다.

해가 중천에 뜬 시간. 오늘은 더더욱 걷는 것이 힘들다. 몇 걸음 못 가 멈추게 된다. 발을 내딛는 모양이 영 이상하다. 가능성이 그다지 없는 일임에도 이러다 다리가 잘못되는 것이 아닐까 의심마저 든다. 그 정도로 내 걸음은 아팠다. 그늘 없는 길을 걷다가 큰 나무들을 만났다. 많은 순례자가 이 나무 아래에서 쉬고 가는 듯 잔디들이 누워 있었다. 거기에서 또 쉬었는데 그러기를 잘한 것이 바로 연결되어 나타나는 경사로가 정말 심했다. 막판엔 정말 거짓말 하나 없이 거의 기다시피 올라가야 했다. 정말 나 죽겠는 오르막이었다. 정복자의 심정으로 올라오니 차들이 다니는 도로가 나왔다. 태양 아래 마른 흙을 밟으며 평지를 걸었다. 곧 내리막이 나왔는데 다시 그만큼 또 올라야 하는 길이었다. 열심히 계산기를 두드렸는데 막판에 가서 곱하기 '0'을 누르는 것 같은 길이었다. 나는 그 길을 버리고 도로 가드레일 옆, 일부 순례자들이 걸어 만든 길을 택했다. 쌩쌩 달리는 차들과 나 사이에 얇은 가드레일밖에 없어서 위험했지만 지금 체력으론 여기밖에 답이 없었다.

드디어 마네루에 도착했다. 여기도 마을 초입에 쉼터와 식수대가 있다. 물을 뜨고 이미 쉬고 있던 순례자들 사이에 한자리했다. 절로 축 늘어지는 몸뚱아리. 멍하니 휴식을 취하는데 이러다 파김치로 절여질 것 같아서 다시 몸을 움직였다. 이 마을에는 두 개의 알베르게가 있는데 내가 택한 곳은 엘칸토Elcanto. 큰 기대 없이 간 곳인데 샤워실과 화장실이 깨끗했고 빨래하는 곳이 테라스로 연결되어 있었다. 운 좋게 문 앞의 아래층 침대를 배정받았다. 어서 할 일을 끝내고 1층으로 내려갔다. 숙소는 바르 운영도 겸하고 있어서 야외 테이블에 앉아 또 콜라 한잔을 했다. 얼음이 함께 하는 콜라는 역시나 끝내준다. 이것은 마치 종일 업무에 시달리다 퇴근 후 집에 들어와 맥주 한 캔을 하는 직장인의 느낌이다. 가끔 여기처럼 레몬을 얹어주는 곳도 있다. 상큼한 한 잔을 시원한 바람과 함께 보내고 방으로 들어왔다. 다른 이들이 부엌을 쓰기 전에 먼저 쓰려고 아까 산 멜론과 가방 속에다 찌그러져 가는 컵라면을 챙겨 갔다. 아까 그 무지막지한 경사에서도 기어코 들고 왔던 멜론 한 통을 보니 나도 참 대단하다 싶다. 한쪽이 완전히 찌그러진 컵라면은 다행히 물이 샐 정도는 아니었다. 후식으로 멜론을 먹을 때, 같은 방을 쓰는 남학생 세 명이 부엌으로 들어왔다. 학생이란 건 액면가로 추정한 것이다. 샌드위치를 만드는 듯 바게트를 나누고 치즈와 햄을 넣는 그들을 구경하다 남아버린 반통의 멜론을 봤다. 어차피 내일 아침에 먹을 일도 없을 거라 남은 것을 그들에게 주었더니 굉장히 고마워했다. 그 후 그들은 길에서 나를 볼 때마다 친근하게 인사해 줬다. 그래 달라고 준 뇌물은 아니었지만 어쨌든 고마웠다.

식사 후, 다시금 더 확장된 물집을 해결하러 테라스로 나갔다. 그곳엔 나와 같은 동지의 여성 두 명이 이미 앉아 있었다. 물집 위로 빨간 소독약을 붓는 그녀의 정신력에 대단함을 느끼던 찰나 다른 남자가 나타나 조언을 했다. 의사소통이 바로 잘 된 건 아니었지만, 결론적으로 남자의 말은, 바늘을 이용해 실을 물집에 통과 시켜 놔야 물이 빠진다는 것이었다. 물집은 건조해져야 아문다고 했다. 이럴 때마다 반짇고리를 놓고 온 내가 원망스럽다. 대충 옷핀으로 물집을 빼보지만 물집이 있는 상태로 살이 점점 두껍게 굳어져 가 뚫기도 쉽지 않다. 남자는 또한 숙소에 들어온 이들 대부분이 다 절뚝거리며 돌아다니는데 그 누구도 출발 전에 스트레칭하지 않는다고 일침을 가했다. 그건 정말 일리가 있다. 나도 그렇고 대부분 '자, 가자!' 하는 느낌으로 그냥 척척 걸어 나가니 말이다. 다른 점이라면 나는 시작부터 절뚝거린다는 것이다.

방으로 돌아오니 아까 그 남자가 내 옆 침대 2층에 있었다. 약간의 대화가 더 이어졌다. 한국인이라고 밝히면 열 명 중 아홉 명 이상이 묻는 단골 질문이 있다. 왜 이렇게 한국인이 많이 오냐는 것이다. 종교적인 이유도 크게 한몫하겠지만 내가 종교에 관심이 없다 보니 그것을 언급한 적은 없고 내가 하는 주관적인 대답은 일반적으로 두 가지다. 평소 일에 치어 사는 한국인들이 자신을 돌아보기 위해 찾는다는 것과 또 하나는 순례길과 관련된 리얼리티쇼 2개가 한국에서 방영되었다는 것. 그리고 나는 이 두 가지 이유가 모두가 해당되는 사람이다. 그 대화가 끝나고서 어쩌다 보니 내 배낭의 무게에 대해 나왔다. 공항에서 19kg을 찍었다고 말해주니 미쳤냐는 반응과 함께 안에 무엇이 들었냐는 질문이 나왔다. 여러 가지가 복합적으로 들어 있는 나와는 달리 그의 가방은 단순했다. 그는 내가 가져온 보냉 텀블러를 들어보더니 일단 이것부터 버리라고 했다. 하지만 그럴 수 없었다. 그 보냉 텀블러는 한겨울 찬 바람을 맞으며 한참 줄서서 산 콘서트 굿즈니까.

넷째 날 | 50,743보 | 35.48㎞

마네루에서
아예기까지

2019-07-07 | 다섯째 날 | Mañeru ~ Ayegui

아침 일찍 일어나는 것에 제법 익숙해지고 있다. 알람이 울리기 전에 깬다거나 하는 것 말이다. 텀블러와 페트병에 물을 가득 담기 위해 어제 본 마을 어귀의 식수대로 향하는데 나보다 앞서간 가족이 내게 달려와 이 길이 아니라고 알려줬다. 그들이 가는 길을 순례길인 줄 알고 내가 따라온 거로 생각한 것이다. 그들의 오해를 풀기 위해 빈 물통을 흔들며 물을 뜨러 가는 것이라고 알려줬다. 그리고 그녀의 친절에 고맙다고 말하는 것도 잊지 않았다.

어딘가 우중충해 보이는 날씨는 조금 쌀쌀하기까지 했다. 그늘 없는 너른 들판을 5㎞ 정도 걸었다. 그러면 마치 언덕에 하나하나 쌓여 만들어진 것만 같은 마을, 시라우키Cirauqui가 나온다. 가는 도중 어두컴컴한 길에서 도장을 발견했다. 지금보다 더 어두웠으면 못 보고 지나칠 뻔했다. 순례자 여권 한자리에 도장을 쾅 하고 찍었다. 스멀스멀 칸이 채워지는 것을 보면 뿌듯함이 든다. 마을을 벗어나 다시 흙길로 접어들 때쯤 어제 그 남자를 만났다. 심하게 다리를 절고 있는 나를 보며 걱정스러운 표정을 짓는데 그 틈에 미련하다는 얼굴도 스쳤다. 가볍게 인사를 했고 빠르게 사이가 멀어졌다. 가방의 무게를 더 줄이긴 해야 하는 게, 출발 전에 물을 꽉 채워 가방에 넣고 또 종종 마트에서 과일이나 먹을거리들을 사서 들고 다니기 때문에 대략 2㎏ 전후의 무게가 추가된다. 여태껏 여러 물품을 버리며 무게를 줄인 걸 비웃듯 그만큼 또 늘고 있으니 내 가방은 사실상 줄어든 게 아니었다. 다음 마을인 로르카Lorka로 가는 길에 도네이션 바르를 만났다. 즉, 기부 형식으로 운영되는 바르로 순례길에서 가끔 볼 수 있다. 얘기로만 들었지 실물로는 처음이기에 굉장히 신기했다. 너무 이른 시간이라 아무것도 없었지만, 꽤 오래 구경했다. 정해지지 않은 금액을 스스로 기부하여 돌아가는 시스템이라는 것이 마치 양심을 믿고 운영되는 무인 카페 같은 느낌이었다. 아쉬운 마음을 뒤로하고 소원해본다. 기부할 준비는 되어 있으니 운영되고 있는 도네이션 바르를 한 번만 만나게 해달라고 말이다.

이번에도 어김없이 고난의 오르막을 통과해 로르카에 도착했다. 대부분의 마을은 늘 힘든 경사로를 올라야만 방문을 허락한다. 마치 법으로 정해지기라도 한 건가 싶다. 이 마을은 집 문마다 발 같은 것이 달려 있었다. 아마도 파리를 못 들어오게 하려고 단 것 같았다. 이 마을에서 아침을 먹기로 했다. 열려 있는 바르에 들어가 카스텔라 비슷한 것 하나와 콜라를 샀다. 이 기분엔 아이스 아메리카노인데, 과연 이 길 위에서 마실 수 있는 날이 올까 싶다. 딱히 앉을만한 테이블이 없어서 시멘트 바닥 위에 아무렇게나 앉았다. 철퍼덕 앉아 먹는 동안 벌써 제 색을 잃어버린 나의 신발이 눈에 들어왔다. 흙먼지에 뒤섞인 트래킹화. 닦아야겠다는 생각은 별로 들지 않는 게, 소용이 없다. 이대로 내버려 둔다면 어떤 꼴로 마무리될지 궁금해졌다. 누구는 바닥에 구멍도 난다던데, 나는 올 때부터 새 신으로 왔으니 그럴 일까진 없을 것 같다. 카스텔라를 반쯤 먹어 갈 때 옆에서 길고양이가 울어댔다. 설탕이 잔뜩 들어간 이 빵을 주는 건 안 될 것 같아서 꿋꿋이 외면했다. 다른 순례객들이 점점 들어올 때쯤 다시 일어섰다. 엉덩이에 묻은 흙은 그냥 툭툭 털면 그만이다. 어차피 옷은 숙소로 들어가면 또 빨래해야 한다.

이날은 마을들이 4, 5㎞씩 떨어져 있어서 도착할 때마다 길거리나 바르에서 쉬었다. 쉬고 나서 다시 걸으면 절뚝거림이 배로 느는데, 지팡이를 짚고 걷는 할아버지보다 내가 더 느렸다. 그때서야 뭔가 잘못되었음을 깨달았다. 이대론 안 되겠다 싶었다. 결단이 필요했다. 더군다나 오늘은 그것 말고도 컨디션이 정말 안 좋았다. 수면에 문제가 있었던 모양인지 걷는 내내 졸음과 사투를 벌였다. 걸으면서 존다는 것은 고문이어서 스트레스가 이만저만이 아닌 날이었다. 그래서 자꾸만 지도를 켜보게 된다. 도대체 언제쯤 나의 목적지가 나오는 건가 하며 확인을 했는데 그럴 때마다 아직도 한참이나 남았다는 좌절감을 같이 맛보았다.

오늘의 일정엔 대형마트들이 꽤 있는 큰 도시, 에스떼야Estella가 있다. 하지만 아무리 걸어도 걸어도 계속 산골만 나왔다. 이 길 끝에 작은 계곡을 만났고 한 사람만이 지나갈 수 있는 좁은 흙길도 나왔다. 간혹 나무들 사이로 건물이 보일 때마다 저긴가, 하고 기대했다가 몇 채 없는 모습에 실망하고 걷기를 여러 차례 반복했다. 도대체 이 길 끝에 그런 대도시가 있긴 한 건가 싶었다. 그러다 조금 휑한 시멘트 도로가 나타났고, 그렇게 불쑥 에스떼야가 나타났다. 도시의 규모는 안으로 들어갈수록 컸다. 관광객들이 제법 찾는 모양인지 여러 언어로 안내되는 관광

꼬마 열차도 있었다. 이런 걸 볼 땐 한국어가 있는지 늘 확인하는데 여긴 없었다. 순례길에 나선 지 며칠 되진 않았지만 도시와 마주하기 전 그 규모를 판별하는데 좋은 기준이 알베르게 숫자라는 것을 눈치껏 알게 되었다. 즉, 이곳엔 제법 많은 알베르게가 있었다. 그 중엔 기부제로 운영되는 알베르게도 포함되어 있다. 어제의 그 남자는 오늘 그 알베르게에 머물 것이라고 했다. 저녁 시간에 다 같이 모여 요리를 해 먹는 시간이 있다며, 선택의 이유를 내게 말했었다. 친화력이 좋거나 누군가를 사귀는 데에 거리낌 없이 즐기는 이들에겐 그런 시간이 매우 뜻깊겠지만 한없이 내성적인 나에겐 불편한 시간이 될 게 뻔했다. 숱하게 여행을 했지만, 그것이 나의 사교성을 키워주지는 못했다. 뭐, 자연히 느는 것이 아니니 스스로가 노력해야 하지만 그러지 않아도 내 여행은 충분히 좋았다.

길거리에 사람들은 없고 도시는 꽤 한적했다. 내가 도착한 날이 일요일이기 때문이다. 유럽의 상점 대부분은 일요일에 문을 닫는다. 큰 마트도 예외가 거의 없다. 여기도 상황은 마찬가지. 이렇게 여행이 길어지게 되면 요일을 체크하는 것이 중요한 게, 아무것도 살 수 없게 되는 일요일을 대비해야 하기 때문이다. 하지만 나는 그러지 못했다. 이제 더 이상 일용할 식량이 없는 나에게, 오늘은 약간의 위기였다.

귀여운 가리비가 에스떼야의 보도블록 사이를 비집고 군데군데 수 놓여 있다. 지도를 보지 않아도 길을 잘 찾을 수 있다는 것은 순례길이 가지는 큰 장점이라고 생각한다. 그 누가 와도 괜찮은 길이다. 오늘도 역시 남들 다 묵는 에스떼야를 건너 그다음 마을인 아예기Ayegui로 간다. 다음 마을이라고는 했지만 둘은 바로 붙어있다. 스르르 하고 도달하게 되는데 여기서도 어김없이 고도 상승이 나타난다. 땡볕 아래 오르막을 올라 아예기에 딱 하나밖에 없는 공립 알베르게로 향한다. 참고로 대부분이 이곳을 스쳐 지나가지만, 여긴 나름대로 의미가 있다. 생장에서 출발한 지 100㎞가 되는 마을이기 때문이다. 순례길에선 100㎞ '걸어왔음'과 100

㎞가 '남았음'을 알리는 도장이 존재하는데, 유명한 건 당연히 후자다. 전에 다른 순례자들이 남긴 글을 보면 100㎞를 왔다는 한 장의 종이를 별도로 받을 수 있었었다고 한다. 나는 100㎞ 기념 도장을 알베르게에서 받았다. 여기는 기존의 체육관을 리모델링한 덕에 꽤 최신식이다. 엘리베이터도 있다. 다만 체육관이었기에 지하에 위치한 샤워실은 벽에 샤워기 여러 개가 쭈르르 달린 오픈 형태다.

대충할 일을 끝내고 서둘러 식사를 해결하기 위해 주변을 탐색했다. 근처에 있는 대형 슈퍼는 휴무. 결국 영업 종료 직전인 빵집에서 바게트 하나를 샀다. 맛은 무맛. 이걸로 하루를 마무리하고 자야 하나 싶었는데 구글 지도에서 식당 하나를 찾았다. 현재 영업 중인 데다가 평점도 굉장히 좋았던 식당. 아직 한 번도 식당을 이용한 적이 없기에 두려움이 컸지만 빨리 배를 든든히 하고 얼른 잠자리에 들고 싶다는 욕망이 나를 그곳으로 인도했다. 식당의 이름은 *Durban Cafeteria*. 도로 건너에 위치한 식당엔 이미 점심시간이 지났음에도 사람들이 꽤 많았다. 바깥쪽 테이블에 홀로 착석을 하자 직원이 메뉴판을 가져다줬다. 까만 것은 글씨요 흰 것은 종이나라. 역시나 하나도 모르겠는 메뉴판. 그냥 오늘의 메뉴를 시키려고 하는데 불현듯 걱정이 스쳤다. 얼른 번역 앱을 켜서 단어를 적는다. '생선'을 치고 그걸 직원에게 보여주며 메뉴판을 가리켰는데, 나온다는 것 같았다. 나는 완곡하게 손으로 엑스를 그려댔건만 이해를 잘 못 하겠던지 그녀가 다른 직원을 데리고 왔다. '노피쉬?' 라는 질문에 그렇다고 하니 대체해서 시킬 수 있는 메뉴 몇 개를 알려주었다. 전식 본식이 연달아 나오는 오늘의 메뉴를 먹고 싶었지만 내가 할 수 있는 선택은 단품뿐인 듯했다. 번역을 돌려 그가 알려준 메뉴들을 확인했고 눈치껏 시켜서 나온 건 큼지막한 폭립이었다. 꽤 괜찮은 선택이었다. 샐러드와 감자튀김, 스페인에서 볼 수 있는 튀긴 고추까지. 튀긴 고추는 내 취향이 아니었고 좀 매웠다. 참고로 난 한국에서 오이고추도 먹지 않는다. 배부르게 쉬고 있으니 직원이 와서 디저트를 묻는다. 금액이 추가된다는 걸 다년간의 경험으로 알지만 이왕 식당에 온 거, 과감하게 질러보기로 했다. 혹시 커피에 얼음을 넣어서 아이스로 만들어 줄 수 있냐고 물었다. 번역기가 제 역할을 한 덕에 그 문장을 그녀가 이해는 했으나, 왜 그렇게 만든 커피를 마시려고 하냐는 반응이었다. 에스프레소 한 잔을 즐기는 이들에게 아직은 낯선 문화인가 싶어서 커피 요청은 그만두었다. 디저트로 어떤 게 있는지 번역기를 돌려 묻는데, 그녀가 나의 스마트폰을 달라고 하더니 마이크 기능을 켜서 연달아 말을 내뱉었다. 번역기는 똑똑하게 그녀의 말을 즉각적으로 번역해줬다. 코코넛 케이크와 아이스크림 한 잔 중에 나는 후자를 택했다. 일반적인 티스푼으로 떠먹는 작은 아이스크림을 상상하며 기다리고 있는데 테이블 위로 나타난 건 샹그리아 잔에 가득 담긴 아이스크림이었다. 세상에 이 정도 디저트면 도대체 얼마란 말인가. 머릿속을 제일 먼저 스친 건 금액이었지만 어쨌건 일단 나왔으니 먹기로 했다.

　　더운 날씨에 딱 어울리는 아이스크림 한 잔의 여유. 살랑 부는 바람에 흔들리는 나무들을 보며 널어두고 온 빨래는 참 잘 마르겠다 싶었다. 그늘 아래에선 시원한

데 땡볕 아래에만 있으면 구이가 되는 것 같은 스페인의 날씨. 우린 습도 때문에 짜증이 날지언정 아프다고 하는 일은 없지 않은가, 그에 비해 이곳의 태양은 누구 하나쯤 구워져도 이상하지 않을 것 같은 날씨다.

식당에서 계산을 끝내고 도장까지 받은 후 숙소로 돌아왔다. 아까만 해도 텅 비었던 방엔 침대마다 사람들이 있었는데 어째 전혀 이질적이지 않은 분위기가 감돌았다. 세상에나, 10개가 넘는 침대에 모두 한국인뿐이었다. 같은 층에 방이 두세 개가 더 있는데 한국인을 모두 이쪽 방에 몰아준 것이고 한두 명 있는 외국인은 다른 방에 있었다. 오랜만에 들리는 한국어에 장소의 정체성이 흐려졌다. 마치한국 어딘가에 있는 게스트하우스에 온 기분이다. 방에는 혼자 온 남자분, 엄마와함께 온 고등학생 딸, 순교 활동을 위해 온 단체 학생들과 전도사 한 분이 있었다. 학생들은 매일 정해진 미션이 있는 듯 그것을 수행하기 위해 머리를 모아 회의를 하고 있었고 모녀는 힘든 일정에 많이 지쳐 있는 모습이었다. 이곳에 오기 전 한국에서 매일 두세 시간씩 걸어 다니며 체력을 키워 왔음에도 매일 6시간 이상 걷는 순례길은 전혀 차원이 다르다고 했다. 동감이다. 나 또한 한국에선 누구보다빠르게 걸었던 사람이고 걷는 것 하나는 자신 있었다. 그런데도 지금은 순례길 위에서 그 누구보다도 느린 사람이 되어버렸다. 그녀들은 이미 팜플로나에서 버스를 탔다고 했다. 그렇게 말하는 그들의 어투 속에서 희한하게도 죄책감을 느낄 수있었다. 잘못한 게 아닌데도 그로 인해 마치 반쪽짜리 순례자의 낙인이 쾅 하고찍힌 느낌. 상황에 따라 일정 구간을 건너뛸 수 있는 일을 '선택'이라고 보는 게아니라 '포기'라고 보기 때문에 이런 일이 생긴다. 물론 나 또한 순례길에서 이동수단을 탄다는 건 진정한 순례자가 아니라고 생각했다. 그에 비해 다른 외국인 순례자들은 체력이나 일정의 여유가 없을 땐 버스도 타고 중간중간 택시도 탄다. 그것에 대해 거리낌도 없다. 반면 지금의 나는 그러한 선택에 아직은 거부감이 있었다. 다시금 차오르고 또 하나둘 늘어가는 물집을 보면서 한숨을 내쉴지언정 버스

만은 아니라고 여겼다. 나는 버티고 있었다. 이대로 잘만 버틴다면 곧 나아지거나 무뎌질 것이라고 믿었다.

가방의 무게를 줄일 만한 게 더 없는지 다시금 뒤져 보았다. 몇 가지 후보가 나왔다. 숙소에서 저녁을 만들고 남았을 때, 다음 날 점심으로 챙겨갈까 싶어 가져온 플라스틱 용기와 여분을 위해 새로 산 등산 바지, 너무 많이 챙겨온 마스크팩과 발바닥에 붙이는 시원한 파스들. 빨래는 매일 순식간에 마르고 있었기에 저 등산 바지는 입은 적이 없었다. 몇 초간 고민했다가 사 놓고 한 번도 입지 않은 바지를 쓰레기통에 버렸다. 나머지 것들도 고민하다가 버렸다. 아니, 버릴 뻔했다가 주변 분들에게 일단 물어보기로 했다. 그렇게 플라스틱 용기는 혼자 온 남자분이 가져가셨고 마스크팩은 다른 분들께 고루 나눠 드렸다.

그래, 마스크팩 서른 장을 가져온 건 좀 너무했던 것 같다.

다섯째 날 | 44,624보 | 31.76㎞

아예기에서
로스 아르고스까지

2019-07-08 | 여섯째 날 | Ayegui ~ Los Arcos

일찍 자려고 어제 기껏 외식까지 했건만 신나게 수다를 떠느라 밤 10시를 넘겨 잠이 들었다. 평소보다 훨씬 늦은 취침 시간 때문에 아침에 일찍 못 일어나면 어쩌나 걱정했지만 다른 이들의 준비 소리 덕분에 잠에서 깼다. 지금까지는 늘 내가 제일 먼저 일어나 혼자 준비를 했었는데 오늘은 꼴찌다. 한국인들은 역시나 부지런하다. 나는 부지런한 것보단 성질이 급한 것도 있고 더 큰 이유는 몸 상태 때문이다. 준비하는 이들의 목소리가 어딘가 어둡다. 비가 오니 우비를 챙기라는 말이 들린다. 순례길에서 처음으로 만나는 비. 더 자고 싶은 욕구를 억누르고 '비'라는 말에 서둘러 자리에서 일어났다. 새벽 5시. 다행히 아주 약하게 떨어지는 비. 우비를 꺼낼 필요는 없을 것 같아 그냥 시작했다. 아예기를 떠나자마자 이라체 *Irache*가 나온다. 사실 이라체는 순례길 상 꼭 거쳐야 하는 위치는 아니지만 들려야 할 만한 이유가 있다.

No Vino, No Camino = 와인 없는 순례길도 없다

   순례길 위에서 간혹 보게 되는 유명한 말이다. 그만큼 대부분이 매일 저녁 와인을 마신다. 나는 술을 마실 때의 분위기를 좋아하지만 슬프게도 주당이 아닌 데다가 술 중 와인을 제일 안 좋아한다. 위의 문구가 나에겐 전혀 해당이 없지만, 만약 나를 위해 내용을 바꾼다면 *No cola, no camino* '콜라 없는 순례길도 없다'가 제격이다. 서두가 길었지만, 아무튼 순례길에서 와인이 가지는 의미는 크다. 이라체 성당은 옛날부터 순례자들에게 빵과 와인을 나눠 주었다고 한다. 지금은 그 전통을 이어 하루 100ℓ의 와인을 기부하고 있다. 기부받는 방법은 매우 신기하다. 성당 벽면에 두 개의 수도꼭지가 있는데, 한쪽은 물이 나오고 반대쪽은 와인이 나온다. 일명 *Wine Fountain*이다. 오전 8시에 닫혀 있던 철문이 열리면 그때부터 받아 갈 수 있다. 성수기엔 양이 부족해 뒷사람들이 못 받아 가는 일이 생긴다고 하니 적당히 받는 것이 배려다. 일단 내가 안 받았으니 오늘 한 사람은 더 받을 수 있을 것이다. 와인 대신 근처 식수대에서 물을 가득 받고 떠났다. 작은 규모의 주택들을 만나고 도로를 지나 한참을 걷다보면 아스께따*Azqueta*가 나온다. 근데 나는 *Azqueta*가 '아죽겠다'로 읽혀진다. 그런 말이 절로 나오는 몸 상태다. 문을 연 바르도 없고 다음 마을이 금방 나오기 때문에 아스께따는 스쳐 지나갔다. 이다음은 1.7㎞만 더 가면 나오는데, 문제는 아스께따와 고도가 100m나 차이가 난다는 것이다. 시작부터 도착할 때까지 내내 오르막을 쳐야 했다. 여기 주민들은 어떻게 왔다 갔다 하는 건지 궁금한 게, 차로 다니기에도 만만치 않은 경사다. 역시 마을 초입 바르엔 나와 같은 순례자들이 잔뜩 지친 상태로 쉬고 있다. 제로 콜라와 오렌지 주스를 사 야외에 앉았다. 어제 빵집에서 산, 이제는 몽둥이처럼 굳어 가고 있는 바게트를 뜯어 먹으며 쉬는 동안 다음 마을을 확인하고 오늘 묵을 숙소를 찾아본다. 나는 가만히 쉬는 법이 없다. 앞날을 대비해야 한다.

이 마을에는 식수대가 따로 없는 것 같았다. 약간 비어 버린 물통을 보면서 잠깐 고민했다. 물을 사야 할까? 왜냐면 이다음 마을인 로스 아르고스*Los Arcos*까지 무려 12㎞를 내리 걸어야 하는 난코스이기 때문이다. 인터넷을 찾아보니 6㎞ 정도 가면 간이 바르가 있다고 해서 그걸 믿고 그냥 출발하기로 했다. 아까 올라온 것보다 더 격렬하게 내리막을 탔다. 다행히 오늘은 구름이 약간 있어서 평야임에도 견딜 만 했다. 발소리만이 들리는 고요한 길에서 어디선가 다그닥 거리는 소리가 났다. 뭔가 하고 보니 검은색 큰 말을 탄 경찰 두 명이 이 길을 순찰하고 있었다. 나에게 '부엔 까미노'라고 말해주는 그들에게 그라시아스*Gracias* '감사합니다'라고 대답했다.

물을 아주 조금씩 먹고 있는데도 남은 양이 얼마 되지 않았다. 아까 물을 샀어야 했는데… 아무래도 실수를 한 것 같았다. 그때, 저 멀리 뭔가 구조물이 보였다. 거리상으로 이제 그 바르가 나올 타이밍이었기에 반갑게 다가갔다. 그런데 나를 기다리고 있던 건 버려진 컨테이너 두 짝이었다. 한쪽이 다 뚫려 있어서 지나가는 순례자들이 그곳에 걸터앉아 쉬고 있었다. 그렇다, 바르는 없어진 것이다. 이대로 6㎞를 더 가야 한다니. 갈증이 얼마나 힘든 것인지 둘째 날에 이미 겪어본 터라 더욱 걱정 되었다. 일단은 쉬고나 가자 싶어 한 자리 차지해 앉았다. 내 옆으로 중년의 외국인이 앉았다. 어디서 왔냐는 말에 한국이라고 말하니 대뜸 북한 이야기가 나온다. 아무래도 해외 뉴스에서 우리나라가 언급될 때는 그런 화제와 많이 등장하는 편이라 대충 적당히 주제를 마무리했는데 이젠 내가 하고 있는 토시에 관심을 보인다. 피부가 타는 게 싫어서 한 거냐는 질문에 쓱 하고 토시를 벗어 보여 줬다. 극심한 고통을 걷어간 화상은 이젠 피부가 벗겨지는 단계에 접어들었다. 팔보다도 심한 것은 어깨였다. 어깨를 보여 줬을 때 그가 얼굴을 찌푸렸다. 마치 그쪽만 피부가 죽은 것 같이 보였으니 그럴 만도 했다. 다른 순례자들이 몰려올 찰나 자리에서 일어났다. 어차피 지금 나서봤자 곧 나를 앞서갈 사람들. 평소 승부욕이 강하지만 여기선 일말의 경쟁 심리도 없다.

쭉 뻗은 길을 부지런히 걸어보지만,원망스럽게도 가까워질 생각이 없어 보였다. 갈증이 심했고 다리도 아팠다. 쉴 곳이 마땅치 않으니 멈출 수도 없었다. 몸이 힘들다는 객관적인 증거는 계속해서 지도로 나의 위치를 확인한다는 것이다. 오늘은 발의 고통이 최고점을 찍었다. 새끼발가락에 잡힌 물집 때문에 발이 터질 것 같았다. 물집을 키우지 않기 위해 신경 써서 걷다 보니 걸음걸이가 이상해졌고 그 불량한 걸음은 뒤꿈치와 발목의 통증, 나아가 무릎까지 번지고 있었다. 총체적 난국이었다. 막판엔 고개를 들 수가 없었다. 앞에 보이는 길이 너무 까마득해서 심리적으로도 많이 지쳤기 때문이다. 그저 땅만 보고 걸었다. 그 어떤 즐거움도, 그 어떤 사진도… 더는 없었다. 그런 시간은 몇 분으로 끝나지 않았다. 언덕을 넘자 로스 아르고스가 보였다. 드디어 나왔음에도 이미 너무 지쳐있어서 기쁜 감정이 크게 들지 않았다. 마을 초입에 있는 무인매점 자판기에서 당장 콜라 하나를 뽑고 벤치에 앉아 털어 넣었다. 아까는 갈증이 너무 나서 수질이 썩 좋아 보이지 않던 시냇물을 마실 뻔했다.

오후 2시라 그런 건지, 시에스타 때문인지 도시가 조용하다. 여기저기 임대나 매매 표지판이 붙은 걸 보면 여기도 인구가 많이 빠진 모양이다.

성당을 지나고 순례자들로 북적이는 식당을 지나 다리 하나 건너면 공립 알베르게가 나온다. 이곳은 60명까지 수용이 가능한데 내가 도착하고 나서 얼마 지나지 않아 만석이 되어버렸다. 씻고 빨래를 하고, 숙소의 자판기에서 레모네이드 하나를 뽑아 의자에 앉았다. 오늘의 일과를 정리하는 건 간단하다. 블로그에 일기를 쓰고 오늘의 거리를 종이에 체크한다. 지출 내역도 한 번 되새겨 보고 내일 어디에 도착해 어느 숙소에 갈지도 한 번 훑어본다. 상황이 어찌 될지 모르니 숙소는 대략 두 군데 쯤 후보로 두어야 한다. 그간 찍은 도장을 확인해봤다. 생각보다 빼곡하진 않다. 중간중간 찍는 걸 자꾸 까먹은 탓이다. 이곳에서 내가 챙겨 갈 수 있는 것 중 가장 의미 있는 기념품이 될 테니 내일부턴 도장 찍는 걸 더욱 생활화해야겠다고 생각했다. 얼마 지나지 않아 후두두 비가 내리기 시작했다. 자리를 정리하고 한국에서부터 챙겨온 우산을 꺼내 마트로 향했다. 시에스타가 끝나고 다시 문을 연 마트에서 모짜렐라 치즈와 토마토, 블루베리 요거트, 오렌지주스. 그리고 앞으로 나의 바게트를 책임져 줄 버터도 샀다. 숙소로 돌아와 주방으로 갔다. 작은 주방은 벌써 저녁을 준비하는 사람들로 뒤엉켜 있었다. 그들의 틈에 껴 토마토와 모짜렐라를 잘라 하나씩 겹쳐 담았다. 그럴듯한 카프레제다.

끼니를 해결하면서 내일을 걱정했다. 발 상태가 이젠 한계에 다다른 것 같았다. 선택의 여지는 없어 보였지만 오기로 더 버틸 수 있지 않을까 하는 어리석은 생각을 했다. 이젠 물집에서 피가 섞인 듯한 진물이 나고 있었고 찢어지기까지 했는데도 말이다. 사진과 함께 몸 상태를 친구들에게 보고하니 산티아고 이후로 평생 안 걸을 생각이냐는 나무람이 돌아왔다. 좀 쉬라는 조언에 서서히 수긍이 갔다. 그도 그럴 게 나는 여기에서 나와 대화를 하고 싶어서 온 것인데, 여태껏 들은 생각은 발이 아프다, 목마르다, 자고 싶다, 힘들다 밖엔 없었다.

길을 걷는 것이 즐겁지 않았다. 이것이 어떤 의미가 있을까…? 이건 좀 아니라는 결론에 들었고, 선택했다.

내일은 여기서부터 로그로뇨Logroño까지 버스를 탈 것이다.

여섯째 날 | 48,615보 | 34.66km

로스 아르고스에서
로그로뇨까지

2019-07-09 | 일곱째 날 | Los Arcos ~ Torres del Río | Logroño

어제 분명히 나와 버스를 타기로 타협했지만, 아침이 되니 마음이 좀 변했다. 준비하고 숙소를 나서는 이들을 보자 걷고 싶다는 생각이 들었다. 어제 한 번 스치듯 들었던 두 번째 계획을 실행시키기로 했다. 여기서 로그로뇨Logroño로 가는 버스가 순례길 여정과 동일하게 산솔Sansol과 토레스 델 리오Tores del Rio도 지나가는데 여기서부터 그곳까지의 거리가 9㎞다. 아직 버스가 오려면 시간이 꽤 남

앉기에 그사이에 좀 걸어서 11시 25분에 토레스 델 리오에서 버스를 타는 것으로 변경했다. 준비를 마치고 신발을 신는데 발이 꽉 꼈다. 물집 때문이다. 발에서 느껴지는 불편함에 아주 조금 망설였지만, 이왕 이렇게 된 것 출발했다.

앞만 보고 걷던 여태까지 와는 다르게 한 번 뒤를 돌아보았다. 뒤에서부터 떠오르는 태양이 장관을 이룬다. 이렇게 가끔 걸어왔던 길을 돌아보는 일은 색다른 시선을 준다. 오늘은 처음으로 노래도 들었다. 잔잔한 음악이 어찌나 찰떡 같은지, 풍경도 멋지고 기온도 적당했다. 참 완벽한 순간인데 눈치 없게도 발바닥이 일찍부터 심하게 아프기 시작했다. 다리를 거의 절다시피 걷는 내 모습은 부상 투혼과도 같았다. 제법 일찍 출발했다고 느꼈는데 어느새 나타난 순례자들이 나를 먼저 지나쳐 간다. 분명 부지런히 걷고 있음에도 사이는 계속해서 멀어진다. 흙길을 지나 조금 특이하게 굽이치는 평지를 통과하고 나면 저 멀리 요새처럼 얹어져 있는 산솔이 보인다.

그리고 평탄한 아스팔트. 별도의 길 없이 아스팔트 옆 좁은 틈을 따라 걷는다. 차의 통행이 잦지는 않지만 몇 대의 차들이 제법 빠르게 달리므로 주의해서 걸어야 하는 구간이다. 이제 막 걸어 나가는데 약하게 빗방울이 떨어졌다. 어쩐지 해가 뜰 때 본 구름이 가벼워 보이진 않더라니. 아직 산솔은 멀었건만 떨어지는 양이 만만치 않다. 판초 우의를 개시해야 하나 싶었지만, 배낭엔 레인 커버가 씌어 있고 입고 있는 옷이야 도착하면 바로 빨래할 테니, 그냥 맞고 걸어보기로 했다. 어차피 땀이 나서 젖는 거나 비 때문에 젖는 거나 도긴개긴이다.

문을 연 바르에서 잠시 쉬어갈까 했다가 이다음 마을까지 800m밖에 되지 않아서 이대로 쭉 걷기로 했다. 한적한 산솔을 지나니 '로그로뇨 20㎞'라는 표지판만 보인다. 설마 이대로 로그로뇨로 가버리는 건 아니겠지? 지도를 한 번 더 확인하고 덤불 사이 내리막을 지났다. 짧은 다리와 경사진 마을이 나타났다. 내리락, 오르락. 마을 언덕 중앙쯤에 있는 바르에 도착해 가방을 내려놓았다. 여기까지 온 것만으로 오늘은 충분하다고 자신을 위로했다. 바르에서 착즙 오렌지 주스와 제로 콜라를 사서 야외 테이블에 앉았다. 이곳에서 둘째 날 함께 이야기를 나눴던 유쾌한 대만 친구 2명을 또 만났다.

토레스 델 리오 마을, 앞서 걷는 순례자가 그 대만 친구들이다.

대화는 다양한 주제를 거쳐 '나이'로 빠졌다. 보통 외국에서 나이를 이야기할 때, 대부분이 나보고 그렇게 많냐며 깜짝 놀란다. 그것이 생각보다 재밌는데 우린 같은 동양인인지라 그럴 일은 없을 거로 생각했다. 그런데 20대로만 보였던 그녀들이 40대라는 것에 정말 놀랐다. 뭐 얼굴의 주름을 하나하나 뜯어 봤다면 맞췄을 수도 있겠다만 여기선 그렇게까지 타인의 얼굴을 가까이 볼 일이 없다. 이어서 그간의 화상과 다리 물집 등을 하소연하며 2시간 뒤, 이 마을에 오는 버스를 타고 로그로뇨에 갈 거라고 이야기를 덧붙이니 자기들도 같이 타겠다고 한다. 그래서 함께 시간을 보내게 됐다. 동네를 한 바퀴 돌았고 낡은 버스정류장에 앉아 하염없이 기다렸다. 바르 주인 아저씨께 어디서 버스를 타는지 메모지로 시간과 약도까지 받아 찾아온 곳이었다. 안 오는 게 아닐까 하는 걱정이 무럭무럭 자라 터지기 직전일 때 버스가 나타났다. 버스는 정류장을 무시하고 좀 더 지나쳐서 멈춰섰다. 우릴 버리고 지나가는 줄 알고 어찌나 손을 흔들었는지 모른다. 11시 30분, 2.35유로를 지불하고 탑승했다. 버스는 10㎞가 걸리는 이다음 마을까지 단 4분 만에 도착했다. 도로를 끼지 않고 돌아가는 순례길 특성 때문에 거리 차이가 난다는 건 알지만, 정말 오랜만에 탄 버스는 많은 생각을 하게 했다. 가장 먼저 든 건, 저 멀리서 걷고 있는 이들에 비해 상대적으로 느껴지는 초라함이었고 이어서 이러한 동력 시스템을 만든 엄청난 과학기술을 향한 새삼스러운 경이로움이다.

대도시 로그로뇨 터미널에 버스가 멈췄다. 대만 친구들과 또 자연스럽게 헤어지고 예약해 둔 호스텔로 향했다. 중심 광장 근처에 있는 호스텔은 건물 3층에 리셉션이 있는데 애석하게도 엘리베이터가 없다. 심지어 내가 78유로를 내고 2박을 예약한 싱글룸은 내부 계단을 타고 두 개 층을 더 올라야 나왔다. 올라가는 것은 비교적 괜찮았으나 내려올 땐 발바닥이 비명을 질렀다. 큰 방에 두 개의 침대가 있었다. 낡은 티가 팍팍 나는 숙소였지만 혼자서 편하게 잠을 잘 수 있는 것에 만족했다. 내가 구할 수 있는 호스텔 중 저렴하면서 조건이 나쁘지 않은 숙소가 바로 이곳이었다. 샤워까지 마친 후 밥을 먹으러 식당으로 향했다. 가방이 없는 데다가 슬리퍼까지 신었는데도 절뚝거리며 걷는 발의 상태가 염려스럽지만 일단 휴식을 취하고 지켜보기로 했다.

식당으로 향하는 길에서 아까의 터미널이 나타났다. 이틀을 이곳에서 머무르는 탓에 안 그래도 촉박하던 일정에 차질이 생겼기 때문에 여기서부터 부르고스 Burgos까지 버스를 타야 했다. 그렇게 하면 대략 100㎞를 버스로 건너뛰게 되는 것이다. 자동판매기에서 예매 버튼을 누르는 순간에 많은 고민으로 주저했다. 이미 퇴색된 완주의 타이틀을 어떻게든 더 흩어지지 않게 만들고 싶다는 욕심이었다. 하지만 이미 나는 즐거움 따위 없는 고통 속을 걷고 있었다. 이러한 시간이 무슨 소용인가 싶었고 그렇게 결제를 진행했다. 누가 나를 관찰하고 있는 것도 아니고 대단한 후원을 받는 것도 아니니 마음을 가볍게 가지자고 자신을 스스로 다독였다. 물론 맞지 않는 옷을 입은 듯한 불편함을 바로 추스를 수는 없었다. 오전 9시 30분에 출발하는 버스를 끊었다.

오늘 내가 가는 식당은 '웍Wok'이라는 중식 뷔페다. 대도시에 여러 체인을 가지고 있으며 도시마다 조금씩 이름이 다르다. 로그로뇨는 'Wok 999'라고 불린다. 이 뷔페의 위치는 대부분 시내 중심지에서 좀 떨어져 있다. 한창 공사 중인 거리를 지나 외진 느낌과 함께 식당이 보일 때, 나와 나란히 출입문을 향해 걸어가는 반가운 얼굴을 마주쳤다. 아예기에서 만났던 한국인 모녀였다. 셋이 나란히 들어오니 직원이 3명이냐고 묻는다. 또 그렇게 자연스럽게 합석했다. 자리에 앉자마자 제일 먼저 음료를 시킨다. 여기는 1인 1음료 주문이 원칙이다. 상대적으로 가성비가 떨어지는 생수 대신 콜라를 시켰다. 즉석에서 구워주는 고기와 해산물, 조리된 음식과 디저트들이 나쁘지 않게 널려 있다. 얇은 삼겹살도 있었는데 어찌나 소금을 팍팍 뿌려 굽는지, 정말 짰다. 베이컨이 되고 싶은 삼겹살이랄까. 전체적으로 기름지고 짠 음식들. 한두 접시 먹으면 먹을수록 왠지 내 취향은 아닌 뷔페였다. 무엇보다 본전을 뽑지 못하는 게 난관이었다. 요 며칠간 걸으면서 하루 두 끼 정도로 양이 줄었기에 몇 접시가 안 되었는데도 금방 배가 불렀다. 하지만 14유로의 거금을 지불했으므로 저녁 몫까지 꾸역꾸역 먹었다. 그래도 합석을 한 덕분에 식사 시간이 좋았다. 이야기를 나눈다는 것은 식탁을 풍성하게 만들어주는 일이다. 앞으로의 일정과 어느 도시에서 머무를지 등에 대한 것이 대화의 전반적인 주제였다. 알베르게에서 하는 빨래에 대한 것도 이야기가 나왔는데, 세탁기와 건조기 요금이 생활비에 제법 타격을 준다는 것이었다. 나야 단 한 번도 써 본 적이 없지만, 빨래를 하는데 오천 원에서 만원 사이를 매일 쓴다면 그것도 무시하게 못 될 것이다. 숙박비와 맞먹는 금액이니 말이다. 로그로뇨에서 하루 더 머무르는 나와는 달리 모녀는 내일도 길을 나선다고 했다. 이틀 뒤에 내가 버스를 타게 되면, 이젠 일정이 어긋나서 다시 얼굴을 볼 순 없을 것이다.

마지막 인사를 식당 앞에서 나눴다. 나는 식당 맞은편 *BM*이라는 마트로 들어 갔다. 겉보기엔 저렴한 곳인 줄 알았는데 가격대가 좀 있었다. 어쩐지 상품 매대 가 너무 깔끔히 정리되어있는 반면 손님은 별로 없었다. 과일을 몇 개 사고 돌아 온 뒤, 배낭을 뒤집어엎었다. 잔뜩 바닥에 깔린 물건들을 보면서 과연 이 중에 어 떤 불필요한 것이 나를 짓누르는 건지 곰곰이 살폈다. 물건들은 각자의 무게로는 아무런 부담이 되지 않지만, 그것이 한데 모이니 거대한 돌덩이처럼 느껴졌다. 지 금 당장 순례길 위에서 필요한 것과 순례길을 마치고 난 후, 관광할 때 필요한 것 들로 내용물을 나눠 에코백에 담았다. 예를 들면 원피스라던가 하는 것이다. 아쉽 지만 텀블러도 같이 넣었다. 이 짐들은 부르고스에 도착하면 산티아고로 떠나보 낼 예정이다. 순례길에는 '빡 뻬레그리노*Paq peregrino*'라는 것이 있는데, 순례자들 의 짐을 15일간 산티아고 우체국에서 맡아주는 서비스다. 하루 초과할 때마다 1

유로씩 추가되는데 계산해보니 5유로 정도면 될 듯했다. 아까운 지출이긴 했으나 앞으로의 일을 생각하면 줄일 수 있을 때 줄여야 했다. 짐 정리를 마치고 그간 여유가 없어서 한 번도 잡지 못한 붓을 잡았다. 휴대전화 갤러리 속에 든 사진 몇 장을 보며 엽서에 밑그림을 그리고 팔레트의 물감으로 색을 입혔다. 이런 순간이 매일 날마다 있을 줄 알았건만 인제야 이 일이 손에 잡혔다는 사실이 웃기면서도 슬펐다. 외국으로 긴 여행을 가게 되면 늘 주변 사람들에게 안부를 전한다. 손쉽게 주고받을 수 있는 몇 줄의 메시지 보다도 시간을 들인 그림과 두서없는 글들이 적힌 엽서를 더 선호한다. 여러 도시를 거칠 때마다 그 도시의 특징이나 느낀 부분을 표현하는 일이 즐겁고 일단 상점가에서 파는 엽서들이 너무 마음에 안 드는 것도 이유에 든다. 하지만 엽서는 유실이라는 큰 위험이 있다. 여태까지 몇 장의 엽서들이 한국으로 도착하지 못했다. 그래서 우편함에 넣기 전엔 앞뒤로 사진을 찍어둔다. 여행의 끝쯤에 보낸 엽서들은 나보다도 더 늦게 도착하기도 한다. 그런데도 이 일을 한다. 글을 쓰는 동안 계속 그 사람만을 생각하게 되고, 엽서가 도착할 것이라는 나의 예고에 몇 번은 우체통을 확인하며 기다리게 될 그 시간과 받았을 때 기쁨을 얻을 상대방을 생각한다면 이 일은 너무나 매력적이다.

일곱째 날 | 29,086보 | 20.96km

로그로뇨에서
쉬어가기

2019-07-10 | 여덟째 날 | Logroño

　오늘은 트래킹화를 신지 않아도 되는 날이다. 걷지 않아서 부담이 없는 날임에도 간밤의 잠자리는 편하지 않았다. 새끼발가락에 생긴 큰 물집을 건조하기 위해서 나머지 네 발가락을 스포츠 테이프로 꽁꽁 싸매고 잤기 때문이다. 한 번도 안 쓸 것 같았지만 혹시 몰라 가져온 테이프를 이날, 유일하게 썼다. 덕분에 진득했던 물집 부위가 건조해졌다. 뭐랄까, 껍질 까 놓고 잊어버린 귤이 다음 날 건조해진 느낌 같다. 자칫 잘못 건드리면 터질 것 같은 것이 똑같다. 팔 부위는 탈피되듯 껍질이 벗겨지고 있었고 아프진 않았는데 문제는 목이었다. 피부가 쭈글쭈글해지고 붉게 변해 있었다. 껍질이 벗겨졌는데도 피부가 그랬다. 지금 생각해보면 마치 그쪽만 노화가 되어 주름이 생긴 게 아닌가 싶다. 강력한 자외선에 노출되어 마치 한순간에 늙어버린 것이다. 예사롭지 않았던 이 흉터는 그 후 거의 반년 넘게 나와 함께 했다.

어제 새벽 12시쯤이었나, 틀어 놓고 잔 텔레비전에서 아주 시끄러운 밴드가 나와 연주를 하는 바람에 잠에서 깼었다. 깬 김에 시차가 얼추 맞는 한국 친구들과 한참 떠들었고 그 탓에 낮잠을 자야 했다. 시에스타 시간에 맞춰 잠들었으면 좋았을 걸, 밖으로 나오니 거리가 조용하다. 타이밍이 맞지 않았다. 그래도 큰 도시라서 몇 군데 연 곳이 있었다. 제일 먼저 간 곳은 내 방, 창문에서 바로 보이는 이탈리아 젤라또 가게. 이름도 라 베네치아나*LA VENECIANA*. 스페인어를 읽을 줄 모르니 색깔로 무슨 맛인지를 알아 맞혀야 했는데, 생각보다 어려웠다. 마치 컬러 칩이 나열된 상태에서 얘가 몇 번인지 맞히는 느낌이었다. 확실하게 읽을 수 있고 맛도 보장된 티라미수 한 스쿱을 2.2유로로 주고 샀다. 혹시 몰라 도장이 있냐고 물었는데 아쉽게도 없었다. 오늘은 걷지 않지만, 아직 내가 순례길 위에 있음을 증명하고 싶었다. 어디서 도장을 찍을 수 있을까 고민하며 어제 표를 예매한 터미널로 다시 향했다. 어제 산 표의 출발 시각을 변경할 생각이었다. 여기서 출발하는 시간으로 예상하건대 내 속도론 또 땡볕 아래에서 장시간을 걸을 게 뻔했다. 혹시 몰라서 소통에 필요 할만한 문장을 숙소에서 미리 번역해 캡처해갔다.

1. 버스 시간을 7시 30분으로 변경하고 싶어요.

2. 돈을 더 내야 하나요?

두 문장 모두 아주 유용하게 잘 썼다. 승차권 금액의 10%인 0.77유로를 수수료로 지불했다. 길 위에서 콜라 한 잔 아낀 셈 치면 아무것도 아닌 지출이라고 납득을 한 휘 허기진 배를 해결하러 버거킹에 갔다. 사실 로그로뇨에 유명한 양송이 타파스 바르가 있어서 거기에 가고 싶었지만, 오픈 시간은 오후 8시고 지금은 오후 5시였다. 타파스는 어차피 맛만 볼 생각이었기에 배를 채우려면 버거킹에 가야 했다. 치킨 랩 세트와 치즈 볼 같은 걸 시켰는데 그 안에 고추가 들어가 있었다. 아예기에서 만난 그 고추 튀김 같은 느낌이었다. 생각보다 여기 사람들은 고추를 참 좋아하는구나 싶다. 한적한 버거킹 안에서 그림을 좀 그리고 싶었는데, 사람들이 계속 들어오고 테이블은 그다지 여유가 없어서 결국 밖으로 나왔다. 숙소 근처에 공원이 하나 있어서 거기로 갔다. 도심 공원 주변엔 조금 가격대가 있어 보이는 카페테리아가 많이 있었다. 지금 당장 커피가 필요한 순간은 아니어서 그냥 공원 벤치에 앉았다. 날이 참 맑고 강렬해서 그냥 바라만 보고 있어도 청아했다. 나를 신기하게 바라보는 어린 꼬마 여자아이에게 손을 흔들며 인사를 해주었다. 아이를 지켜보는 부모 또한 인상이 좋았다. 최대한 그늘 아래로 자리를 잡았다. 이 더운 낮에도 나는 여전히 긴 팔의 경량 바람막이를 입고 있다. 보호하려는 목적도 있긴 하지만 팔뚝의 피부가 벗겨지는 게 그다지 좋은 모습은 아니었다. 타인이 보기엔 피부병의 일종으로 추측할 가능성이 농후했다.

오후 7시 30분부터 거리를 기웃댔다. 겨우 8시를 좀 넘기고서야 한 집에 들어갔다. *Bar Angel.* 유명한 곳이어서 이미 여러 명이 들어와 있었다. 카운터 바에 서서 양송이 타파스와 맥주를 시켰다. 작은 사이즈의 맥주를 먹고 싶었는데 의사소통에 실패해서 남들과 같은 사이즈의 맥주가 나왔다. 와인이 안 나온 게 어딘가 싶어서 그냥 마셨다. 타파스는 맛있었지만 매우 짰다. 하도 짜니 맥주가 많이 있는 게 다행일 지경이었다. 바에 서서 마시니 타파스 만드는 모습을 바로 볼 수 있었는데, 한국에 돌아가서도 똑같이 만들 수 있을 것 같다고 생각했다. 적당량의 버터와 함께 소금을 듬뿍 친다면 비슷할 것 같다. 이 주변이 타파스 거리라서 여기 말고도 맛있는 곳이 여럿 있으니 하니 돌아다니며 하나씩 먹어도 괜찮을 것 같다. 계산을 마치고 돌아오는 길에 아차 했다. 도장을 찍어 달란 말을 또 까먹었다. 여정의 중반까지도 이게 입에 잘 배지 않았다. 습관은 한 번 생기면 무섭다지만 그게 그렇게까지 쉬이 발전되는 건 아닌 듯하다. 맥주 한 잔 덕에 곧 수확해야만 할 것 같은 토마토 얼굴이 되었다. 그런 얼굴이 부끄러워 고개를 조금 숙이고 걸었다. 돌아온 숙소 리셉션 옆에 커피 머신이 있어서 얼마인지 물었더니 공짜란다. 옆에 있는 작은 머핀도 마음껏 가져가라고 해서 두 개를 챙겼다. 이거면 하루 치 아침은 해결이다.

부르고스에서
따르다호스까지

2019-07-11 | 아홉째 날 | Logroño | Burgos ~ Tardajos

한 손에 부르고스*Burgos*에서 택배로 보낼 물건들이 담긴 에코백을 들고 걷는다. 기분 탓일진 모르지만 2*kg*의 무게가 빠진 데다가 하루 쉬었다고 걷기가 좀 더 나은 듯하다. 숙소로 오던 날엔 9분 거리가 20분마냥 느껴지더니 오늘은 딱 그만큼의 거리감으로 도착했다.

부르고스까지 약 100㎞ 정도 버스를 탄다. 4~5일은 걸렸을 그 거리를 2시간 만에 간다. 다시금 과학의 진보를 느낀다. 와이파이도 되는 버스였는데 도로 사정이 나빠서 버스가 자꾸 꿀렁거렸다. 멀미가 날 것 같아, 흔들리는 시선 속에서 휴대전화 화면을 응시하는 걸 그만두었다. 이제 하루가 시작되는데 멀미 때문에 두통이 생기면 곤란하다. 이 두통은 침대에 일자로 뻗어 한숨 자고 일어나지 않는 이상 온종일 나를 괴롭힐 것이다. 자잘한 도시들을 여럿 거쳐 부르고스에 도착했다. 로그로뇨보다 더 대도시인 풍경이다.

　터미널에 바로 옆에 큰 마트도 있다. 구경하고 싶은 마음이 가득하지만 갈 길도 멀고, 할 일도 있으니 아쉬운 발걸음을 뗐다. 우체국을 찾아갔다. '빡 뻬레그리노'라고 말을 하니 바로 일을 처리해 주셨다. 진행을 편하게 하려면 사전에 산티아고 우체국* 주소를 알아두어야 한다. 우체국에 온 김에 도장도 받았다. 웅장한 부르고스 대성당이 그려진 도장이었다. 여기 대성당이 그렇게 유명하다는데 아쉽게도 오늘은 이곳에서 1박을 못하고 바로 순례길을 걸어야 한다.

　도시를 빠져나가는데 곳곳에 그늘이 많다. 덕분에 덥진 않았는데 큰 도시인지라 빠져나가는 길 자체가 상당히 걸렸다. 노란 화살표도 한참을 걸어서 만난 긴 공원 앞에서 찾았다. 이 화살표를 따라가다 보면 부르고스 대학을 만날 수 있다. 순례길에는 일반 도장을 모으는 것 외에도 각 도시의 대학 도장을 모으는 별도의 여권이 존재한다. 당연히 그것에 따른 별도의 증서가 나온다. (일명 대학인 순례자 여권) 학교 내부가 궁금하여 잠시 길을 샜다. 혹여 학생 식당에서 저렴하게 식사를 해결 할 수도 있지 않을까 하는 흑심도 있었다. 표지판에 적힌 카페테리아를

---

*산티아고 우체국(SANTIAGO CORREOS) : Rúa do Franco, 4, 15702 Santiago de Compostela

따라 걸어가는데 학교 관계자로 보이는 사람이 나를 부른다. 외부인 출입금지라는 건가 싶어서 잠깐 긴장했는데, 나에게 도장 찍는 시늉을 하며 묻는다. 물론 그것도 필요하긴 해서 고개를 끄덕이니 따라 오라고 한다. 안내 데스크에서 도장은 물론 직접 날짜까지 적어주셨다. 감사하다고 인사를 했다. 이제 도장 찍는 일은 끝났으니 다시 아까 그 카페테리아로 향했다. 하지만 뭔가 한적한 분위기. 아예 영업을 안 하는 건 아닌 것 같고 세트 메뉴를 팔긴 파는 것 같은데 읽을 수 있는 말이 하나도 없었다. 게다가 적힌 게 꽤 많아서 이걸 다 번역을 해야 하나, 그냥 포기하고 다시 나갈까 고민을 하는데 또 다른 분이 내게 말을 걸었다. '바뇨Baño?'라고 묻는다. 그건 알아들었다. 화장실 찾냐는 말이었다. 아니라고 말하며 뭐 좀 먹으러 왔다고 손으로 또 바디 랭귀지를 했다. 오케이라는 대답으로 대화는 끝났으나 결국 메뉴판 읽기를 포기하고 나왔다.

부르고스를 나오고 나선 따르다호스Tardajos까지 쭉 10㎞를 걸어야 한다. 중간에 마을이 있긴 한데 순례길이 그 마을을 통하지 않아서 사실상 직진 코스다. 햇빛은 일찍이 나를 반겼고 점점 나는 익어 갔다. 나 자신에게 연민이 생길 때쯤 갈림길이 있는 곳에서 놀이터 하나를 만났다. 그 중간 마을로 가는 길과 순례길이 딱 나뉘는 곳이었다. 놀이터엔 아이들이 한창 뛰놀고 있었다. 보호자 역할을 하는 선생님 두 분이 계셔서 마치 야외 활동 수업 같기도 했다. 아이들이 식수대에서 목을 축이고 있었다. 물을 다시 채우기 위해 아이들 모두가 다 마실 때까지 나의 차례를 기다렸다. 볼일을 끝낸 아이들이 식수대 근처에서 뛰어놀며 좀처럼 비켜주지 않으니까 선생님이 오셔서 정리를 해주셨다. 고맙다고 말을 하고 물을 담았다. 내가 신기한 듯 바라보는 아이들. 평소라면 아는 체도 좀 해주고 그럴 텐데, 이미 지쳐서 아무 기력이 없었다.

매도 먼저 맞는 게 낫다지만 그 매가 얼마나 따끔한지 알고 있다면 선뜻 하기가 쉽지 않다. 하루쯤은 흐린 날이 있었으면 싶을 만큼 햇빛은 쉬지 않고 제 역할을 해낸다. 그 때문에 평지인데도 정말 힘들었다. 쉬었다고 발 상태가 나아졌다는 말은 이쯤에서 취소를 해야 할 것 같다. 또 새로운 물집이 생길까 두렵다.

따르다호스는 작은 마을로 노년층이 두드러지게 많이 보이는 곳이었다. 오늘은 이번 순례길 일정에서 처음으로 사립도 공립도 아닌 기부제 형식의 알베르게에 머무르기로 했다. 이 곳은 알베르게를 떠날 때 알아서 기부 상자에 돈을 넣으면 된다. 알베르게 운영은 마을 봉사자분들의 도움으로 이루어지기에 좋은 시설을 기대하긴 어렵지만 그래서 더 소박한 마음을 느낄 수 있다. 뭔가 내가 상상했던 순례길의 분위기도 나고 말이다. 알베르게를 찾아갔더니 체크인은 오후 3시부터라고 써 있었다. 무거운 가방을 출입구 옆에 내려놓고 마을 초입에 있던 바르에 갔다. 유럽인데도 가방을 잃어버릴 걱정 따윈 하지 않는다. 들 수 있으면 들고 튀어보시지, 그런 식의 내 가방에 대한 부심도 없지 않아 있다. 그리고 순례자 가방에 뭐 별것이 있겠는가, 내 가방에서 제일 비싼 건… 아마도 양말이다.

체크인을 기다리면서 불편한 건 땀 흘린 몸을 빨리 씻고 싶다는 욕구와 부딪치는 것이다. 어느 순간부터 바르 안에 앉기가 좀 애매해서, 정확히는 땀 냄새가 날까 싶은 미안함에 야외 파라솔 아래 플라스틱 테이블에 자리를 잡게 된다. 콜라를 주문하면서 얼음을 부탁했더니 유리컵 위로 올라오게끔 가득 주셨다. 혹 이런 순간이 올 것 같아서 보냉 텀블러를 가져왔는데, 무게에 못 이겨 오늘 부르고스에서 택배로 떠나보냈다. 역시, 막상 없으니 바로 아쉬운 순간이 찾아온다.

오후 2시가 되어 슬쩍 알베르게로 가 보니 문이 열려 있었다. 자원봉사자분을 만나 내부 규칙이 적힌 종이를 읽고 도장을 찍은 뒤 2층으로 올라갔다. 깔끔한 방과 샤워실도 귀엽고 깨끗했다. 귀엽단 말은 내가 평상시 자주, 어떠한 상황에서든 적용해서 쓰는 형용사다. 그것이 제 의미로 쓰이는 경우도 있긴 하지만 전혀 그렇지 못한 상황에서도 추임새처럼 쓰이기도 한다. 아, 오해는 하면 안 되는 게 정말 여긴 귀여워서 쓴 것이다. 짐을 풀고 얼른 씻은 뒤 빨래 거리를 들고 바깥으로 나갔다. 건물 외부의 빨래터가 완벽한 위치에 있다. 덕분에 빨래하는 내내 내 등 뒤로 쏟아지는 햇빛과 정통으로 대치해야 했고 샤워를 또 해야 할 것 같다는 내면의 갈등과 적절한 회유를 해야 했다. 빨랫줄에 속옷과 옷들을 걸었다. 내 등 뒤의 온도를 보아하니 몇 시간이면 금방 다시 걷으러 와야 할 것 같다.

오후 3시, 스페인 사람들과 똑같이 시에스타를 가져본다. 오늘의 할 일을 끝냈다는 뿌듯함과 또 하루가 이렇게 마무리되는구나 싶은 마음을 일찍 느낀다. 순례자에겐 그날의 걸음이 마무리되면 하루가 정리된 거나 다름없다. 낮잠에서 눈을 뜨니 오후 5시. 할 일이 없을 땐 동네 산책이 제일이다. 어느 정도 햇빛이 사그라졌겠구나 싶어 나오는데, 아직도 스페인의 태양을 우습게 보는 걸 보면 나는 확실히 초보다. 첩보 활동을 하는 요원처럼 그늘이 있는 벽에 찰싹 붙어 다니며 거리를 걸었다. 이 더위에도 바람막이는 벗을 수가 없다. 이것이 내가 가진 유일한 긴소매다. 길을 따라 아무렇게나 돌아다닌다. 작고 아담한 시청 앞은 도로 공사가 진행 중이었고 어느 집 앞, 할아버지 한 분이 의자에 앉아 졸고 계셨다. 그분에겐 아직 시에스타가 진행 중인 것 같았다. 사람이 별로 없는 듯한 마을은 시에스타 덕분에 더 조용했다.

배고픈데 이 마을엔 마트가 없다. 그렇다고 식당에 가서 식사하자니 장소도 그다지 많지 않고 가격대도 걱정이다. 일단 돈은 쓴다는 것 자체부터 부담을 일으킨다. 식사를 어떻게 해야 하나 했다가, 어제 호스텔에서 챙긴 작은 머핀으로 끼니를 대신했다. 이렇게 아쉽게 먹은 날이 있으면 또 언제는 거하게 먹는 날이 올 것이다. 그래도 중간에 납작 복숭아와 오렌지도 먹었다. 아무래도 과일은 좀 사서 가지고 다니는 편이 좋은 것 같다. 이런 날을 버티기 위해서.

아홉째 날 | 24,759보 | 17.68km

따르다호스에서
온타나스까지

2019-07-12 | 열째 날 | Tardajos ~ Hontanas

알람은 항상 진동으로 한다. 원체 피곤한 날엔 간혹 못 느낄 때도 있지만 그런 일은 일 년에 몇 번 되지 않는다. 소리로 알람을 한다는 건 나로선 민폐의 범주에 드는 일이다. 타인의 수면권 침해를 감수할 만큼의 간이, 나는 없다. 오늘 그런 위험에 도전한 누군가의 알람으로 새벽 5시 30분에 방에 있던 모두가 기상했다. 알베르게 1층에서 간단한 아침을 먹을 수 있었는데 이 또한 봉사자분이 오셔서 준비해주신 것이었다. 참 감사한 일이다. 이분이 하는 봉사의 목적은 국가에 대한 것일 수도 있고 마을의 이미지 혹은 인간 대 인간으로서의 응원일 수도 있다. 그것이 무엇이 되었든 감사하단 사실은 변함이 없다. 각자 쓴 그릇을 깨끗이 설거지하고 떠나기 전 잊지 않고 기부함에 돈을 넣는다.

어둠이 깔린 길을 나서는 것이 익숙은 하다만 무서움이 드는 건 적응되지 않는다. 오늘은 평지를 많이 걷게 된다. 그 유명한 메세타 구간이다. 전문가처럼 모든 길에 대해 완벽히 설명할 수는 없지만, 이 구간이 마르고 척박한 땅이라는 것은 안다.

첫 마을은 1.8㎞를 걸어가면 나오는데 이 정도면 굉장히 가까운 편이다. 잠든 마을을 지나쳐 가는 길, 순례자들에게 유명한 성당 하나가 나온다. 백 세가 넘은 할머니께서 순례자들을 위해 기도해주고 직접 목걸이를 걸어 주시는 곳이다. 너무 이른 시간이라 성당은 문이 닫혀 있었다. 벽화마을처럼 마을엔 순례길과 관련된 다양한 그림이 그려져 있다. 쓰인 강렬한 원색에서 스페인을 느낄 수 있다. 마을이 끝나자 곧 흙길이 나타났다. 아주아주 건조한 흙. 언제 한 번 비가 왔던 모양인지 신발 자국이 그대로 딱딱하게 굳어져 있다. 마치 시멘트가 마르기 전 아차하고 밟았다가 남은 흔적과도 비슷하다. 비가와도 금방 이렇게 가물어버리는 땅, 이곳이 메세타다. 그래서 종종 일부 순례자들은 이 구간을 넘겨버리기도 한다. 부르고스에서 레온Léon까지 말이다. 나 역시도 여러 구간을 건너뛰는 처지가 되어버렸지만 그래도 구간마다 확연하게 느껴질 다름을 알고 싶었다. 그래서 오늘 이 구간을 놓치지 않고 걷고 있다.

공기도 꽤 건조하다. 그늘이라곤 거의 없다. 큰 그늘을 만나면 무조건 쉰다. 대부분의 그늘은 앙상하게 자라난 나무 아래에 아주 작게 나 있다. 혹시 저게 신기루가 아닌가 싶을 만큼 멀리에 있기도 한데 큰 기대는 하지 않는 것이 좋다. 이 길에서 만나는 그늘은 워낙 작아서 내 팔뚝 하나 가려 줄까 말까다. 주변에는 정말 아무것도 없다. 들리는 소리도 오로지 나의 발걸음뿐이다. 시선에 걸리는 것도 없이 길고 긴 지평선만이 보인다. 이 길에 정말 끝이 있을까 싶은 마음이 든다. 다른 순례자조차 없는 외로운 구간이다. 그래서 또, 온전하기도 하다. 오로지 이 세상에 나 혼자만 있었으면 좋겠다 싶을 때, 정말 그걸 실현해 주는 가상 공간 같다. 8㎞를 걸어 마을, 오르니요스 델 까미노Hornillos del Camino를 만났다. 오늘의 첫 바르는 이 마을이다. 오전에 이미 전 구간을 포함해 10㎞를 뺐다. 이쯤이면 한 번 쉬어줘야 할 타이밍이다. 긴 구간이 있다면 그것이 오전이어야 그나마 수월하다. 너무 당연한 말이지만, 아직 좀 멀쩡할 때 부지런히 힘든 구간을 지나야 한다.

산티아고까지 465㎞라는 표지판을 봤다. 어느덧 내가 걸어온 길도 제법 많이 늘었겠구나 싶다. 중간에 건너뛴 탓에 정확한 거리가 바로 계산 되지 않는다. 그리고 이젠 그 숫자가 그다지 궁금하지도 않다. 어쩌면 이 순례길에서 제일 중요하지 않은 것을 이제야 놓게 된 것일 수도 있다는 생각이 든다. 의자에 가방을 내려놓고 빠지면 섭섭한 콜라를 시킨다. 주문할 때엔 항상 먼저 제로 콜라가 있냐고 묻는다. 없는 경우는 거의 없다. 콜라 마시는 주제에 칼로리 생각해서 제로로 고르냐고 비웃는다면 할 말은 없는 게 그 이유도 한 30%는 된다. 나머지는 맛 때문이다. 여기서 대부분이 동의를 못 하는데 진심으로 하고 싶은 말이 있다. 꼭, 스페인에 가서 콜라를 드셔보세요. 그럼 알 겁니다.

다시 메세타 구간으로 나왔다. 다른 이들이 말하길 이 구간은 지루하다고 한다. 글쎄 정확히 말하자면 지루한 건 딱히 없다. 발을 쉬지 않고 움직이니 할 일은 계속 있다. 그저 '길다'라는 생각이 가장 지배적이다. 해가 떠 있을 땐 더워 타 죽고 해가 지고 나면 추워 죽는 구간. 더욱더 발을 부지런히 놀려 보건만 거리감이 없으니 가까워지고 있긴 한 건지 의문이 든다. 걷던 길 한 편으로 돌들이 가득 엎어진 순례자 무덤이 기념비처럼 나타났다. 아마도 옛사람들에겐 식량을 구할 수 없는 이 구간이 가장 고통스러웠을 것이다.

5㎞ 정도 걸어오면 산볼Sanbol이 나온다. 알베르게 건물 하나가 산볼의 전부이다. 알베르게 주변으로 나무들이 우거져 있어서 위치는 확실히 파악할 수 있다. 참고로 이 알베르게는 순례길에서 인기 많은 곳 중 하나다. 왜냐하면 밤이 되었을 때 무수히 많은 별을 볼 수 있기 때문이다. 그래서 나 또한 이곳에서 하룻밤을 보낼지 많이 고민했었다. 수용 인원이 12명밖에 되지 않아서 예약이 필수라는데, 만약 내가 이 길을 다시 가게 된다면 이곳에 묵어볼 의향이 있다.

이 구간에서의 특이 사항은 길가에 쓰레기가 종종 있다는 사실이다. 휴지 같은 것인데, 자세히 들여다볼 생각은 접는 게 좋다. 순례길에는 여러 암묵적인 규칙 같은 것이 있는데 그중에 '밀밭에서 나오는 순례자를 아는 체 하지 말 것'이 있다. 메세타는 사방이 트여 있기에 그 생리 현상을 처리하기가 힘들다. 그래서 중간에 뭔가 숨을 수 있을 것 같은 자리가 있으면 그 주변에 휴지를 비롯한 것들이 널려 있다. 더럽다는 생각이 들 수도 있겠지만 바지에 지리고 걷는 것보다야 낫지 않을까? 힘든 날은 어차피 땀으로 수분이 다 빠져버려서 화장실 신호가 자주 오진 않는다. 이날도 목적지인 온타나스까지 걷는 동안 1.5ℓ의 물을 몽땅 다 마셨다. 구간이 구간이다 보니 아껴 마시긴 했지만 땀으로 배출이 된 덕에 화장실 생각이 안 났다. 흐르는 땀을 손으로 닦는 건 좋지 않다. 손에도 땀이 나니 땀으로 땀을 닦는 꼴인지라 나 같은 경우엔 얼굴이 따끔거렸었다. 토시로 훔쳐보지만 별 소용이 없다. 그렇다고 그냥 땀을 흐르는 걸 내버려 두면 눈에도 들어간다. 내가 격한 운동을 하고 있는 게 아님에도 그 정도로 땀이 난다. 내가 이 길에서 할 수 있는 건 그저 어딘가 작은 그늘이라도 나오면 이마라도 들어가게끔 하고 모자를 벗은 채 쉬는 것이다. 그걸 한 네 번쯤 반복했다.

온타나스Hontanas는 분지형태의 마을이다. 그래서 코앞까지 와야 마을이 보인다. 언덕을 딱 넘어오면 갑자기 까꿍 하고 나타난다. 마을로 내려가는 길 오른쪽의 작은 쉼터에 식수대가 있다. 고민할 것도 없이 바로 직진하여 물을 담아 마셨다. 햇빛 아래의 식수대에서 미지근한 물을 한껏 마시고 다시 물병 가득 채웠다. 사실 일회용 플라스틱 물병을 재사용하는 건 좋지 못하다는 걸 알고 있다. 특히나 여기는 열기가 강렬한 곳이니 플라스틱 내부 안에서 세균이 더 많이 번식할 수도 있을 것이다. 하지만 매일 새 물병을 사고 다니긴 좀 아까워서, 나름의 3~4일의 주기를 가지고 페트병을 교체하며 다녔다. 물을 마시고 잠시 쉬는 동안, 도착하는 순례자들과 인사를 했다. 모두 잔뜩 상기되고 지친 얼굴로 식수대로 다가온다. 어

떤 상태인지 충분히 알기에 동지애가 느껴진다. 공원에는 돌로 만들어진 기도 공
간도 있다. 동그란 구조가 내부를 서늘하게 만들어주는 곳이었는데 여기에 그 백
세 할머니께서 주시는 목걸이들이 여럿 걸려 있었다.

　제대로 쉬려면 얼른 체크인해야 했다. 시간이 조금 이른 편이지만 알베르게를
찾아본다. 마을 초입을 지나 좀 더 안에 있는 *El Puntido*를 골랐다. 바르와 식당과
알베르게를 같이 하는 곳이다. 좀 어수선한 느낌이긴 했지만 나쁘지 않았다. 이
마을에서 가장 낮은 가격인 6유로로 2층에 숙박공간이 있고 3층에 좀 더 좋은 방
과 함께 공용 주방과 빨래터가 있었다. 나는 2층 왼쪽 가장 끝방의 1층 침대를 배
정받았다. 12시 30분. 방엔 아무도 없었다. 내가 첫 손님이다. 마치 내가 일등이
된 것 같은 착각이 든다. 당연히 그건 절대 아니다. 일반적으로 다른 순례자들은
오늘 새벽, 부르고스에서 출발해 이곳 온타나스까지 오게 된다. 나는 그 거리를
이틀에 나눠 걸었으니 남들보다 2배는 느린 셈이다. 이 알베르게에 재밌는 건, 화
장실 문에 한국어로 '화장실'이라고 표기된 스티커가 붙여져 있다는 것이다. 사람

픽토그램이 그려져 있고 영어로 'Restroom'이라고 작게 쓰여 있다. 우리나라 문구점에서 팔법한 이걸 도대체 어디서 구했을지, 신기하다.

씻고 빨래까지 마무리한 뒤, 이 마을에서 가장 저렴한 알베르게에 온 김에 점심도 먹어본다. 스페인식 오믈렛과 콜라. 바게트는 알아서 나온다. 오믈렛은 스페인어로 또르띠야Tortilla라고 한다. 파라솔 아래에 앉았기에 긴 팔은 안 입었다. 팔뚝을 쓱 보니 껍질이 많이도 벗겨졌다. 근데 전에 없던 간지러움이 생겼다. 긁지 않으려 노력은 한다만, 잠결에 몇 번 긁을지도 모르겠다. 밥을 먹고 근처에 있는 성당에 갔다. 성당엔 항상 도장이 있기 때문이다. 아담한 성당엔 아무도 없었다. 그저 알아서 찍어 가라는 듯 테이블 위에 도장이 놓여 있었다. 긴 세월을 보낸 듯 희미하게 찍히는 도장을 최대한 꾹 눌렀다. 도장 옆엔 포춘쿠키에 들어 있을 법한 작은 종이들이 통에 담겨져 있었다. 친절하게도 여러 나라 언어로 나눠져 있었는데 아쉽게도 아시아권은 없었다. 영어를 고를까 하다가 허세를 좀 부려볼까 싶어 프랑스어에서 한 장을 뽑았다.

Si quelqu'un dit du mal de toi, ne te prends pas la tête.
Les guêpes piquent toujours les fleurs les plus belles.
만약 누군가가 너에 대해 나쁜 말을 한다면, 신경 쓰지 마.
벌들은 항상 가장 아름다운 꽃을 찌르기 마련이야.

마을에 아주 작은 구멍가게가 있다. 정말 작아서 뭘 사야 할지 모르겠던 그곳 근처에서 마네루에서 봤던 청년을 다시 만났다. 왜, 그 나에게 네 가방 너무 무겁다고. 그 텀블러부터 버리라고 했던 그 친구 말이다. 나와 그가 동시에 서로를 알아봤고 그는 놀란 기색이 역력했다. 거북이보다도 느린 내가 자신과 같은 마을에 있으니 이게 무슨 일인가 싶은 표정이었다. 예상대로 그가 가볍게 인사를 하면서 어떻게 된 거냐고 묻길래 주저 없이 버스를 좀 탔다고 했다. 그러자 바로 돌아오는 수긍. 그럼 그렇지, 라는 뉘앙스가 든다.

"가방 무게는 좀 줄였어요? 설마 안 줄였어요?"

그의 질문에 대충 줄였다고 대답했다. 부르고스에서 택배로 산티아고에 보냈다는 말과 함께 빡 뻬레그리노 서비스에 관해 설명까지 하기엔 영어 실력이 그다지 좋지 못해서 생략했다. 그는 다른 순례객들과 함께 있었는데 나에 대해 묻는 그들에게 이렇게 말했다.

"아니, 쟤가 여기에 가방을 17*kg*를 메고 왔대."
"헐, 대박."

그들이 좀 더 나의 뒷담화를 편하게 할 수 있게끔 자리를 비켜줬다. 어차피 오늘이 지나면 또 거리가 차이 나서 얼굴 볼 일도 없다. 그리고 난 불편한 자리에서 오래 버티는 걸 잘 못 하는 데다가 내 시간을 불편하게 쓰고 싶은 생각도 없다.
다시 방으로 돌아왔다. 나무로 된 침대에 돌로 된 벽, 베드버그를 만날 확률이 높은 조건이다. 아까 오자마자 예방 차원으로 진드기 스프레이를 뿌렸다. 효과가 있든 없든 일단 심리적으로 낫다. 사람들이 별로 안 올 줄 알았는데 낮잠을 자고 일어나니 꽤 북적였다. 저녁을 먹어야 할까 고민했다. 여기 1층 식당에 저녁 세트가 있는데, 원래는 11유로지만 순례자들에겐 9유로에 판매하고 있었다.
그래, 먹으러 가보자. 1층 식당에 들어서니 생각 외로 순례자는 한 명도 없었고 일반 가족들만 좀 보였다. 빠에야, 송아지 스테이크와 감자튀김, 홈메이드 디저트가 나오는 전형적인 전식 본식 후식 구조였다. 여기서 식사를 했다는 다른 사람들의 글을 보고 조금은 기대했었는데 생각한 것보단 맛은 그냥 그랬다. 빠에야는 냉동식품을 데운 것 같았고 나머지도 비슷해 보였다. 디저트는 내 취향이 아니었다. 맛있다는 후기가 제법 있었던 곳인데도 이 정도인걸 보면 다른 데는 얼마나 맛이 별로일까 싶다. 메뉴에 물도 포함되어 있어 그나마 나았지, 다시 한번 식당은 내게 가성비가 맞지 않음을 깨달았다. 역시 맛은 물론이고 돈까지 아끼는 데엔 마트에서 장을 봐 직접 해 먹는 것이 최고다. 그래도 어제 그렇게 주린 배로 잠이 든 덕에 오늘은 좀 호강을 했다.

열째 날 | 33,960보 | 23.98km

온타나스에서
이테로 데 라 베가까지

2019-07-13 | 열한째 날 | Hontanas ~ Itero de la vega

피곤함이 아직 남아 있는 오전 5시. 알람을 무시하고 좀 더 자볼까 했는데 방에 있는 사람들이 일어나 준비를 시작한다. 거의 모두가 움직이는 것을 보고 나도 몸을 일으켰다. 그래야 그들이 나의 눈치를 보지 않고 방의 불을 켤 테니 말이다.

상쾌한 공기와 앞이 안 보이는 어두운 길이 섞여 있다. 메세타 구간은 특히나 마을이 없으면 불빛이 아예 없다. 그래서 정말 말로만 듣던, 달빛에 의존해 걷는 일이 실현된다. 문장으로 읽으면 참 낭만적이다. 울퉁불퉁한 흙길을 걷는다. 어둡기도 어두웠는데 평소보다 을씨년스러운 느낌이 강한 탓에 무서워서 속도를 냈다. 앞에 걷는 사람을 따라잡겠다는 심보로 정말 열심히도 걸었다. 덕분에 1시간 만에 5.5㎞를 돌파해 첫 번째 거점인 산 안톤*San Anton*에 도착했다. 드디어 나도 다른 이들만큼 할 수 있다는 사실에 감개무량했는데, 이 이후로 속도가 급격히 추락했다. 역시 사람은 쉽게 변하지 않는다. 산 안톤에 오기 전부터 아스팔트 도로 옆을 따라 걷게 된다. 여기도 산솔처럼 알베르게 딱 하나가 전부다. 이다음의 카스트로헤리스Castroheris는 3.2㎞라는 거리에 비해 초입은 생각보다 빨리 나왔다.

보통 바르가 나오면서 마을이 시작된다. 일정 초반엔 무조건 보이는 대로 들어갔는데 여러 차례 지나 보고 나서야 좀 더 마을 안쪽으로 들어갈수록 괜찮은 바르들이 있다는 걸 알게 되었다. 예를 들면 재래시장에 갔을 때 초입의 목 좋은 곳보다 더 구석진 곳에서 저렴한 가격의 물건을 찾을 수 있는 것과 같다. 물론 절대적인 건 아니다. 이날도 바르가 먼저 나왔다. 괜찮아 보였지만 왠지 좀 더 들어가면 더 멋진 곳이 있을 것 같아서 그렇게 바르를 하나둘씩 지나쳐 갔다. 내가 방금 지나친 곳이 이 마을의 마지막 바르인지도 모른 채 말이다. 한 번 쉬었어야 할 타이밍인데, 그걸 놓친 나는 10㎞를 내리 걸어가야 할 신세가 되었다. 마을이 길게 놓여 있기 때문에 걸어도 걸어도 벗어나지 못하는 것 같은 착각이 든다. 곳곳에 걸린 임대, 매매 간판을 보면서 여기도 인구수는 많지 않을 거라 추측한다.

걷고 걸어, 도롯가에 버스정류장 하나를 만났다. 여기까지가 마을이다. 여기서 친구와 헤어지는 이들을 보았다. 일정이 맞지 않은 것인지 세 명 중 한 명이 버스를 타고 떠났다. 사실 그 사람 중 무릎을 다친 친구가 버스를 타지 않을까 싶었는데 예상은 빗나갔고 무릎에 붕대를 감은 친구는 계속 순례길을 이어 갔다. 스틱을 마치 목발처럼 쓰고 있는 그녀. 겉보기엔 누가 봐도 내가 더 멀쩡해 보이건만 그녀의 걸음은 나보다 빨랐다. 이미 내 상태는 돌이킬 수 없게 된 걸까? 우선적으로 물집 탓을 해야겠고 화상 때문에 비스듬히 메고 있는 대단한 무게의 가방도 한몫했다. 또한 장시간 걸으면서 쿠션이 푹 주저앉아버린 깔창도 무시할 순 없었다.

오늘의 난코스가 약간의 흙길과 함께 이어졌다. 나무가 울창한 건 전혀 아니었고, 벌거벗은 언덕이었다. 흙이 모여 만들어진 거대한 더미 같기도 했다. 보기엔 별로 힘들지 않을 것 같지만 오르막은 늘 내가 생각한 것보다 더 힘들다. 그래도 선택을 하라면 내리막보단 오르막이다. 누가 이 언덕을 오리손으로 올라가는 경사에 비유했던데 그 정도는 아니었다. 이 언덕이 그보다 쉬운 난이도라기 보단, 그 오리손 경사는 내 인생에 몇 번 없을 최악의 오르막이었기 때문이다. 신성한 이 길에서 다시 한번 이 단어를 언급하는 것에 불쾌할 누군가에게 미리 사과하며 말한다. 그 오리손 언덕은, 지옥이었다.

오르막을 오르는 내내 땀이 후드득 떨어진다. 이젠 땀이 안 나면 좀 할 만한가? 하고 재보게 된다. 정상에 가까이 오르니 지금까지 지나온 길들이 보인다. 시야에 보이는 지역들의 날씨가 전부 흐린 것도 한눈에 보인다. 더운 것은 정말 싫지만 우중충한 것도 뭔가 텐션이 올라가지 않아 쳐지게 된다. 비가 오는 것은 제일 싫으니 그것만 아니기를 바랄 뿐이다. 일단 햇빛이 없으면 덥지 않으니 좀 더 멀리 걸을 수 있을 텐데 발 상태가 안 좋아서 그것도 안 된다. 언덕 정상에 올라오면 쉼터가 있다. 그늘이 지게끔 만들어 놓은 구조물이다. 그곳에서 잠시 숨을 고른다. 올라왔으니 할 일은 내려가는 것뿐. 그 전에 심호흡하며 마음의 준비를 한다. 내리막 전, 18도의 경사라고 알려주는 표지판이 서 있다. 내리막을 만났을 땐 늘 살살 조심조심 걷는다. 그러지 않으면 조만간 발목마저 삘 것 같은 예감이 든다. 하루에도 큼지막한 돌 때문에 몇 번이나 이리저리 삐끗삐끗하는 것을 보면 그 신빙성이 매우 높다. 비틀거리는 발목에서 이제 무릎까지, 점점 그 불편함이 타고 올라온다. 이미 허리도 온전치 못하다. 이 모든 것이 서로 연쇄작용이 되고 있다.

내리막 후에 이어지는 평지. 광활한 평야엔 끝이 안 보이는 해바라기밭도 있는데 정작 피어 있는 꽃은 몇 송이 없다. 한참을 걷는 길, 가끔 쉼터도 나오면서 약간의 오르막과 내리막이 반복된다. 도돌이표 같은 내 위치에 지친 채 마냥 걷고 걷다 보면 수질이 좋지 못한 강을 하나 만난다. 그 위의 다리를 넘으면 마을이 나오고 드디어 순례길에서 정말 많이 보인다던 그 옥수수밭이 등장했다.

오늘의 난코스가 아까 그 언덕이라고 말은 했다만 사실 진짜 복병은 이 옥수수밭이었다. 넓은 옥수수밭 여기저기에 있는 자동 물 분사기가 쉼 없이 돌아가며 고르게 물을 뿌리고 있었는데 풍향 탓에 그 물이 고스란히 순례길 위로 떨어졌다. 문제는 무더운 여름날, 우리나라에서 간혹 길거리에 설치해 놓은 쿨링포그의 미스트 같은 물줄기가 아니라 한 차례의 소나기와도 같았다. 할 수 있는 건 단 하나.

그냥 빠르게 걷는 것뿐이다. 물이 튄다는 유순한 말보단 물로 뺨을 맞는 듯한 그 길을 총총 걸었다. 나는 이미 틀렸으니 내 작은 보조 가방과 카메라만큼은 안 젖게 하려고 나 자신을 방패로 삼았다. 덕분에 상황이 다 끝났을 땐 완전히 물에 빠진 생쥐 꼴이 되었다. 친구와 이 길을 걸었으면 서로의 모습을 보며 엄청나게 웃었을 것이다. 뒤에 따라오던 순례자들도 나와 다를 것 없는 비명을 지르며 그 구간을 지나쳐 오고 있었다.

아까 바르를 찾다가 결국 못 들어간 경험이 있기에 이번엔 제일 먼저 나타난 바르로 들어갔다. 이미 순례자들로 북적이는 바르. 오늘 길을 지나쳐 오면서 몇 번 인사했던 순례자들이 아는 체를 하기에 나도 손을 흔들어 주었다. 마당 한 쪽 테이블에 가진 것들을 전부 내려놓고 주문을 위해 바르 안으로 들어갔다. 내 짐을 봐줄 사람은 아무도 없지만, 굳이 나서서 훔쳐 갈 사람도 없다.

또르띠야와 콜라, 합쳐서 4유로가량. 바르에서 또르띠야를 시키면 그 두께가 늘 제각각으로 나온다. 케이크처럼 두꺼운 경우도 있고 그의 반만 한 경우도 있다. 오늘 만난 건 딱 그 중간이다. 빵이야 그렇다 쳐도 또르띠야는 손으로 먹기가 애매한데 포크가 안 나왔다. 가방 주머니에 들어 있는 수저 세트를 꺼내 쓴다. 이럴 때 아주 유용하다. 시간을 확인하고 느긋하게 앉아 있었다. 오늘 종착지는 이 마을이라서 다 먹고 나서도 시간을 좀 보냈다. 아직 정오가 안 되어서 체크인이 가능할지는 모르지만 일단 공립 알베르게를 찾아갔다. 다행히 문은 열려 있지만 아무런 인기척이 없어서 일단 가방만 신발장 근처에 내려놨다. 벽면을 보니 여러 가지의 종이들이 붙어 있는데 그중에 한국어로 적힌 것도 있었다.

'어서 오세요. 담당자분 곧 오실 테니까 짐 푸시고 기다려주세요'

간혹 외국인들이 한국어로 번역된 것을 보고 그림 그리듯 따라 쓰는 경우가 있는데 이 생김새로 봐선 한국인이 쓴 것 같았다. 그 글을 보며 그 의미를 분석했다. 짐을 풀라는 것은 침대를 내가 정해서 짐을 풀고 할 일을 하면서 담당자를 기다려도 된다는 것일까? 아니면 단순히 가방만 내려놓고, 침대 배정은 기다려야 하는 걸까? 의미를 확실히 알지 못하니 어쩔 수 없이 알베르게 밖 벤치에 앉아 담당자를 기다렸다. 얼마나 기다렸을까… 곧이어 담당자분 즉, 봉사자분이 자전거를 타고 나타나셨다. 그녀는 영어를 전혀 하지 못했고 나 또한 한 손에 꼽힐만한 단어 몇 개 말고는 스페인어를 모르기에 의사소통을 전혀 할 수 없었다. 하지만 우리에겐 전 세계의 공통어인 바디랭귀지와 더불어 눈치라는 옵션도 있었다. 내가 제3외국어를 하면서 확연하게 느 것은 눈치였다. 뭔 말인지 몰라도 눈치껏 상당 부분을 알아차리는 능력이 수직으로 상승했었다. 이때부터 나는 영어로 그녀는 스페인어로 하는 대화가 시작되었다. 알베르게 공간들을 하나하나 소개해 주면서 자기는 오후 2시에 다시 올 테니 그 전에 다른 순례자가 오면 지금처럼 안내해 달라는 부탁을, 아주 정확하게 이해했다. 이 한 편의 코미디 같은 상황에 결국 서로 웃음이 터졌다. 꼭 무슨 각자의 귀에 언어 번역을 해주는 특수 이어폰이 박혀 있는 것만 같았다. 그녀가 떠나고 적당한 위치의 침대를 골랐다. 이곳 알베르게는 특이하게도 모든 침대가 단층으로 쭈르륵 널려져 있다. 사실 시설이 전반적으로 낡아서 침대 상태가 좋진 못했다. 어쩌면 베드버그가 있지 않을까 싶어서 진드기 스프레이를 왕창 뿌렸는데 다행히 나오진 않았다.

샤워를 끝내고 공용부엌으로 가보니 냉동실에 얼음이 있어서 가방 속에 든 인스턴트 커피 스틱으로 아이스 커피를 만들었다. 아이스라니, 이마저도 과분한 순간이다. 즐거운 마음으로 빨래도 했다. 이 사이에 다른 담당자분이 오셨었는데 먹으라며 샌드위치 하나를 내게 주고 가셨다. 평소의 나라면 생판 모르는 남이 주는 것을 덥석 받지도 않았을 것이고 의심 없이 먹지도 않았을 텐데, 고맙다고 말하며 맛있게 잘도 먹었다. 덕분에 커피와 함께 간식으로 즐겼다. 그리고 새로운 순례자가 왔는데, 한국인 남성분이었다. 가방에 인스턴트 커피 스틱이 좀 남아 있어서 웰컴 드링크를 드리듯 아이스 커피 한 잔을 드렸다. 그사이에 다른 외국인들도 왔었고 아주 간단한 영어, 'You can choice your bed.'라는 말로 상황을 정리했다. 그중에 한 아저씨도 나와 같이 다리를 절뚝거렸는데 야외 벤치에서 물집 처치를 하는 나를 보더니 자기도 그 고통을 안다며 옆에 있던 한국 남성분에게 저 여자분 발 진짜 엄청 아플 거라고 목격자가 진술하듯이 말씀해 주셨다. 내 고통을 절실히 알아주는 이가 있다니, 친구들에게 아무리 말해도 겪지 않으면 모를 이 고통과 걸음이 공감되었다는 사실에 감격스러웠다.

일찍 체크인했으니 그만큼 시간이 많이 남아서 동네 산책을 하러 나갔다. 오늘 저녁은 뭐로 해결할지도 찾아야 했다. 아까 담당자분이 여기 있는 슈퍼가 5시에 연다고 알려주셨는데 아직 시간이 멀었지만, 위치 확인을 할 겸 가봤다. 슈퍼에 다다를 때쯤 자전거를 타고 지나가던 한 아저씨가 나를 부른다. 슈퍼에 가는 거냐고 묻길래 고개를 끄덕이며 손가락을 다 펴 보였다. '5시에 여는 것 알아요.'라는 뜻이었고 단번에 의사소통이 완료되었다. 나중에 보니 이 아저씨가 슈퍼 주인이셨다.

마을은 작은 편이지만 식수대도 있고 곳곳에 있는 바르엔 사람들도 제법 있었다. 시츄를 키우는 집도 있었는데 반갑게 손을 흔드니 한 마리가 분신술을 하듯 세 마리로 늘어났다. 수가 늘어나자 강아지들이 내게 왕왕 짖어 댔다. 나쁜 짓을 한 것도 아니지만 서둘러 자리를 피했다. 조용한 마을을 시끄럽게 할 수는 없다. 아까 마을로 들어오면서 봤던 공터에도 가봤다. 벤치도 있고 뭔가 잘 꾸며놓은 공원 같았는데 알고 보니 공동묘지였다. 쉴 만한 곳은 아니었기에 다시 알베르게로 돌아와선 친구와 문자를 주고받았다. 여러 대화를 거쳐 블로그에 매일 쓰고 있는 나의 일기가 언급되었다. 친구는 오타가 있는데도 그냥 올라오는 걸 보면서 많이 피곤하구나 라고 생각한다 했다. 졸린 눈으로 내가 누르는 게 맞는지도 모를 피곤함 속에서 쓰는 경우가 많지만 가끔은 손가락이 살쪘거나 부은 게 아닌가 싶을 때도 있다.

아까 빨래를 널 때 하늘이 꾸물꾸물하더니만 결국엔 비가 내려서 급하게 빨래를 걷었다. 다행히 잠시 스치는 비여서 빨래는 다시 제자리에 돌아갔다. 한숨 자고 일어나니 슈퍼에 갈 시간이 되었다. 규모는 작지만 나름 알차긴 했는데 뭘 만들기도 애매해서 냉동 피자 하나와 오렌지 한 알을 사 왔다. 출입문 근처 테이블에 자리를 잡고 앉은 사이, 한국 남성분도 슈퍼에서 파스타를 사 와서 간단하게 한 접시 만들어 오셨다. 의자가 딸린 테이블은 이것 하나뿐인지라 자연스럽게 합석이 되었다. 오늘만 지나면 서로 스쳐 갈 것이고 이름을 잘 기억하지 못하기에 굳이 통성명진 않았다. 이분은 앞으로의 일정이 나와 매우 비슷한 분이었다. 8월 2, 3일에 산티아고에 도착한 후 포르투Porto로 여행을 갈 예정이고 파리에서 아웃인 것까지 똑같았다. 오차라곤 하루 정도. 이분 또한 초반에 30㎞씩 걸었다고 했다. 오늘도 그와 비슷하게 걸었고, 앞으로도 그렇게 걸어야만 산티아고에 도착하게 될 것이다. 나는 이미 또 한 차례의 버스를 타기로 마음의 준비를 해 둔 상태다.

순례길에 오는 이들에겐 목적이 존재한다. 설명하기 싫을 땐 '그냥 시간이 남아서 왔어요.'라고 하지만 정말 그 안을 들여다보면 자신만의 어떠한 '것'이 있다. 이분은 종교 때문에 오신 것이었다. 독실한 종교인이라서 웬만한 성당들은 다 들리고 시간이 맞으면 미사도 본다고 했다. 다른 이들보다, 적어도 나보단 이 길에서 할 일이 좀 더 많겠구나 싶었다.

"여기 혼자 오는 한국인은 별로 없던데, 집에서 걱정 안 해요?"
"전혀요."

워낙 이전에도 혼자 이것저것 저지른 일들이 많아서 부모님도 이젠 면역이 생기지 않으셨을까 싶다. 걱정하시긴 하겠지만 전과 같이 잘할 거라고 믿고 있을 것이다. 사실은 그럴 거라고 내가 더 그렇게 믿고 싶다.

밤사이 비가 세차게 내렸다. 어둡고 큰 방, 덜컹덜컹하는 창문. 하필 새벽에 잠이 깨버린 탓에 좀 무서웠다. 12명이 머물 수 있는 방에 나를 포함한 4명. 방은 왜 이리 쓸데없이 크고 다들 멀리 떨어져 있는 건지. 머릿속엔 이미 이 알베르게를 습격하는 좀비 영화 한 편이 재생되고 있었다.

열한째 날 | 38,790보 | 27.65㎞

날이 흐려도 일단 빨래는 넌다.

이테로 데 라 베가에서
포블라시온 데 캄포스까지

2019-07-14 | 열두째 날 | Itero de la vega ~ Población de Campos

간밤에 무섭게 내리던 비가 다행히 그쳤다. 그리고 일어나자마자 가랑이가 너무 아팠다. 어제 초반, 5.5㎞를 무리한 보폭으로 한 시간 만에 걸은 그 여파 때문이었다. 결국 하룻밤 사이에 퇴행하여 아장아장 걷게 되었다. 그나마 다행스럽게도 오늘과 내일은 무리가 없는 일정이다. 너무 없어서 이래도 되나 싶지만, 어쨌거나 오늘은 알베르게 하나만을 보며 간다. 우연히 인터넷에서 보게 된 숙소인데 너무 시설이 좋아 보여서 꼭 묵어보고 싶었다. 그래서 오늘은 17㎞만 걷는다.

준비를 마치고 오전 6시가 지나 나왔다. 어제 나와 동병상련을 겪던 아저씨는 이미 길을 나섰는지 안 계셨다. 방엔 이제 2명뿐. 조용히 문을 닫고 나와 마을에서 물을 담는다. 한 통 가득. 어제보다 출발이 늦은 덕에 해를 일찍 만난다. 해가 뜨는 모양새를 보아하니 날씨가 좋을 것 같다. 즉, 더울 거라는 말이다. 짙은 푸르름이 스르르 사라지고 주홍의 햇빛이 자연스럽게 올라온다. 나는 산티아고가 있는 서쪽을 향해 걷기 때문에 해는 대부분 내 뒤로 떠오른다. 그래서 가끔 멈춰서서 뒤를 쳐다본다. 마치 나의 걸음이 도망을 치는 듯하지만, 그 누가 너를 이길 수 있을까… 시간을 보지 않는다면 간혹 이게 일출인지 일몰인지 모를 모습을 하기도 한다. 그게 좀 멋져서, 좋다. 농업을 위한 인공 수로(水路) 위로 하늘이 데칼코마니처럼 똑같이 비친다. 예쁜데 휴대전화로 찍는 건 늘 한계가 있다. 이럴 때 빛을 발하는 것이 나의 쇳덩어리 필름카메라다. 보이는 그대로의 분위를 잘도 담아내는 요물이다. 이 카메라를 순례길에 들고 오는 것에 대한 망설임은 딱 한 번 했던 것 같다. 짐 쌀 때. 하지만 늘 여행 갈 때마다 분신처럼 들고 다니기에 길이 얼마나 험하든 함께 해야 한다고 생각했다. 있어서 후회하는 것이 없어서 후회하는 것보단 훨씬 낫다.

전과 달리 건물이 보인다고 해서 기뻐하는 일은 없다. 단순히 농사를 위한 창고용 건물인 경우도 있어서 저것이 마을이라고 단정 짓기엔 어렵다. 이번에도 마을은 아니구나 싶어 실망하려던 찰나, 우거진 나무들이 있는 쉼터와 함께 기쁘게도 마을이 등장했다. 8㎞를 내리 걸어 만난 첫 마을이었다. 보아디야 델 까미노 *Boadilla del Camino*. 도장도 찍고 쉴 겸 바르를 찾아 나섰는데 이 마을엔 괜찮은 바르가 없었다. 결국 알베르게를 겸하는 바르에 갔었는데 1.8유로를 주고 자판기에서 콜라를 뽑아 마셨다. 이 정도면 꽤 비싼 축이다. 야외 테이블에 앉았다. 탁 트인 하늘에 구름이 간간이 수놓아져 있다. 새파란 하늘보다는 이렇게 구름이 있어야지 중간중간 그늘도 생기고 보기에도 좋다. 물론 구름이 좀 커야겠지만 말이다.

이 마을 다음으로 프로미스타 *Frómista*가 나오는데 도시에 가까운 규모라서 우체국이 있다. 마을이 작으면 우체통은 있을지언정 우체국은 없다. 오늘은 그 우체국에 가서 그동안 한 통도 보내지 못한 엽서를 보낼 생각이었다. 프로미스타까진 6.2㎞. 오늘은 전반적으로 마을 간의 사이가 긴 편이다. 오면서 물을 많이 마시지 않아서 비축된 양도 아직은 괜찮다. 물은 언제나 잘 확인 해야 한다. 먹는 거야 몇 시간 굶는다고 문제가 되진 않는데, 갈증은 꽤 버티기가 힘들다.

마을을 벗어나니 아주 멋진 나무숲이 옆으로 나왔다. 이 메세타 구간이 마냥 척박하진 않은 게, 오늘처럼 아주 멋진 오아시스 구간이 있다. 초록이 옅은 보리 색과 어우러져 아주 장관이다. 들고 있던 등산스틱도 바닥에 내팽개치고 사진을 찍었다. 나무 사이를 쳐다보며 다시 걷는데 어제 알베르게에서 같이 묵은 한국분과 마주쳤다. 반갑게 인사를 하고 금방 멀어졌다. 굳이 친목을 쌓으러 온 길이 아니니 각자의 페이스에 맞춰 앞으로 나아간다. 그것들이 겹겹이 쌓여 하루가 되는 것이다. 멈췄다가 걸으면 발이 너무 아프지만, 오늘은 눈요기할 것이 넘쳐나서 견딜 만 했다. 바람이 세차게 부니 광활한 밭의 밀들이 서로 부딪친다. 그 소리가 굉장히 듣기 좋다.

곧이어 길게 뻗은 카스티아 운하*Canal de Castilla*가 나타났다. 운하를 옆에 끼고 걷는 평지. 지금까지의 순례길을 통틀어 제일 아름다웠던 구간이다. 시원한 바람과 더불어 햇빛의 강도도 적당한 것이, 모든 게 좋았다. 마치 사색을 위해 마련된 공간 같아서 대낮인데도 밤과 같이 감정적으로 많이 울컥했다.

메세타로 오고 나서부터는 순례자들이 정말 잘 안 보인다. 첫날에는 무슨 단체 관광이라도 온 것 같이 정말 많았던 사람들이 다들 뿔뿔이 흩어졌다. 속도가 느린 것도 느린 건데 그렇다면 나를 제쳐가는 사람들이라도 봐야 하거늘 그렇지도 않았다. 사람이 없을 때 좋은 점은 이어폰을 양쪽 다 낄 수 있다는 것이다. 이게 무슨 말인가 싶겠지만, 누군가 내게 먼저 부엔 까미노라고 인사를 했는데 그걸 못 듣고 대답을 못 해준다거나 사람 인기척을 못 느껴서 인사말 할 타이밍을 놓치게 되는 경우가 생기기 때문에 이어폰은 주로 한 쪽만 끼고 있어야 했다. 어쨌거나 지금 이 길에선 그럴 필요가 없었다. 무얼 들어도 좋을 만한 길. 사실 운하의 수질은 좋지 못했지만 물은 투영이라는 속성을 가지고 있기 때문에 날이 좋으면 파란 하늘이 그대로 얹어져서 보기에 좋아진다.

한참을 사람 없이 걷던 중 운하의 건너편으로 사람들이 보인다. 미리 설치해 놓은 그물을 여럿이서 건지는 작업을 하고 있었다. 멋있는 그림인 것 같아서 사진으로 남기는데 시선이 마주쳤다. '올라*Hola*'라고 손을 들며 인사를 하니 '부에노스 디아스*Buenos dias*' 라고 화답이 왔다. 영어로 치면 '굿모닝*Good morning*', 프랑스어로는 '봉주르*Bonjour*'. 아침 인사말이다. 저 말을 배우고서 실전에 써 보고 싶었는데 말 자체가 길다 보니 '부에노…'라고 말하는 사이에 이미 상대방이 지나쳐 가버려서 저 말은 포기했다.

가다 보면 건너편에 해바라기가 아주 예쁘게 피어 있는 작은 집이 나온다. 거기가 이제 운하의 마지막이자 프로미스타의 시작점이다. 프로미스타 중심지로 가기 위해서는 기차가 위로 지나가는 터널을 통과해야 하는데 웬만하면 바닥은 안 보고 가는 게 좋다. 여기저기 죽은 쥐가 널려 있다. 도대체 왜 그렇게 많이 있는지 모르겠다. 프로미스타라는 글씨가 조형물로 놓인 큰 광장이 나왔다. 여기서 우체국을 찾아 순례길을 벗어났다. 우체국에 도착하니 10시 30분에 연다고 적혀져 있었다. 지금 시간은 10시 10분. 바로 옆에 있는 바르에서 아침이나 먹으며 기다려야겠다고 생각했다. 콜라와 또르띠야를 시켰는데 여태껏 내 본 적 없는 가격, 6유로를 냈다. 예상치 못한 비싼 가격에 어쩔 수 없이 오늘 저녁은 굶기로 했다. 그래도 여태까지 먹은 것 중에 내용물이 가장 충실하긴 했다. 일단 이렇게라도 위로 했다. 야외 테이블에 앉아 그걸 먹으면서 바로 옆에 보이는 우체국 문이 열기를 기다렸다. 그런데 여는 시간이 다 되었는데도 직원이 출입한다거나 내부의 조명이 켜진다거나 하는 일이 없었다. 역시나 스페인이라서 출근도 완전 정시에 하는 건가 싶은 생각을 하고 있었는데 새삼 잊고 있던 오늘의 요일이 생각났다.

'아, 오늘 일요일이지….'

문을 안 여는 우체국을 기다리기 위해 6유로라는 돈을 쓰며 앉아 있었다. 이게 바로 그 유명한 멍청비용인가? 돈이 아까워서 화장실도 한 번 썼다. 우체국 갈 일이 없어졌으니, 다시 길을 나서야지. 하지만 급한 건 없다. 왜냐하면 오늘의 목적지는 바로 이다음이다. 좀 쉬었더니 걸음이 더 절뚝거린다. 절뚝 인형이 되어 도로 옆 보도블록 위를 밟는다. 잘 닦인 길인데도 절뚝이는 나를 보며 지나가는 순례자가 안쓰럽게 쳐다보고는 무리하지 말라는 말을 던지며 나를 지나쳐 간다.

이 길은 시원하게 펼쳐진 고속도로 위를 건너는 다리에 도달했다. 다리 시작점에 순례자 조형물이 있고 그 아래 주인 모를 신발들이 널려 있다. 다들 신발을 참 여기저기 잘도 놓고 다닌다. 그리고 그게 늘 한 짝이다. 나머지 하나는 가지고 있다가 다른 곳에 또 버리는 걸까? 볼 때 마다 드는 궁금증이다. 프로미스타를 지나고서는 제법 순례자들이 보인다. 걷는 내내 고통 때문에 찡그리지만, 인사를 하는 순간만큼은 웃는다. 그리고 딱 순례자가 지나가고 나면 '어휴, 발 아파.'하면서 다시 찡그린다.

마을에 진입하기 전, 도롯가에서 바로 연결된 알베르게에 도착했다. 바르도 같이 하는 곳이라서 마치 휴게소를 들린 기분이 난다. *Albergue La Finca*. 단층 침대 옆으로 약간의 공간이 있고 각자 커튼을 칠 수 있어서 마치 개인 벙커 같은 느낌이다. 개별 콘센트와 조명도 있고 더불어 세탁기를 무료로 사용 할 수 있다. 굉장히 넓은 토지를 가진 알베르게는 다른 곳처럼 위층에 숙소가 있는 게 아니라 별동으로 더 안쪽에 떨어져 있어서 순례자만의 정원도 있다.

세탁기를 써보고 싶었는데 세제가 없어서 대충 샴푸를 짜 넣었다. 드럼 세탁기는 처음 써봐서 그 앞에 놓인 의자에 앉아 잘 돌아가는지를 감시했다. 나중에 양말 하나가 빠진 걸 보고 뒤늦게 넣어보려고 했는데 열리지 않아서 결국 그 양말은 손으로 빨았다. 바깥에 빨래를 널고 건물과 햇빛의 협업으로 생긴 그늘에 의자를 가져와 앉았다. 바람에 세차게 펄럭이는 내 빨래를 구경하면서 여유롭게 쉬었다. 20㎞가 안 되게 걸으니 하루가 좀 길다. 커피 마시면서 그림이나 그릴까 싶어 바르로 갔다. 처음으로 시켜보는 카페 콘 레체(카페라떼)*Café con leche*. 저녁으로 딱히 뭐가 없어서 우유라도 먹으면 든든할까 싶어 시켰다. 한국에선 라떼를 좋아하지 않아서 시킨 적이 없다. 커피를 마시며 야외 테이블에 앉아 그림을 그린다. 눈에 보이는 것도 그리고 휴대전화 속에 들어 있는 사진을 보고도 그린다. 손을 놓은 지 오래되어서 아주 수준 낮은 그림이 그려지지만, 즐거움이 피어난다는 사실만으로도 이 일은 충분히 의미 있다.

내일은 버스를 탈 예정인데 예약이 가능해서 인터넷으로 진행을 했건만, 이미 여러 차례 잘 해봤음에도 이날은 뭐 때문인지 잘 안 됐다. 심지어 결제만 되고 예약은 안 된 초유의 사태까지 발생해서 예약처에 문의 메일까지 보내야 했다. 곧 취소된다는 답변은 받아서 다행이었지만 중요한 건 예약이 안 됐다는 사실이었다. 결국 한국에 있는 친구가 도와줘 예약 바우처를 대신 받았다. 이렇게 내가 고군분투하는 동안 바로 옆에 앉아 있던 대만인은 한 번에 결제에 성공했다. 아까 그림을 그리고 돌아왔을 때, 이제 막 빨래를 끝낸 그녀와 인사를 하며 내일의 일정에 대해 간단히 이야기했는데 내일 내가 버스를 탄다는 이야기에 자기도 같이 따라가겠다고 했다. 사실 누군가와 같이 걷는 게 불편했지만, 그녀의 발 상태가 그다지 좋아 보이지 않아서 일단 알겠다고 했다. 예약하는 방법까지 일일이 알려주었는데 그녀는 예약에 성공하자마자 자리를 떠났다.

내일은 오늘 온 것만큼 걸으면 버스를 탈 수 있는데 문제는 오전 11시 30분까지 도착해야 한다는 것이다. 오랜만에 새벽 5시에 출발을 해야 한다.

그나저나, 나 내일 이분이랑 괜찮을까?

열두째 날 | 33,269보 | 24.55㎞

포블라시온 데 캄포스에서
까리온 데 로스 꼰데스까지

2019-07-15 | 열셋째 날 | Población de Campos ~ Carrión de los Condes | León

잠을 설쳤다. 자정까지 잠을 못 자다가 새벽 4시에 일어나 나갈 준비를 했다. 여기서 까리온Carrión까지는 대략 15㎞. 아마도 쉴 틈 없이 걸어야 할 것 같다. 까리온에서 출발하는 레온행 버스는 하루에 딱 한 대뿐인지라 놓치면 매우 곤란하다. 나의 준비에 맞춰 대만 친구도 준비가 끝났다.

한 치 앞이 안 보이는 어둠을 걷는다. 야맹증이 있다면 한 발 내딛기도 어려울 만큼의 어둠이다. 덕분에 하늘에 놓인 수많은 별과 슈퍼문을 눈앞에서 봤다. 태어나서 본 것 중 제일 큰 달이었다. 수식어를 붙이는 게 거추장스러울 정도로 정말 장관이었는데 사진엔 가로등 불빛처럼 담겼다. 이럴 땐 장비 욕심이 난다.

어제 우려했던 대로… 불편한 시간이었다. 서로 한마디도 말하지 않고 걸었다. 발이 아픈 거로도 이미 힘든데 정신적으로까지 편하지 못했다. 그 상태로 첫 번째와 두 번째 마을을 걸었고 막바지쯤에 있는 너른 쉼터를 지나고 나서야 말문이

트였다. 자꾸만 순례길 위로 겁 없이 나타났다가 도망치는 작은 순무 같은 들쥐를 언급하면서부터다. 그녀도 나와 같이 순례길은 처음이었는데, 내년엔 포르투갈 길을 걸어보고 싶다고 했다. 프랑스 길 다음으로 많이 걷는 길이 그곳이다. 그녀는 원래 친구와 같이 왔는데 걸음이 너무 느린 탓에 결국 친구는 먼저 가버렸단다. 과연 나도 내 친구와 왔다면 이렇게 떨어져서 걷게 되었을까? 뭐, 애당초 여기에 오고 싶어 하는 친구도 없다. 만약 있었다고 해도 그 시작을 하진 않았을 것 같다. 나의 변덕을 잘 알기에 서로의 평화와 친구 관계의 장기적인 유지를 위해서라도 그렇게 했을 것이다. 그녀는 레온에 도착하면 하루에 10㎞씩만 걸어서 산티아고에 갈 것이라고 했다.

"여기 오는 사람 모두가 일을 그만두고 오네요."

그녀의 말에서 부정적인 어투를 느꼈다. 대책이 없다는 뉘앙스였다.

"오려면 일단 돈이 필요하니 일을 다니다 오는 거죠."

단순히 일을 저버린 게 아니라 이곳에 오는 것을 더욱 가치 있게 여긴 하나의 선택이라는 말로 모두의 마음을 대신하면서 장시간의 대화는 마무리되었다.

해가 뜨기 시작한다. 오늘 아침에 엄청나게 어두운 길을 걸었기 때문에 오늘 해가 안 뜨면 어떻게 하지? 라는 바보 같은 생각을 했었다. 다행인 건지 아쉬운 건지 모를 해는 부지런히도 제 몫을 하기 위해 나타났고 우리는 더위와 맞서 싸워 강렬히 전사당할 준비를 한다. 이기는 건 불가능하다. 세 번째 마을이 나타나고, 자매로 추정되는 한국인 여성 두 분이 나타났다. 희한하게도, 한국인 순례자는 한 명일 때는 몰라도 두 명쯤 되면 내가 부엔 까미노 라고 인사를 해도 잘 받아주지를 않는다. 왜 인걸까? 그게 점차 쌓이면서 결국엔 나도 적극적으로 인사를 하지 않게 되었다. 상처받은 것이다.

열심히 걸어왔는데 까리온까지는 아직도 6㎞를 더 가야 한다. 길조차도 그저 단순하게 이어진 직진이라서 더욱 심리적으로 지치게 한다. 볼거리도 한정적이다. 농작물 아니면 해바라기, 가끔 지나가는 차. 이 길은 특이하게도 길 중간 정중앙에 순례길 비석이 박혀 있다. 그곳에 적힌 숫자가 점점 줄어들긴 하지만 아주 미미하다. 도로 건너편에 아주 풍성하게 자리 잡은 해바라기밭이 보였다. 필름 카메라로 사진을 찍는데 자꾸 아스팔트 도로가 걸린다. 줌렌즈가 필요하다. 집에

70-280㎜ 줌렌즈가 있는데 그것마저 장착해 버리면 정말 대포 같은 무기가 되기에 적당히 28-70㎜로 타협을 하고 왔다. 아직 아쉬운 적은 없었는데 오늘이 그 첫 순간이다. 하지만 그렇다고 그걸 가져왔다면 정말 힘들었을 게 뻔하다.

뒤에서 들리던 발소리가 안 들린다 했더니 대만 친구와 나의 사이가 많이 벌어져 있었다. 맞춰 걸어주고는 싶으나 나 또한 나의 페이스가 있고 나는 쉬었다 걸으면 더 고통이 커서 일단은 멈추지 않고 갔다. 오른쪽 발은 여전히 아프다. 매일 뒤꿈치에 물집이 새로 생긴다. 물을 빼면 다시 또 차올라 통통해진다. 정말 하루쯤은 이 답답한 트래킹화를 벗고 슬리퍼를 신고 걸어보고 싶을 지경이다. 사실 발도 발이지만 가랑이와 골반 그 어딘가가 굉장히 아프다. 걸어 다니는 환자가 되어가고 있다.

드디어 까리온 표지판이 보인다. 아직 한참을 더 가야 하지만 그래도 신기루처럼 내 앞에 사라지지 않는 게 다행이다. 마을 초입에 겨우 들어섰다. 벤치에 그늘이 있어서 거기에 가방을 내려놓고 앉았다. 적어도 여기서부턴 같이 가주는 게 맞지 않을까 싶어서 기다리기로 했다. 그늘에 있으니 춥고 그렇다고 햇빛에 나가면 또 더운 것이, 중간이 없다. 한참 뒤에 나타난 대만 친구의 표정이 좋지 않다. 발목이 몹시 아픈 듯 보였다. 지도를 보며 내 뒤로 그 친구가 잘 따라오는지 확인도 해가며 천천히 이동했다. 버스는 에스파냐 바르*CAFÉ-BAR ESPAÑA*에서 멈춘다. 바르 안에 가격표가 붙어 있고 판매는 오전 9시부터 한다. 레온까지는 15유로인데 인터넷 예매 시 12유로다. 도착하고 보니 남아 있는 버스의 빈자리는 딱 두 자리. 어제 예매하길 잘했다. 바르 한 켠 테이블에 자리를 잡고 앉는다. 원래대로라면 또르띠야를 시켰을 텐데 대만 친구가 이것저것 고르기에 따라서 시켜봤다. 소시지와 고기가 나왔는데, 소시지는 안이 덜 익어 있었다. 원래 이렇게 먹는 게 맞는 음식일지는 모르겠지만 그건 다 남겼다. 버스가 오기를 기다리는데 대만 친구가 들어오는 사람 몇 명과 인사를 하기 시작했다. 자연스럽게 합석이 되면서 나는 조용히 커피를 마시고 있고 대만 친구는 그들과 떠들썩한 대화를 했다. 그러더니 이내 자리를 놔두고 갑자기 밖으로 나가 버렸다. 짐들을 다 버려둔 채 나가 버려서 결국 내가 그 짐들을 지키는 역할로 그 테이블에 앉아 있어야만 했다. 식당에 사람들은 점점 들어오는데 이미 먹을 것이나 마실 것이 바닥난 상태였다. 나 혼자서 4인석을 차지하면서 눈치를 봐야만 하는 상황이 매우 불편했다. 얼마 버티지 못하고 나는 내 배낭을 메고 바르를 나왔다. 어디 멀리라도 간 줄 알았던 그녀는 바로 앞 야외 테이블에 그들과 앉아 있었다. 나는 마트에 갈 거니, 안에 있는 네 짐 잘 챙기라는 말을 하고 바르를 떠났다.

에스파냐 바르 CAFÉ-BAR ESPAÑA

마트는 목적 없이 시간을 보내기 위해 간 것이다. 오늘 레온에 도착하면 숙소 앞에 있는 대형마트에 갈 예정이니 딱히 여기서 살 건 없었다. 그간 그렇게 힘들게 걸었는데도 살이 별로 안 빠지는 게 콜라 때문인가 하고 칼로리를 확인했다. 바르에서 대부분 제로 콜라를 마시는데 역시나 제로 콜라는 칼로리가 거의 없다.

그럼 콜라 탓은 아닌 것 같은데… 미스터리다.

순례길을 걷다 보면 마을 곳곳에서 다양한 순례자 조형물을 볼 수 있다. 이 마을에도 에스파냐 바르 앞에 하나 있었는데 그게 단순히 순례자를 표현한 것인지 아니면 순례자였던 어느 유명인을 만든 것인지, 외국인인 나로선 알기 어렵다. 버스가 올 때까지 마을을 어떻게든 서성였다. 생각보다 많은 순례자가 그 버스를 기다린다. 예정된 시간을 좀 넘겨서 47인승 버스가 나타났다. 기사님의 안내를 따라 짐칸에 배낭을 넣으러 갔더니 이미 공간이 거의 차 있었다. 관광객으로서 여행할 땐 캐리어를 훨씬 많이 봤었는데 이렇게 배낭이 꾸역꾸역 들어가 있는 모습을 보니 정말 여기가 순례길이긴 하구나 싶다. 버스에 타자마자 잠이 들었다. 버스는 한 번에 레온으로 가지 않고 사하군 등을 거쳐 간다. 앉아서 자는 것이라 불편할 만도 한 데 아주 꿀잠이었다. 어제 4시간밖에 못 잔 탓이다.

대도시인 레온에 들어왔다. 로그로뇨에서 못 본 맥도날드도 있다. 들리는 말에 의하면 저 맥도날드에 순례자 메뉴가 있다고 한다. 어디서 주워들은 거니 신빙성은 별로 높진 않다. 프랑스에서 애용했던 리들Lidl도 지나간다. 리들은 유럽에서 자주 볼 수 있는 마트인데 가격이 저렴한 게 장점이지만 비싼 제품은 취급하지 않아서 만날 수 있는 브랜드가 제한적이다. 공영 수영장도 지나고 나서야 터미널에 도착했다. 버스터미널에서부터 오늘 머무를 알베르게까지 다시 2.8㎞를 걸어야 한다. 마을 초입으로 되돌아가는 경로인데, 외곽에 있다 보니 숙소 바로 앞에 엄청 큰 대형마트인 까르푸도 있다. 다행히 거기까지 가는 시내버스가 있어서 그걸 타기로 했다. 타고 왔던 버스에서 내려 짐을 챙기는데 익숙한 얼굴을 봤다. 몇 번씩이나 마주쳤던 두 명의 대만 친구였다. 세상에 같은 버스였다니, 인연이 참 신기하다. 어떻게 된 거냐고 물으니 자기들은 부르고스에서 타고 왔다고 했다. 나는 로그로뇨에서 부르고스까지 버스를 타고 며칠을 걷다가 다시 버스를 탔는데, 그들은 로그로뇨에서 부르고스까지 걷고 그 이후의 거리를 버스로 넘어 온 것이다. 나중에 또 한 번 더 보면 그땐 정말 식사라도 해야 할 인연이라고 생각했다. 오늘 나와 함께 걸은 그녀에게도 그들을 소개해 주었다. 그녀는 공립 알베르게로 간다고 했고 나는 사립으로 갈 것이라 터미널에서 인연은 끊어졌다. 내가 불편 던 것만큼 그녀도 불편했을 테니 적당한 선에서 잘 헤어진 거라고 생각했다.

시내버스를 기다리는 동안 터미널을 서성거리다 눈이 마주친 스페인 사람에게 '올라'라고 인사를 했는데 바로 무시를 당했다. '아, 그렇지. 여기는 대도시지.' 작은 마을을 다니면서 정겹게 인사를 주고받던 일이 여기선 안 통한다. 1.2유로를 내고 9c 라고 적힌 버스를 탔다. 딱 세 정거장만 가면 되는데 원형 로터리와 다리를 지나야 해서 제법 거리가 된다. 정류장에서 내려 체크인 알베르게로 간다. 이름이 체크인이다. 한국인들이 많이 가는 곳이라고 들었는데 정말 방에는 한국인이 있었다. 이 알베르게 온 이유는 저 까르푸에 가기 위해서다. 샤워와 빨래를 마친 뒤 푹 주저앉아버린 깔창을 신발에서 꺼내 챙겼다. 여분의 깔창을 가지고 왔어야 했는데 그걸 생각 못했다. 아니, 일단 새 신의 깔창이 이렇게 빨리 주저앉을 줄 몰랐다. 스포츠 매장에서 10유로짜리를 주고 샀다. 한 발에 5유로씩 깔고 걷는 것과 같다. 이제는 먹을 것을 살 차례, 구워 먹을 소고기 300g에 3유로, 거기에 양파, 감자, 당근 각각 한 개씩을 샀다. 야채는 무게당 파는 것인데 알아서 품목 번호를 찾고 가격표를 붙이는 게 꽤 재밌다. 대형마트에서만 할 수 있는 소소한 재미다. 숙소 부엌이 비어 있어서 돌아오자마자 조리를 시작했다. 어쩌다 보니 양파와 당근이 들어간 감자채 볶음이 만들어졌는데 조미료가 한정적이라 그런지 집에서 먹던 맛이 안 났다. 소고기와 참기름의 조합은 별도의 말이 필요 없다.

열넷째 날 | 40,352보 | 28.82㎞

레온에서
빌라 데 마사리페까지

2019-07-16 | 열넷째 날 | León ~ Villa des Mazarife

이곳은 레온에 있는 알베르게 중에 시설이 좋은 편에 속한다는데 어젠 순례자가 정말 없었다. 그래서 어제 주방도 혼자 편히 썼는데 그래도 후다닥 필요한 조리만 하고 얼른 정리했다. 다른 알베르게에 가서도 빠르게 쓰고 비켜 줄 수 있게끔 평상시에도 연습하는 것이다. 주방이란 건 공용 공간이고 기구는 한정적이니까 최대한 빠르게 쓰고 비켜주는 배려가 필요하다. 산티아고 길에서 욕을 먹는 유형 중엔 장시간 부엌을 점령해 다른 순례자들이 사용하는 데 불편함을 주는 사람도 포함이다. 배려는 인성이 아닌 두뇌의 문제다.

새벽 5시 30분. 원래대로라면 어둠에 길이 잘 안 보여야 하거늘 도시인지라 곳곳에 가로등이 있어서 시야의 불편함이 없다. 레온의 순례길은 시내 내부에 있는 대성당을 찍고 다시 돌아 나가는 식으로 구성되어 있다. 굳이 시내를 관통하기 싫은 이들은 바로 레온 옆 위성도시로 빠지기도 한다. 나는 길을 따라 대성당을 보러 간다. 어젯밤엔 시끄러웠을 시내가 아주 조용하다. 잠들어 있는 거리와 함께 웅장한 대성당을 한 번 만나고서야 진짜 다시 길을 떠난다. 얕은 강이 흐르는 다리를 건너면서 점점 시내와 멀어진다. 대규모 주상복합 건물들이 보이면서 주택가로 들어서는 기분이다. 건물의 외관으로 보면 여기가 신도시라는 걸 알 수 있다. 자유로운 입면과 재료를 쓴 건물들이 제각기 서 있는데도 뭔가 두루 어울린다. 길을 가던 중 기찻길이 나오면서 낡은 육교를 하나 건넌다. 작은 마을이었다면 그 선로를 밟고 지나갔을 것이다. 육교는 곧 공사를 시작 해야 할 것 같이 낡아 있다. 신도시를 벗어나고 내리막을 타면서 귀여운 순례자 상이 있는 인공 연못이 나온다. 쓰레기가 많고 더러우니 연못에 관해 큰 기대는 안 하는 게 좋다. 참고로 나는 기대를 했던 사람이다.

레온에서 오스피탈 데 오르비고*Hospital de Orbigo*까지 가는 방법은 두 가지가 있다. 정석은 도로를 끼고 걷는 길인데 그 길 말고 별도의 우회로가 하나 더 생겼다. 당연히 도로를 끼고 걷는 직진 코스의 거리가 더 짧아서 많은 이들이 직진 코스를 선택한다. 선택하는 코스에 따라 만나는 마을이 다른데, 나는 우회로를 선택했다. 우회로라고 완전 도로가 없는 건 아니지만 직진 코스처럼 큰 차들이 쌩쌩 달리거나 하는 정도는 아니다. 도로를 끼고 걷는 길은 늘 항상 조심해야 한다. 내가 걷던 이즈음에도 레온 근처에서 순례자가 교통사고를 당했었다. 남 일이 아니다. 우회로를 걷고 나서 첫 마을을 만났다. 프레스노 델 까미노Fresno del Camino. 아주 조용한 곳이다. 아직 바르가 필요하진 않았는데 이다음은 한참 뒤에 나온다고 해서 일단 한 번 쉬기로 했다. 콜라 한 캔과 얼음과 레몬이 들어간 유리잔이 같이 나왔다. 다만, 그냥 제로 콜라는 없는지 디카페인까지 추가된 것을 주셨다. 카페인은 필요하건만, 어쩔 수 없이 마신다.

바르의 야외 테이블에 앉아 쉬는데 다른 순례객이 나타났다. 반갑게 '올라'를 외치는데 한국 남성분이다. '안녕하세요'라는 말도 한 번 더 했다. 천천히 쉬면서 마을 주변 풍경을 감상한다. 그러며 어느 알베르게를 갈지도 찾아본다. 어제와는 달리 오늘은 염두에 둔 곳이 없다. 마을에 도착하기 전엔 좀 정해둬야 할 텐데… 일단은 다시 길을 나선다. 아까 온 남성분에게 어디까지 가냐고 물으니 나와 목적지가 같다. 안전히 걸으라 인사를 하고 먼저 바르를 나섰다. 어차피 곧 나를 앞질러 가게 될 분이니 적어도 한 번은 더 보게 될 것이다.

다음 마을까진 도로를 걸어야 한다. 차가 많은 건 아니지만 늘 조심한다. 걸을 땐 항상 차의 앞면과 마주 보게끔 걷는다. 약간의 오르락내리락 후에 도착한 온시나 데 발돈시아Oncina de la Valdoncina는 그 규모가 매우 작아서 바르가 없고 물만 뜰 수 있다고 까미노 앱에 적혀 있었다. 하지만 그것과는 달리 구멍가게 느낌이 나는 바르와 알베르게까지 있었다. 이럴 줄 알았더라면 아까 쉬지 않고 왔을 것이다. 마을을 벗어나는데 경사로를 오른다. 심한 경사는 아니지만, 힘이 안 드는 건 아니다. 참고로 이 마을에서 물을 꼭 떠 가야 한다. 이 마을 다음부터는 메세타를 연상시키는 긴 길이 나온다. 다만 여기저기 나무도 있고 풀도 좀 있어서 훨씬 풍요로운 느낌이 든다.

목적지가 눈앞에 있으면 마치 뒤에서 누가 나를 더 잡아당기는 듯 좀처럼 가까워 지지가 않는다. 그렇게 도착한 마을. 지치는 거야 늘 있는 일이고 딱히 바르에 갈 생각은 없었건만 좀 웃긴 게… 노란 화살표를 굉장히 헷갈리게 표시해 놔서 순례길이 아닌 본인들의 바르로 향하게끔 만들어 놨다. 굳이 바르를 찍고 다시 순례길로 나가게끔 말이다. 그래서 이 바르에 쉬는 이들이 많았는데 콜라가 2유로나 했다. 여기서 아까 바르에서 만난 한국인을 또 만났다. 그분께 어떤 알베르게에서 묵으실 거냐고 물어봐서 정보를 좀 얻었다.

마을 외곽의 수풀 부근에서 어린 목동이 소에게 풀을 먹이고 있었다. 인사를 하려 했다가 어제 레온에서 무시당한 게 생각나 선뜻 먼저 행동이 안 되었는데 고맙게도 소년이 먼저 내게 '올라'라고 손을 흔들어줬다. 나 또한 반갑게 화답했다. 술하게 주고받은 인사 속에서 어제 단 한 번 무시당했을 뿐인데도 이렇게까지 고려하게 되는 걸 보면 그 '한 번'이라는 건 꽤 큰 충격을 가지고 있는 게 분명하다. 특히나 부정적인 측면에선 영향력이 더 크다. 아홉 번 잘해주다가 한 번 못 해주면 사람 그렇게 안 봤다는 말을 듣고 반대로 아홉 번 못 해주다가 한번 잘해주면 알고 보니 사람 괜찮더라 라는 소리를 듣는 것처럼 말이다.

　걷다 보면 돌로 눌러진 광고지를 길에서 종종 볼 수 있다. 자신들의 바르, 알베르게를 홍보하거나 택시 전화번호가 적혀져 있는 것들이다. 유독 메세타 구간에서 쉽게 볼 수 있다. 이 길에서만 만날 수 있는 나름의 독특한 광고 방식이다.

　목적지인 빌라 데 마사리페Villa des Mazarife에 도착했고 아까 그분이 추천해주신 알베르게를 골랐다. 직원의 안내에 따라 2층 오른쪽 구석의 6인실로 배정을 받았다. 아직은 아무도 없는 방. 내부 시설은 전반적으로 그냥저냥이었는데 이 마을 알베르게 중에 유일하게 부엌 사용이 가능한 곳이었다. 역시나 이곳에서 그 남성분을 다시 만났다. 이미 슈퍼에 갔다 온 것인지 여러 식자재가 테이블 위에 올려져 있었고 이제 막 뭔가 조리를 시작하려는 모습이었다. 나도 얼른 슈퍼에 가서 뭐 좀 사 와야겠다고 생각했는데 남성분이 내게 물었다.

"식사하셨어요?"
"아니요. 이제 슈퍼 가서 사 오려고요."
"이거 많은데 같이 드실래요?"

보통 때라면 모르는 이와의 식사 자리가 불편하여 거절했을 텐데, 감사하다는 말하곤 응해 버렸다. 조리가 진행되는 동안 잠시 슈퍼에 갔다. 마을엔 작은 구멍 가게 두 곳이 가까이에 붙어 있는데 가격은 서로 비슷했다. 시원한 제로 콜라와 오렌지를 각각 하나씩 샀다. 하나는 내 것이고 하나는 당연히 그분 것이다. 돌아와 보니 요리는 끝나 있었다. 이름을 붙이자면 베이컨 볶음밥 정도. 오랜만에 먹는 쌀이라서 맛있게 먹었다. 먹는 동안의 이야기는 당연히 순례길에 국한된다.

"저는 사하군에서 레온까지 기차 탔는데, 너무 하더라고요."
"그렇죠? 저도 버스 탔는데, 과학 기술이란 게 진짜 대단해요."
"보면 남들은 경쟁하듯이 엄청 걷던데, 저는 그냥 여유롭게 걷고 있어요."

사실 나는 남들처럼 많이 걸을 생각으로 왔었다. 하루에 30㎞쯤이야 할 만할 줄 알았기에 졌다는 생각은 떨치기 힘들다. 싸움의 대상이 이 길이든 나 자신이든 결국엔 어느 정도 백기를 든 것은 현실이다. 조금 울적해질 찰나, 그가 말했다.

"그래도 현실 도피가 가능해서 좋아요."

그건 맞는 말이다. 적어도 이 길에선 한국에서 겪는 모든 환경과 동떨어진 시간을 쓰게 되니 말이다. 분명 나도 그런 도피를 하고 있다고 생각하고 했었는데 어느 순간부터 발의 고통만이 나를 잠식하고 있었다.

설거지하면서 아무래도 장 본 금액의 반은 드려야겠다고 생각하고 있었는데, 끝나고 돌아보니 테이블에 앉아 있던 그분은 사라지고 드시라고 놔둔 오렌지만 덩그러니 남아 있었다. 어느 방에 묵는지는 모르지만, 내일 순례길에서 또 만난다면 그때 바르에서 뭐라도 사드려야겠다고 생각했다. 새로운 누군가를 만난다는 건 나에겐 쉽지 않은 일이지만 이렇게 일 대 일이라면 좀 더 수월하다.

다시 쉬러 방으로 올라간다. 다만 이젠 6인실이 아닌 2인실이다. 어떻게 된 거냐면, 아까 밥을 먹던 중간에 직원이 나타나서 나에게 도움을 줄 수 있냐며 물었다. 이야기인즉, 지금 체크인을 하러 순례자 5명이 들어왔다고 했다. 그들이 묵을 만한 방은 내가 쓰고 있는 6인실인데 그렇게 되면 아마도 내가 쓰기에 불편할 것이라고 했다. 그건 맞는 말이었다. 방은 상당히 작아서 짐을 둘 여유 공간도 넉넉하지 못했으니 말이다. 그러면서 하는 말이 자기 생각엔 바로 옆에 싱글침대 2개가 있는 2인실로 옮겨 쓰는 게 더 편할 것 같은데 어떻겠냐는 것이었다. 나머지 침대엔 잠시 후 여성분이 올 거니 문제 될 건 없다고 했다. 별도의 추가 금액 없이 더 편한 방으로 준다는데 나야 마다할 이유가 없기에 그녀를 따라 짐을 옮겼다.

내일은 아스토르가Astorga까지 30㎞ 정도 되는, 오랜만의 고된 일정이다. 몸이 좀 적응되면 좋으련만 하루하루 아픈 곳들이 새로이 늘어간다. 아니, 근데 이렇게 매일매일 힘들게 걷고 있는데 왜 살은 안 빠질까? 이래서야, 한국에 가서 열심히 항변을 해봤자 티가 안 나서 맨날 버스 탄 게 아니냐고 의심 받을 것 같다.

다시 한번 말하지만 콜라는 죄가 없다.

열넷째 날 | 40,352보 | 28.82㎞

빌라 데 마사리페에서
아스토르가까지

2019-07-17 | 열다섯째 날 | Villa des Mazarife ~ Astorga

'과연 내가 할 수 있을까?' 그 의문을 가진 채 맞이하는 아침. 알람을 무시해보려 했지만, 어찌 됐건 오늘도 길 위에 서야 했다. 긴 거리인 만큼 빠르게 짐을 싼다. 짐을 꾸리는 일은 생각보다 부산스럽기 때문에 항상 짐을 밖으로 다 옮기고 나서 그때부터 정리한다. 이 일이 이젠 제법 익숙해져서 잘할 줄 알았는데, 아주 중요한 것을 미처 못 챙기고 알베르게를 떠나고야 말았다.

새벽 5시에 시작되는 순례길. 마을을 벗어나자 9㎞의 긴 도로 길이 나온다. 양옆으론 옥수수밭이 즐비해 있다. 굉장히 이른 시간이라 차가 별로 없긴 한데 길이 워낙 직선이라 가끔 등장하는 차들의 속도가 굉장히 빨라서 위험했다. 걷는 동안 슬슬 동이 터온다. 앞엔 아직 달이 머물러있고 뒤로는 해가 떠오른다. 끝이 안 보이는 곧은 길. 노래를 들으려 했는데 이어폰을 끼는 건 위험할 것 같아서 그냥 스피커로 틀어놓고 걸었다. 순례길에서 노래를 크게 틀고 걷는 건 실례가 될 수 있는 일이다. 겪어본 입장에서 불쾌 할 수도 있단 것도 충분히 안다. 하지만 지금처럼 민가도 없고 걷는 사람도 없는 때엔 나 또한 종종 했다. 내 음악을 듣는 이는 나와 옥수수뿐이다.

　도로를 벗어나면 또 흙길이 길게 이어진다. 이윽고 잠든 마을을 하나 지난다. 마을이 끝날 때쯤 기찻길이 나오면서 그 위의 육교를 오른다. 계단을 타고 내려가면 이제는 철길 옆을 걷게 된다. 나름의 다양한 길들이 모여 있는 종합세트 같은 날이다. 하지만 문제는 이 길들이 모두 쭉 뻗은 직진이라는 것이다. 아무리 걸어도 닿지 못한다는 생각에서 이 길의 끝이 없을 것만 같다는 낙담도 하게 된다. 기찻길과 헤어져 꺾자마자 아까 본듯한 길을 걷는다. 찍혀진 사진을 보면 그게 그거 같아 보인다. 조금 더 걸으니 노랑이 출렁이는 해바라기밭이 오른쪽에 나온다.

흐드러지게 피어 있다는 말이 딱 맞은 절경이었다. 뜨거운 햇빛 아래에서 아주 적절하게 자라나 있다. 해바라기밭이 끝나면 여러 가지의 조심 구간이 나온다. 고가도로 옆 차 조심, 흙길 옆 축사에 있는 개 조심, 공장 단지의 화학약품 냄새 조심, 다시 나타난 넓은 도로를 눈치껏 건너가야 하므로 또 차 조심. 온갖 조심 후에 드디어 큰 마을인 오스피탈 데 오르비고Hospital de Órbigo가 나타난다. 이 마을로 진입하기 위해선 긴 다리를 건너야 한다. 순례길에서 만나는 다리 중 가장 긴 다리로 여러 시대에 걸쳐서 20개의 아치형 구조로 만들어진 오르비고 다리다.

다리 위 땡볕 아래서 울퉁불퉁한 돌들을 밟는다. 가운데에 평평한 돌이 있는데 최대한 그 위를 따라 걸어야 발의 고통을 줄일 수 있다. 앞에 있던 마을에 비하면 도시 같은 규모의 오르비고. 좀 쉬었다 가면 좋겠지만 아직 갈 길이 멀고, 여기에 들어오기 직전에 잠깐 콜라 타임을 했기 때문에 쭉 걷기로 했다. 오르비고를 나오면 갈림길을 만난다. 곧장 아스토르가로 가는 15㎞의 길과 마을 몇 군데를 들렀다 가는 16㎞의 길이다. 어제부터 계속 선택의 기로에 놓여져 있다. 수많은 선택이 모여 하루라는 것을 구성해 낸다는 걸 새삼 깨닫는다. 방향을 알리는 표지판에도 이렇게 쓰여 있다. 'choose life' 볼거리가 좀 더 많을 16㎞를 골랐다.

첫 번째 마을은 금방 나온다. 비야레스 데 오르비고Villares de Orbigo. 이 마을엔 순례자들에게 물과 화장실 이용을 무료로 제공해주는 할아버지가 계신다. 모 프로그램에서도 나오셨던 분이다. 별도의 기부금은 받지 않는다는 No donation 안내문이 의자에 붙어 있다. 알지도 못하는 이들에게 아무런 대가 없이 선행을 베푼다는 일에 뭔가 고마운 마음을 표시하고 싶었는데 아쉽게도 문이 닫혀 있었다. 아마도 지금 시각이 오전 9시여서 그런 듯했다. 그저 건강하시기를.

시계를 보지 않으면 마치 오후 1시 같은 햇살이다. 한참을 걸어 산티바네즈 데 발데이글라시아스Santibáñez de Valdeiglesias에 도착했다. 아스토르가Astorga 전에 쉴 수 있는 알베르게가 있지만, 공립은 평이 너무 안 좋고 사립은 베드버그 이력이 있어서 결국 머무는 걸 접은 곳이다. 그래서 오늘 무리를 해서라도 아스토르가까지 가는 것이었다. 바르에서 잠깐 쉬었다 가기로 하고 야외석에 자리를 잡았다. 지나가는 사람들을 구경하던 차에 백발의 할머니가 나타나셨는데 어쩌다 보니 나와 같은 테이블에 앉으셨다. 서로 벽에 등을 기대고 거리를 향해 앉아 있었기 때문에 마주 보진 않았지만, 영어 할 줄 아냐는 질문으로 우리의 대화는 시작되었다.

"어디서 왔어요?"

"한국이요."

"오, 여기 정말 한국인 많네요. 왜 이렇게 한국인들이 많이 오죠?"

단골 질문이다. 하도 들어서, 이제는 처음 저 질문을 접했을 때 보다 좀 더 빠르게 대답을 할 수 있게 되었다.

"다들 일하다가 좀 쉬고 싶어서 오는 것 같아요. 그리고 최근에 한국에 TV쇼 프로그램이 방영되었는데 그것 때문인 것도 있지 않을까 생각해요."
"한국에선 무슨 일을 했어요?"
"건축 설계요."
"멋지네요."

건축이 나의 일이었다고 이야기를 하면 대부분의 반응이 이와 비슷하다. 아마도 '건축'에 대한 어떤 환상들이 있는 것 같다. 할머니는 여기서 택시를 타고 아스토르가까지 이동할 거라고 하셨다. 발은 괜찮은데 다리가 문제라고 하셨다. 나는 결국 할머니가 택시를 타고 자리를 떠날 때까지 말동무를 해드렸다. 그 때문에 시간이 조금 늦어졌다. 이제 얼마를 더 가면 되나 싶어 휴대전화를 보는데 배터리가 별로 없다. 내 휴대전화는 2년을 넘게 써서 성능이 좀 떨어져 있었는데 제일 큰 문제는 배터리가 빨리 줄어든다는 것이었다. 이때를 위해 한국에서부터 들고 온 대용량 보조배터리를 찾으려 보조 가방을 뒤졌다. 어젯밤에 충전을 잘해놓고 잤으니 걱정이 없다고 생각했다. 그런데 완충되어 있을 그것이 없다. 아침에 내가 짐을 어떻게 꾸렸었는지 곰곰이 생각해보니… 그래, 베개 옆에 두고는 그걸 안 챙겼다. 어쩐지 평소보다 가방이 가벼웠다 했다. 젠장. 아, 망했다. 그런 단어들이 입 밖으로 튀어나왔다. 하지만 지금은 잃어버린 것을 자책할 때가 아니었다. 배터리를 지금부터 최대한 아껴야 했다. 아스토르가에서 알베르게 위치를 찾아 체크인까지 해야 하는데 28%의 배터리로는 너무 위태로웠다. 일단은 비행기 모드로 변경을 했다. 이젠 노래 듣는 것도 사치가 되었다.

새벽 5시에 나왔음에도 여지없이 땡볕 아래를 걷는다. 그늘이 없다는 건 너무 힘든 환경이다. 햇빛이 따갑다 못해 날카롭다. 상아색의 오르막 흙길을 한 발 두 발 내딛다 보면 저 멀리에 희한한 사람 형상이 하나 보인다. 순례자들이 기부하는 물품들로 한껏 치장된 허수아비다. 바로 그 옆엔 쉬었다 갈 수 있는 벤치와 나무 그늘, 그리고 순례자들을 기리는 역할로 보이는 커다란 십자가가 박혀 있다. 허수 아비엔 액세서리가 제일 많이 붙어 있다. 그 와중에 눈에 띄는 건 가슴팍에 붙어 있는 태극기. 나도 뭔가 남기고 싶어서 주머니를 뒤적거리는데 한 짝만 남은 장갑 이 손에 잡혔다. 손가락에 끼우는 건 힘들어 보여서 그냥 바지 주머니에 끼워 넣 고 왔다.

과연 아직도 그것이 그대로 있을까?

길게 높이 뻗은 나무들이 만들어낸 사각형의 작은 숲이 나왔다. 덕분에 그늘 덕을 보겠다 싶었는데 그것보다 더 좋았던 것은 바람이 부는 것에 맞춰 나뭇잎이 서로 흔들거리는 모습과 그 소리였다. 갈대가 부딪치는 것 같은 소리가 났고 손을 잡고 한 바퀴를 도는 여인의 춤 선처럼 잎사귀들이 바람에 돌아갔다.

　언덕을 올라 터덜터덜 걷는 길 위에 도네이션 바르가 나왔다. 그간 이와 같은 성격의 공간을 만나긴 했지만 늘 아침 일찍 인지라 문을 연 모습을 본 적이 없었다. 그래서 계속 환상에 젖어 있던 미지의 것이었다. 오늘 걷는 길에서 나온다고 알고는 있었지만 아스토르가를 6㎞ 앞두고 나올 줄이야. 예상했던 것보다 늦은 등장이다. 도착하니 여러 명의 순례자가 이미 앉아 있다. 이곳은 이전에 이미 방송을 한 번 탄 적이 있다. 그때는 좀 더 자유로운 분위기였던 것 같은데, 지금은 개인별로 요청을 해야 그것에 맞춰 과일과 음료수를 준다. 듣기론 단체 관광객들이 버스를 타고 우르르 몰려와 이곳을 쓸고 갔다 한다. 그래서 그 뒤에 이렇게 시스템이 바뀐 게 아닐까 싶다. 시원한 레모네이드와 기다란 수박 한쪽을 얻었다. 다 먹은 수박껍질은 한쪽에 마련된 잿더미로 던지면 된다. 자체적으로 이곳에서 소각하는 것 같았다. 2유로의 기부금을 내고 떠났다.

　오늘 걷는 거리가 멀다 보니 결국엔 오후 2시가 넘어서까지 걷고 있게 되었다. 이 태양이라는 것은 오후 1시와 4시 사이가 정말 누구 하나 큰일 나게 할 것만큼 미친 듯이 덥다. 내리막을 타고 아스토르가 직전에 있는 작은 마을에 들어왔다.

산 후스토 데 라 베가 *San Justo de la Vega*. 내리막이 끝날 때쯤엔 물을 마시는 순례자 동상이 있다. 물통에서 입으로 쏟아지는 물이 바닥으로 떨어져 다시 돌아가는 순환구조로 되어 있다. 그 옆엔 버튼을 누르면 나오는 물이 있긴 한데 식수는 아닌듯 했다. 목이 마르면 좀 더 걸으면 되는 게 마을 성당 근처에 식수대가 있다.

여기엔 알베르게가 없고 호스텔만 있는데, 아스토르가까지 못 가게 되는 경우엔 호스텔이라도 싱글룸이라도 묵을 생각이었지만 잠시 물만 뜨고 계속 이어갔다. 휴대전화로 내 위치를 확인하지 못한 채 마냥 걸었는데, 아스토르가로 들어가는 길은 좀 어려웠다. 무엇보다 뒤에서 이상한 사람이 쫓아오는 것 같아서 약간 겁을 먹었었다. 내가 빠르게 걸으면 자신도 빠르게 걷는 사람이었다. 참고로 순례길에선 불미스러운 일도 간혹 생기기 때문에 스스로 주의를 해야 한다. 나는 일행이 없는 혼자였기에, 다른 순례자들이 나타났을 때 어쩔 수 없이 그들의 속도에 맞춰 미친 듯이 걸었다. 주택가도 한 번 지났는데, 거리는 더러웠고 집들도 그다지 보수가 잘 되어 있지 않은 것이 여러 채 있어서 느낌은 좋지 않았다. 기찻길을 넘어가기 위해 얽히고 설켜 있는 육교를 건넜다. 자전거를 타고 갈 수 있게끔 계단이 없는 경사로 형 육교여서, 도보로 걷는 나에겐 꽤 길고 길었다. 3시를 향해가는 시간, 원형 나들목에서 아스토르가Astorga라고 쓰여 있는 조형물을 드디어 만났다. 그리고 알베르게 찾으려고 켰던 휴대전화는 그대로 배터리를 잃고 삽시간에 꺼져버렸다. 알베르게 위치가 어디인지도 모르는데 큰일이 났다는 사실에 좀 우왕좌왕했다. 다행히 공립 알베르게는 순례 길목에 있었다. 약간의 기다림 후에 체크인한 알베르게는 거의 만석이었다.

도시에 왔으니 큰 마트 정도는 가줘야 하는데 일단은 그 전에 우표를 사러 우체국에 갔다. 보내지 못하고 묵혀둔 엽서가 제법 있어서 이러다간 한국으로 고대로 가져갈 판이다. 어느 정도 충전된 휴대전화를 들고 우체국을 찾아 시내 중심지로 갔는데, 닫혀 있었다. 또 시에스타인 건가 싶었는데 영업시간이 아침 8시 30분부터 오후 2시 30분까지로 정말 짧았다. 결국 이렇게 또 우표를 못 샀다.

마트는 시내 중심지에서 좀 떨어진 곳에 있는 디아Dia로 갔다. 예전에 스페인을 여행할 때 몇 번 가 봤던 마트다. 길이 하필 내리막이어서 장을 보고 올 땐 오르막을 올라야 했다. 그런데 좀 떨어진 게 아니고 막상 다녀와 보니 왕복 2㎞ 정도 걸렸다. 아무리 큰 마트에 가도 장을 많이 볼 수 없다. 가방에 들어간들 그걸 들고 이동하면서 겪게 될 무게도 생각해야 하고 보관이 용이한 걸 골라야 한다. 마음 같아선 고기를 들고 가고 싶은데 그랬다간 바로 식중독이라도 걸릴 것이다. 아까 맛만 보고 아쉬웠던 수박을 반 통 하나 샀다. 작은 거로 골랐는데 0.89유로였다. 유럽 가면 과일을 배불리 먹을 수 있다는 것이 정말 좋다. 그리고 양파 한 개를 담았고 소고기도 하나 샀다. 그리고 어제 같이 식사한 한국분이 이곳에도 즉석밥이 있다고 알려주셔서 그것도 샀다. 종이컵만 한 작은 사이즈였는데 가격이 나쁘지 않았다. 2ℓ짜리 물도 샀다. 지금 쓰고 있는 페트병은 이제 교체를 할 시기가 되었다. 오렌지 주스도 펄프가 있는 것으로 골랐다. 어째 쭉 훑어보니 무거운 것들뿐이다. 결국 들고 오다가 도로에 있는 허름한 벤치에서 한 번 쉬었다. 알베르게로 돌아와 주방을 후다닥 썼다. 사람들이 워낙 많으니까 장시간 쓸 수는 없다. 고기를 굽고 양파를 볶았다. 내 가방에 참기름이 있다는 사실이 정말 식사를 풍요롭게 한다. 소금은 기본적인 조미료라서 주방이 있는 알베르게 대부분엔 배치가 되어 있기 때문에 참기름과 조합시키면 딱 고기 먹는 데 안성맞춤이다. 개인적으로 유럽에서 먹는 고기들은 특유의 어떤 냄새가 있기 때문에 이걸 참기름으로 커버하면 여기가 마치 한국인 것처럼 먹을 수 있다. 그래서 유럽에 갈 때마다 참기름은 항상 가지고 간다. 쌈장은 순례길 이틀 차에 버렸지만, 참기름은 버릴 수가 없다.

그나저나, 오렌지주스가 100㎖에 185㎉이던데, 1ℓ 한 통을 다 마시면······ 그렇군, 범인은 이 녀석이었다.

열다섯째 날 | 55,051보 | 40.54km

아스토르가에서
엘 간소까지

2019-07-18 | 열여섯째 날 | Astorga ~ El Ganso

불태웠던 어제와 달리 오늘은 여유로운 날이다. 거리도 적게 걷고, 무엇보다 이 알베르게는 문을 오전 6시 이후부터 열어주기 때문에 일찍 나갈 수가 없다.

해가 떠 있는 상태에서 걷기를 시작하는 게 낯설다. 레온과 마찬가지로 아스토르가도 시내를 한 번 쓸고 나가게 된다. 작은 광장을 지나 가우디가 설계한 주교궁을 보았다. 지금은 까미노 박물관으로 활용하고 있다고 한다. 바로 그 옆엔 웅장한 대성당이 있다. 이 대성당은 여러 세기에 거쳐 지어졌기에 그 시대를 대변하는 다양한 양식이 혼합되어 있다. 보면 마감재로 쓰인 돌의 색상이 일정치가 않다. 그걸로 대략 부분마다 어떻게 지어졌을지 상상이 간다. 레온보다 빨리 도시를 벗어난다. 규모 면에서 서로 비교할 게 못 되긴 한다.

무리하고 나면 바로 다음 날에 그 티가 난다. 아침부터 허벅지와 종아리가 아픈 탓에 속도가 더욱 더디다. 분명 첫 마을이 2㎞를 지나면 나온다고 했는데 걸어도 걸어도 마을이 나타나지 않았다. 2㎞를 이렇게나 내가 느리게 걷고 있단 건가 싶었는데 나도 모르는 사이에 첫 마을을 스쳤더라. 곧 도착하는 마을까지의 거리는 5㎞고 이 마을을 지나고 나면 4㎞마다 마을이 나온다. 오늘의 목적지는 그다지 멀지 않기에 늦게 나온 것 치고 여유가 생겼다. 그래서 고민을 하다가 바르에 멈춰서 또르띠야와 커피를 함께 했다. 또르띠야를 먹는 내내 참새 한 마리가 계속 내 테이블 주위에 있었다. 분명 내 것을 노리는 게 분명했다. 어찌나 간도 큰지 나중에는 아예 테이블 위로 올라오기까지 했다. '아니야'라는 말로 참새를 휘이 내보냈다. 좀 이르게 쉰 감이 있긴 했지만, 결론적으로 쉬길 잘했다.

마을을 벗어나자 끝이 안 보이는 그늘 없는 직진 길이 나왔으니 말이다. 비행기 모드로 해 놓은 휴대전화로 잠깐 노래를 듣기도 하고 그냥도 걸어보고 하는데 길이 가까워질 생각을 안 한다. 가방은 여전히 나를 짓누르고 있다. 가는 길 중간에 있는 쉼터엔 그늘이 없어서 쉴 마을이 안 들었다. 새파란 하늘 아래 흰색에 가까운 흙길을 걷는다. 찍혀진 사진으로 보면 참 멋진데 그에 비해 실상은 아름답지 못하다. 걸을 땐 아무 생각 없이 그냥 걷는다. 시간은 쓰이고, 남은 거리는 어쨌건 줄어든다.

　목적지인 엘 간소El Ganso 직전, 산타 카탈리나 데 소모사Santa Catalina de So-moza는 귀여운 종이 달린 성당 건물이 반겨주는 마을이었다. 마을 들어오는 어귀에 낮은 돌담이 쌓여 있었는데 그게 참 아기자기했다. 지나가는 길에 있는 바르에 순례자들이 제법 많이 모여 있었다. 고민을 잠깐 하다가 이대로 곧장 걸으면 도착이라는 생각에 또 한숨 쉬기로 했다. 이렇게 거리가 짧은 날은 오늘처럼 몸이 안 좋은 게 나쁘지 않다. 이런 날에 천천히 걸어 주면 되니 말이다. 어제처럼 긴 거리를 걸었어야 했다면 아마 오늘은 오후 4시가 넘어서야 들어갔을 거다.

　한곳에 오래 있지 못하는 성격 탓에 오래 쉬지 못하고 다시 가방을 멘다. 그늘 한 점 없는 길이니, 그늘이 나온다 싶으면 무조건 한 번씩 쉬어 간다. 그 어떤 작은 그늘이라도 큰 몸을 비집고 들어가는데 나뭇가지에 걸려 모자가 자연스럽게 벗겨졌다. 흐르는 땀이 바람에 식혀진다.

원편의 아스팔트, 길 여기저기의 무성한 잡초, 가끔 있는 초록빛의 나무 몇 그루… 이러한 풍경이 계속 이어진다. 오늘은 이 길을 가는 동안 몇 명의 한국인들을 만났다. 보통 만나서 대화를 하게 되면 먼저 꺼내지는 화두가 '오늘 어디까지 가세요?'인데 대부분이 엘 간소 다음 마을까지 간다고 했다. 즉, 7㎞를 더 걸어야 한다는 말이다. 아마 지금의 몸 상태라면 나는 3시간이 넘도록 걸어야 할 것이다.

엘 간소는 정말 작은 마을이다. 마을에 들어오면서 풀 비린내가 났는데 여기저기 제초 작업이 한창이었다. 마을 끝에 있는 알베르게에 도착했다. 평이 좋아서 일부러 이곳에 오려고 일정을 짠 것도 없지 않아 있다. 숙소의 문은 열려 있었지만 아무도 없었다. 주인분이 언젠가 오시겠지, 라는 생각에 짐만 내려놓고 근처 슈퍼로 가서 콜라를 사 왔는데 알고 보니 나에게 물건을 파신 분이 이 알베르게의 주인이기도 하셨다. 방은 시설이 매우 깔끔했는데 서늘한 기운이 가득했다. 아마도 겨울엔 엄청나게 추울 것 같은 방이었다. 화장실 타일은 얼음 같았다. 밖에 나와 빨래를 하는데 안내문이 붙어 있었다. 이 마을엔 물이 부족하니 필요한 만큼만 써달라는 부탁의 문구였다. 그래서 정말 조금의 틈이라도 날 때마다 꼭지를 잠궈가며 썼다.

엘 간소 알베르게, Albergue Gabino

모든 일을 다 끝내고 의자에 앉아 쉬는 이 시간이 제일 좋다. 이 알베르게엔 순례자들을 위한 무료 쿠키 같은 것이 있어서 그걸 먹으며 내리쬐는 햇살을 구경했다. 작은 정원에 나무가 있어서 그 잎들 사이로 햇살이 내려앉은 모습이 예뻤다. 출입문 옆 신발장에 놔둔 나의 신발이 눈에 들어왔다. 새 신발은 이제 헌 신발이 되었다. 흙에 잔뜩 구른 모습인데 그걸 털어봤자 또 내일이면 얹어질 것이라 의미가 없다. 산티아고 여정이 끝나면 가지고 있는 모든 순례 용품을 버리고 싶다는 생각이 든다. 내 모든 고난과 걱정들을 이곳에 놓고 간다는 하나의 의미부여가 될 수 있을 것 같다. 끝이 다 달아서 동그랗게 변해버린 등산스틱이라던가 정말 쓰긴 쓸까 싶은 판초 우의도. 이 트래킹화도 버리고는 싶은데 가격대가 높아서, 결국엔 버리지 못할 것 같다. 집에 가져가려면 세탁은 해야 할 텐데, 벌써 돌아가는 것에 대한 생각들이 자라난다.

저녁을 해결할 것을 사러 오후 5시쯤 슈퍼에 갔더니 문이 닫혀 있었다. 어쩔 수 없이 돌아가려는데 나를 앞질러 간 마을버스에서 내린 중년 여성이 문을 열어주셨다. 아까 내가 콜라를 샀을 때 본 분은 아니었다. 닫힌 슈퍼 앞 의자에는 고양이가 앉아 지키고 있었다. 좋은 분위기다. 슈퍼는 정말 작았는데 나름 알차게 잘 구비되어 있었다. 그리고 그 안엔 작은 강아지 한 마리도 있었다. 슈퍼에서 베이컨 비슷한 것과 달걀 한 알, 요거트 한 개를 샀다. 그걸로 숙소에 돌아와 베이컨 달걀 볶음밥을 만들었다. 베이컨이 짜서 아무 간을 하지 않아도 딱 적당했다. 밥은 어제 산 즉석밥이다. 그리고 아직 남아 있던 비장의 무기, 라면 티백 하나를 꺼냈다. 뜨거운 물에 우리듯 티백을 넣어놓기만 하면 얼큰한 라면 국물이 만들어진다. 만족스러운 식사였다.

할 일이 없으면 그림을 그린다. 가끔 의무적으로 그릴 땐 압박감을 느끼기도 하지만 보통은 이렇듯 마음이 차분해진다. 색칠할 때가 더욱더 그렇다.

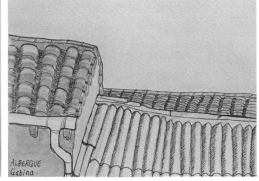

열여섯째 날 | 28,632보 | 20.63㎞

엘 간소에서
엘 아쎄보까지

2019-07-19 | 열일곱째 날 | El Ganso ~ El Acebo

낮에도 방이 서늘하다고 느꼈던 대로 밤엔 상당히 추웠다. 게다가 낮잠을 잔 탓에 정작 밤엔 잠을 제대로 자지 못 잤다. 결국, 새벽 4시 반에 일어나 갈 준비를 한다. 오늘은 24㎞ 정도 걸어야 하는데 오르막이 제법 있다. 어둠 속에서 짐을 정리하고 입구 쪽 부엌으로 나오자 테이블 위에 무언가가 보였다. 누가 봐도 근처 나무에서 따온 듯한 살구들이 쟁반 위에 놓여 있다. 먹어보니 새콤하다. 신 것을 좋아하진 않지만, 비상식량으로 몇 알을 챙겨서 알베르게를 떠났다.

오전 5시. 출발을 위해 준비하는 시간이 점점 빨라지고 있다. 나라는 인간도 적응이란 걸 하는 모양이다. 해가 뜨지 않은 아침 시간은 웬만하면 평지나 도로 옆 이길 바란다. 숲속을 이 시간에 헤쳐가는 건 위험하기도 하고 무섭기 때문이다. 한참 어제와 같은 평지를 걷다가 갈림길에서 화살표를 잃어버렸다. 잠깐 헤매다가 바로 눈앞에 있는 숲으로 들어가는 길을 찾았다. 아직 어두운데, 숲길 오르막으로 들어가야 한다니…. 한 손엔 휴대전화나 랜턴을 들고 빛을 비추며 걸어야 하므로 스틱을 제대로 잡고 올라갈 수가 없다. 이럴 때를 대비해 한국에서 헤드랜턴을 사 왔건만 무게 때문에 천으로 된 가벼운 모자챙이 주저앉아 시야를 가리기 때문에 어쩔 수 없이 랜턴을 손에 들고 올라간다. 하필이면 또 돌산이다. 돌부리에 넘어질락 말락 하면서 산을 오른다. 새소리나 이름 모를 짐승 소리도 좀 들리는 것 같고, 겁이 워낙 많으니까 그냥 무서웠다. 어스름하게 뭔가가 좀 보일 때쯤엔 모든 실루엣이 다 살아있는 것들로 보였다. 이럴 땐 나의 무궁무진한 상상력이 큰 단점이 된다.

땀은 비 오듯 떨어지는데 목까지 덮어주는 일 모자를 벗을 수가 없다. 알 수 없는 벌레 알레르기가 생겨 버린 터라 이 산속에서 또 벌레에 물린다면 추가적인 고생을 할 게 뻔했다. 최대한 벌레가 침투 못 하도록 토시와 모자로 온몸을 꽁꽁 싸맸다. 산을 벗어나자 아스팔트 길이 나왔다. 그리고 나의 뒤로 태양이 나타날 준비를 하기 시작했다. 일출 직전의 순간, 내가 감히 그릴 수 없고, 표현할 수 없을 빛깔의 조합이 나타났다. 자연이 만든 경이로움이 지평선에 아주 길게 수놓아졌다. 이 순간이 찰나임을 알기에 아쉬워, 자꾸만 뒤를 돌아보게 된다.

그렇게 2시간에 걸쳐서 도착한 라바날 델 까미노Rabanal del Camino. 어제 소모사에서 본듯한 성당을 지나 마을 끝에서 벤치를 발견하고 앉았다. 가방을 내려놓고 한숨 돌리는데 무릎이 뭔가 이상했다. 출발할 때만 해도 컨디션이 좋다고 생각했는데 왼쪽 무릎에서 통증이 느껴졌다. 큰일이다. 오늘 만나게 되는 오르막도 오르막이지만 그다음에 계속 이어지는 내리막이 만만치가 않아서 더 걱정이었다. 내리막은 숨만 안 차지 그 외의 온갖 부담이 몰아친다. 무릎에게 사정사정했다. 오늘만 좀 잘 버텨줘라, 라고 일회용짜리 부탁을 했다. 이 부탁은 내일이면 또 초기화되어서 새로이 또 쓰인다. 매일 말하게 되는 것이다. 오늘만 버텨달라고.

달이 선명하게 보이는 아침. 라바날을 벗어나면서 그저께 만났던 택시 할머니를 또 만났다. 이번엔 혼자가 아닌 남편분과 함께셨다. 어젯밤 이곳에 있는 호텔에서 주무셨다고 하면서 며칠 전부터 보이는 동키 커플을 보았냐고 내게 물으신다. 순례길은 어떤 방식으로든 걸을 수 있다. 도보와 자전거 말고도 말이나 당나귀를 끌고 다니는 사람도 간혹 있는데 두 마리의 당나귀를 데리고 다니는 커플이 근래에 나타난 모양이다. 아직 못 봤다고 하니 직접 찍은 사진도 보여주셨었다. 두 분에겐 나와 같은 큰 짐이 없다. 할머니는 작은 보조 가방을, 그보다 조금 더 큰 백팩은 할아버지가 메고 걸으셨다.

돌과 흙이 마구 뒤섞인 오르막이 시작되었는데 길이 별로 좋지 못하다. 포크레인으로 땅을 그저 마구잡이로 밀어버린 듯한 흙길이 나온다. 전에 미리 찾아봤을 땐 양치식물이 가득했던 좁은 길이었는데 이젠 어디에도 식물은 없다.

걸으니까 땀이 나서 모르는 것뿐이지 해가 작렬하기 전의 아침은 조금 쌀쌀한 편이다. 그 때문인지 목에 메고 있는 필름 카메라 렌즈에 습기가 가득 찼다. 내 몸에서 나는 열과 찬 공기가 만나서 생긴 것 같다. 찍을 때마다 닦아내야 할 정도로 빗물이 묻은 듯이 서렸는데, 이게 카메라에 좋지 못하다고 해서 결국 목에서 빼고 보조 가방에 넣고 걸었다. 거대한 카메라 때문에 가방은 더욱 터질 듯해졌다. 덕분에 목은 편안해졌는데 어깨가 아프다.

오늘의 오르막은 라바날 다음 마을인 폰세바돈Foncebadón의 철 십자가에서 끝이 난다. 고도 1,500m. 넋 놓고 걷다 보면 저 멀리 마을이 봉 하고 나타난다. 목적지가 보이면 내 발아래로 역방향의 러닝머신이라도 추가된 듯 걸어도 걸어도 그대로 인 것 같다. 마을에 도착했음을 알리는 시멘트 길이 나왔다.

잠시 폰세바돈 바르에서 쉬었다 간다. 왜냐하면, 오늘 이곳 말고는 목적지에 도착하기 전까지 적당한 바르가 없다. 슈퍼를 겸하던 바르에서 콜라를 1유로에 사고 마사리페에서 샀던 과자를 같이 먹는다. 이곳에 쉬고 있는 순례자들은 여태까지의 거리만큼이나 긴 친분을 쌓았기 때문에 들어오는 거의 모든 사람과 서로를 알아본다. 이야기꽃을 피운다는 게 바로 이 모습이다. 그걸 보면 한참이나 외톨이 같은 내 신세가 두드러져 보인다. 너무 혼자인가 싶은 마음이 들었다가도 결국엔 이게 제일 편한 일이라는 결론에 도달하게 된다. 이 길 위에는 각자의 순례길이 있다. 그 사이에서 나는 조금 더 조용하고 정적이며 사색적이라고 생각한다. 더 많은 인간관계는 타인을 대할 때 훨씬 더 너그러운 마음을 가지게 해 준다지만, 글쎄. 나는 이미 틀린 것 같다.

쉴 만큼 쉬고, 다시 철 십자가로 향한다. 사실 이 길은 고민을 많이 했던 길이다. 건너뛸지 말지에 대한 고민이었다. 오르막보다도 내리막이 정말 고되다는 이야기가 많아서다. 산티아고로 향하는 순례길 중 가장 유명한 프랑스길, 이곳에서 겪는 난코스가 총 세 가지인데. 그중 1위는 첫날 피레네산맥을 넘는 여정이고 그 다음으로 바로 이 철십자, 마지막으로 오 세브레이로O Cebreiro로 가는 길이다. 길을 건너뛴다는 것에 관해선 전만큼 부정적이지 않게 되었다. 이미 나는 완벽한 완주의 카테고리에선 탈퇴했으니 앞으로의 날들을 생각해 무리하지 않고 싶었다. 그런 나를 여기까지 데리고 오게 한 건 철 십자가에 놓기 위해 한국에서 챙겨온 돌들 때문이다. 철 십자가 아래에 수많은 돌이 모여 하나의 언덕을 만들었는데, 그 돌들은 순례자들이 놓고 간 것이다. 소원을 적든 어떠한 의미와 기도를 하든, 그곳에 자신을 놓고 간다. 근심과 걱정을 담아 이곳에 놓고 홀가분하게 떠나는 마음을 얻을 수도 돌이라는 단단하고 변치 않을 속성을 이용해 굳은 의지와 안녕을 바랄 수도 있다. 나 또한 그런 것이 필요했다. 분명 오늘 여정이 지치고 힘들 테지만 가야 했다. 오르막을 올라가다 보면 전망대 비슷한 곳이 있다. 이곳에 서면 폰세바돈이 한눈에 보인다. 개인적으로 여기는 주민들이 사는 마을이라기보단 순례자들을 위해 만든 느낌이 드는 곳이었다. 이 전망대 이후로는 오르막이 생각보다 완만했다. 멈추지 않고 걷는 길, 오스트리아에서 온 아저씨가 내게 말을 걸었다. 한국인이냐고 묻더니만 나에게 온갖 케이팝 이야기를 꺼내 놓기 시작했다. 소녀시대와 나조차도 잘 모르는 걸그룹까지 언급될 때엔 정말 열성적인 분이구나 싶었다. 한국인들이 외국인에게 잘 묻는다는 '두유노~' 시리즈 중에 단골로 있는 '강남스타일'도 먼저 말을 꺼내실 정도였다.

폰세바돈에서 철십자가까지 2㎞가 걸린다는데 실제 체감 거리는 더 짧게 느껴진다. 그 어디를 가도 실제보다 더 멀게 느껴졌는데 유일하게 그러지 않았던 길이었다. 마주하게 된 철 십자가는 생각보다 크지 않았다. 그늘에 가방을 내려놓고 돌들을 꺼냈다. 작은 조약돌 3개에 이미 하고 싶은 말과 원하는 소원을 적어서 왔다. 평소 나를 잘 챙겨주는 친구, 그러니까 내가 산티아고로 출국하던 날에 나를 배웅해주러 인천 공항까지 와 줬던 친구의 아주 작은 돌도 함께 꺼냈다. 당시에 그 친구는 아일랜드로 워킹홀리데이를 가 있었기 때문에 한국보다는 좀 더 가까이에 있는 내가, 친구의 행복을 빌어주고 싶었다. 그녀가 내게 그랬듯이.

'나의 꿈에 대한 가호'
'가족의 행복, 평안한 안녕'
'내 모든 사람의 행복'

욕심 많은 내용으로 채워진 돌들을 내려놓았다. 친구의 이름 두 글자가 적힌 아주 작고 작은 돌은 철 십자가에 박았다. 이름과는 달리 기둥은 나무로 되어 있기에 여기저기 틈들이 있었다. 종교가 없어도 기도는 간절했다.

철 십자가를 뒤로하고 떠나는 길, 바로 시작된 내리막은 생각보다 수월해서 잠시 안심했었는데 이윽고 발 디딜 틈 없는 이상하고 좁은 길이 나오기 시작했다. 야생의 한복판을 헤매듯 수풀들을 헤치며 걸어야 하는 옵션까지 추가된 길이었다. 가방에 들어 있는 과일의 달콤한 냄새를 맡은 건지 주변에선 벌이 웡웡거렸다. 초등학생 때 벌이 내 목을 쏜 적이 있어서 그 고통이 얼마나 눈물 나는지 잘 알고 있기에 최대한 걸음을 서둘렀다. 그러다가 약간의 평지가 있는 그늘에 갑자기 도네이션 테이블이 튀어나왔다. 간이 매대 같은 것 위에 수박과 물, 음료수가 놓여 있었다. 이런 게 나온다는 얘기는 들은 적이 없어서 뜻밖의 기쁨을 느꼈다.

다디단 수박을 먹는다. 인증 사진을 찍는데 까무잡잡해진 손이 보인다. 장갑이 없으니 결국 손이 타고 있다. 뭐, 스틱 손잡이 부분의 검은 스펀지 때문에 물든 것도 어느 정도 있다. 주스를 하나 챙기고 전과 똑같이 2유로의 기부금을 넣었다. 고도가 높다 보니 주변 풍경이 전부 산이다. 우리나라처럼 나무가 막 울창한 게 아닌지라 저쪽 산의 길이 훤히 다 보인다. 덕분에 시선이 탁 트여 조용하고 편안한 마음이 든다. 다만 실상은 더위에 쪄 죽기 직전이다. 엘 아쎄보 직전에 만자린 *Manjarín*이 나온다. 마을까진 아니지만 바르 겸 알베르게가 하나 있다. 어제 묵은 알베르게에서 만난 대만인과 우연히 이 앞에서 만난 덕에 같이 도장을 받고 나왔다. 아마 혼자 들어갔으면 뭐라도 샀어야 했을 거다. 내부 분위기가 조금 그랬다. 그녀는 일정의 여유가 없어서 오늘 상당히 멀리까지 간다고 했다. 체력이 좋은 그녀는 빠르게 내 시야에서 사라졌다. 이대로 도착까지 쭉 내리막인 건가 싶었는데 갑자기 오르막이 시작되었다. 분명히 내가 조사하기로는 내리막만 있다고 했는데, 불길한 예감이 들었다. 이런 예감은 좀 틀려주면 좋은데 세상은 참 호락호락하지 않다. 싸했던 감각은 적중했다. 이 오르막은 곧 나올, 이 각도가 실화일까 싶은, 급경사의 내리막을 위한 전조였다. 이날 일기에 정확히 이렇게 썼다.

'이 죽일 놈의 돌들.'

내 발목을 아작 내겠다는 목표로 똘똘 뭉친 제멋대로 굴러다니는 돌들이 발에 챘다. 잠시 한눈을 팔거나 다른 생각을 하면 바로 발목이 삐끗할 정도로 길이 너무 좋지 않았다. 잘못 내딛는 걸음은 고대로 무릎 통증으로 이어졌다. 얼마나 등산스틱을 꽉 쥐고 걸었는지 손이 빨갛게 달아올랐다. 내리막 도중, 오늘의 목적지인 엘 아쎄보가 보였다. 그런데 너무 멀리, 까마득히 멀리 있어서 정말 좌절했다. 어떻게 도망갈 곳도 없다. 경사는 여전히 심하고 그늘이라곤 전무했다. 이러니까 순례길을 벗어나 도로로 내려가는구나 싶었다. 솔직히 택시라도 불러서 타고 싶을 지경이었다. 힘겨운 시간이 흘러는 갔지만, 정말이지 괴로웠다.

가시권 안에 제법 크게 들어 온 엘 아쎄보의 건물 지붕은 한국 기와에서 볼 수 있는 어두운 회색으로 되어 있었다. 약간 푸른 빛이 도는 그런 회색. 그래서 순간 내가 경주에 온 건가 싶은 착각도 했다. 마을에 도착했을 때 나는 반쯤 좀비 상태로 제일 먼저 있는 바르에 들어갔다. 이 마을 끝에 내가 묵을 알베르게가 있는데

도 그걸 못 참고 여기서 쉬었다. 다시는 걷고 싶지 않은, 겪고 싶지 않은 내리막이었다. 내 인생에서 두 번 다시 보지 않기를.

오늘 묵는 알베르게는 시설 면에선 여태까지 묶은 곳 중 제일 크다. 일반 호텔을 겸해서 운영하는 곳이라 그렇다. 단점으론 빨래는 할 수 있지만, 빨래를 널 수 있는 공간이 없는 곳이었다. 어쩔 수 없이 세탁기와 건조기를 쓸까 싶어 가격을 보았는데 세탁 5유로에 건조기 2유로였다. 가격이 비싼 편이라 저 정도 지출을 한 번의 빨래에 내는 건 너무 사치 같아서 그만두었다. 대충 먼지만 털고 다시 입어야지 어쩌겠는가, 이대로 빨면 널 곳이 없으니 마르지도 않을 것이다.

빨래 비용을 아낀 덕에 오늘 저녁은 이 알베르게에서 진행해주는 순례자 메뉴를 먹기로 했다. 전에 혼자 먹었던 때와는 달리 식사 시간이 되자 식당에 사람들이 바글바글했다. 식전 빵은 한 바구니에 여러 명 분이 나오기에 세네 명이서 함께 합석해야만 했는데 고맙게도 같은 방을 쓰던 한국인 분이 함께 하자며 손을 내밀어 주셨다. 그분은 이미 이 순례길에서 아르헨티나 친구를 사귀어 동행하고 있었다. 스페인어를 잘하는 그녀는 이 길에서 정말 유리해 보였다. 언어가 된다면 그만큼 할 수 있는 일도, 알 수 있는 일도 많을 것이다. 식사 내내 둘이서 스페인어로 이런저런 대화를 하면서 나에게도 종종 한국어로 번역을 해서 함께 대화에 낄 수 있게 해주었다. 그녀는 유쾌했다. 정말, 이 순례길에 잘 어울리는 사람이라고 생각했다. 그녀의 이름은 정민 씨였다.

순례자 메뉴는 전과 같이 전식, 본식, 후식 구성으로 나온다. 이 중 제일 맛있었던 건 하몽과 멜론이 같이 나온 전식이었다. 본식으로 나온 닭고기 스테이크는 매우 짰고 후식의 초코아이스크림은 평범했다. 다만 이 길에서 아이스크림을 만나는 사치를 느낄 수 있어서 좋았다.

열일곱째 날 | 46,568보 | 32.88㎞

엘 아쎄보에서
폰페라다까지

2019-07-20 | 열여덟째 날 | El Acebo ~ Ponferrada

　새벽 5시. 모두가 잠들어 있을 이 시간에도 저 멀리 어둠 속에 자잘한 빛들이 길게 늘어서 있다. 바로 저기가 오늘의 목적지인 폰페라다*Ponferrada*. 규모가 있는 큰 도시라서 오늘은 저기서 1박을 하고 넘어갈 예정이다. 걷기 시작한 지 얼마 되지 않아 도로를 따라서 잘 꾸려져 있던 길이 어제의 악몽을 재현하는 나무 사이의 돌길로 이어졌다. 입구에서 아주 잠깐 고민을 했다. 정석대로 걸을 것인가 아니면 나의 몸 상태를 위해 도로로 우회를 할 것인가. 그 고민에 대한 해답을 내리기 전 어제 계속 위태롭게 꺾이던 발목과 삐걱거렸던 무릎이 떠올랐다. 사실 답은 정해져 있던 것이다. 도로로 몸을 틀었다.

　이른 시간인 데다가 토요일이어서 다행히 차가 한 대도 지나가지 않았다. 우회로는 순례길보다 거리가 짧아서 위험하지 않게 첫 번째 마을까지 무사히 도착했고 이다음인 몰리나세카*Molinaseca*로 가는 길목에서 다시 노란 화살표와 만났다.

산 정상을 한 번 찍고 내리막을 타게 되는 순례길과 그냥 쭉 내리막을 걷는 도로에서 또 고민한다. 이젠 날이 얼추 밝아지기 시작해서 산속이어도 바닥은 잘 보일 테지만 이미 도로로 걷는 편안함을 맛봤다. 이번 도로 길은 순례길보다 더 많은 거리를 걸어야 하지만 이번에도 선택은 우회다. 열심히 걸어 내려가는데, 저 멀리 보였던 폰페라다가 아직도 저 멀리에 보인다. 가까이 다가갈수록 산이 더욱 커져서 곧 시야에서 아예 가려졌다. 날이 환해지며 조용하던 도로에 차들이 하나둘 나타나기 시작했다. 큰 차가 부앙 하고 지나갔다. 그때는 다행히 도로 옆에 사람 한 명쯤은 걸을 수 있는 여유 공간이 있었다. 문제는 도로 길이 점점 굽이치더니만 이젠 그 공간조차 없어졌다. 절벽 쪽 아스팔트가 무너져 있었고 가드레일도 떨어져 나간 위험한 도로가 나타나고 나서야 괜히 이 길로 왔나 싶었다. 하지만 이미 돌아가기엔 너무 늦었다. 빨리 걸어서 이 길을 벗어나는 것밖에는 답이 없다. 경보 대회라도 나간 듯 정말 부지런히 걷는 사이 차 몇 대가 더 지나간다.

'큰일이네, 언제 마을이 나오지?' 점점 마음이 조급해진다.

드디어 마을이 나타나고 사람이 걸을 수 있는 보도블록에 딱 올라가자마자 안도의 숨을 내쉬었다. 이 위험한 도로 길을 2시간이나 쉬지 않고 빠르게 걸었다. 아마 아까 노란 화살표를 따라 산으로 갔다면 이것보다 배로 걸렸을 것이다. 어제 엘 아쎄보로 넘어오는 내리막은 다른 순례자들에게도 험난한 건 매한가지라서 그 여파로 지친 이들도 나처럼 오늘의 우회로를 탄다고 한다. 다만 걸으면서 느낀 건, 이 길을 선택할 거면 꼭 차가 없는 어스름한 새벽에 통과해야 한다는 것이다. 그리고 도로 상태가 좋지 못해서 계속 주의를 하며 빠르게 내디뎌야 한다. 위험한 길이었지만 만약 나에게 다시 길을 고르라고 한다면 나는 변치 않고 또 여길 선택할 것이다. 무릎과 발목이 이미 제 상태가 아니지만 그렇다고 아예 포기해 버릴 순 없다.

몰리나세카는 강을 낀 도시다. 유럽 여행을 하면서 한 가지 얻게 된 증명은, 강이 있는 도시는 무조건 아름답다는 것이다. 다리를 건너 강가 앞 바르에 자리를 잡았다. 크루아상, 따뜻한 커피, 오렌지 주스까지 총 4유로의 아침을 지불했다. 바깥 테이블에 앉았는데 햇빛 없는 그늘인 데다가 차가운 강바람까지 불어서 마치 초가을의 쌀쌀함이 느껴졌다. 추위와 맞서며 아침을 먹었다. 내 테이블 옆으로 어제 같은 방을 썼던 대만인들이 앉았다. 또 하루 봤다고 서로 반갑게 인사를 하며 대화가 시작됐다.

"오늘이 며칠째예요?"

"저 18일 차요."

"근데 벌써 여기예요? 진짜 빠르네요."

"아니에요, 버스 몇 번 타서 그래요. 오늘은 어디까지 가세요?"

"저희가 일정이 좀 급해서 오늘 30㎞를 가야 해요."

30㎞라… 체력이 좋은 친구들이었다. 그나저나 이 길에 한국인 만큼이나 대만

인도 많았다. 이 친구들이 벌써 몇 번째 대만 사람인지 모른다.

"근데 여기 대만 분들도 진짜 많이 오시네요."
"그러게요, 저희도 많이 만났는데 왜 이렇게 많이 오는지 모르겠어요."
"지난번에 만난 다른 대만 분은 유튜브 이야기를 하시던데요?"

그때 까리온을 향해 함께 걸었던 대만 친구가 그런 말을 했었는데 저들은 금시초문이라는 반응이다. 뭐, 다들 각자의 이유가 있겠지. 거창한 이유가 없는 사람들도, 말하기 힘든 인생의 고난에 부딪혀 도망치듯 온 사람들도 있을 것이다. 그 이유야 대화를 일일이 나눠보지 않으면 알 수가 없다.

마을 자체가 아름다워서 관광지로도 유명한지, 지금까지 오면서 보지 못한 고급 식당들과 자잘한 호텔들이 몰리나세카에 여럿 있었다. 그 구간을 지나면 도로를 따라서 비슷하게 생긴 귀여운 단독주택들이 쭉 나열되어 있었는데 색깔마저도 알록달록했다.

오전인데도 오후만큼이나 덥다. 사실 폰페라다에 멈춘다는 건 확정은 아니었다. 상황을 봐서 더 걷게 되면 그렇게 하지 싶었는데, 이 더위에 구워지는 내 신세를 보자니 딴생각할 필요는 없었다.

약간의 언덕을 넘고 나면 길이 갈라진다. 흙을 따라서 걷는 것과 다른 길은 부촌을 지나가는 보도다. 공식적으론 흙길이 맞는데 고급 주택을 구경할 겸 보도 블록을 택했다. 다양한 집들이 경사로를 따라 얹어져 있다. 대부분이 수영장과 광활한 잔디 마당을 가진 으리으리한 이층집이다.

작은 계곡이 흐르는 높은 다리를 건너, 철길 아래 짧은 터널을 지나 폰페라다로 들어왔다. 알베르게에 가기 전 메르카도나 슈퍼에 들렀다. 지난번 팜플로나에서 샀던 바디워시 겸 샴푸를 다 썼기 때문이다. 대충 그런 용도인 제품으로 추정되는 것을 사서 나왔다. 쨍한 햇빛 아래를 걸으며 알베르게를 찾아간다. 갈리시아 지방은 비가 많이 온다는데 아직 레온 지방이어서 날씨가 좋다. 숙소 앞에 도착하니 10시 14분. 상당히 이른 시간인데 더 걷고 싶은 욕심이 없어서 체크인이 가능한 11시까지 기다렸다. 알베르게에서 직접 돈을 내면 12유로인데, 사이트를 통해 예약했더니 수수료 1유로가 더 추가되었다. 그래도 덕분에 1층 침대로 배정을 받았다. 처음엔 2층으로 받았었는데 예약할 당시에 1층 침대로 부탁한다고 적은 요청 사항을 뒤늦게 확인한 직원이 1층 침대로 바꿔주었다.

일단 엘리베이터가 있다는 점이 좋다. 방도 깨끗했다. 7인실 방에 화장실 1개, 샤워실 1개, 세면대 2개. 내가 체크인 할 때 다른 남성분도 같이 하셨는데 짐을 놓고 어디로 나가시길래 재빨리 먼저 샤워를 했고 빨래하기 위해서 지하로 내려갔다. 빨래하는 곳 바로 옆에 빨래를 널어야 한다. 별도의 외부 공간이 없기 때문인데, 실내라서 잘 마를지 모르지만 일단 널었다.

할 일을 전부 끝내고 밖으로 나왔다. 도시는 매우 마음에 들었다. 템플 기사단의 성이 바로 나타났고 그다음엔 넓은 강이 있었다. 길거리엔 옷시장이 열려 있었다. 딱히 살 건 없었지만 슥 구경을 했다. 도시의 규모는 어떤 프랜차이즈가 들어와 있느냐로 가늠 할 수 있는 것 같다. 이 마을에도 중식 뷔페인 웍이 있어서 거기서 식사를 해결하기로 했다. 일단 먼저 근처 약국에 갔다. 어제 언급한 대로 지금 벌레 알레르기 때문에 바르는 약을 사러 간 것이다. 물린 곳이 꽹장히 가려운데 수포 같은 게 생겨 있어서 긁을 수도 없었다. 번호표를 뽑고 기다린 지 얼마 되지 않아 내 차례가 되었다. 스페인어는 할 줄 모르니 소매를 걷어 직접 부위를 보여드리자 직원분이 엄청 심각한 표정으로 바라보셨다. 바르는 약을 9유로가량 주고 샀는데 눌러보니 무슨 클렌징폼과 같은 거품이 나왔다. 스페인어를 할 줄 모르니 이걸 도대체 어느 타이밍에 써야 할지 알 수가 없었다. 이따가 숙소에 가서 번역기로 자세히 찾아보기로 하고 일단 식당에 갔다. 워낙 홀로 여행 다니는 일이 많아서 혼자 식사를 하는 건 괜찮았는데, 식당에 손님이 너무 없었다. 나를 빼고는 딱 한 팀. 잘못 왔나 괜히 의심을 한 번 하고 음식을 가지러 갔다. 여기서 제일 먹을만한 게, 즉석구이가 되는 것들이다. 방식은 전과 똑같다. 새우, 딱새우, 삼겹살 같은 것을 날 것으로 가져가면 그것에 맞춰 바로 구워서 준다. 소금을 참 많이

쳐서 꽤 짠데 어제 숙소에서 먹었던 대로 멜론이나 수박같이 단 과일과 같이 먹으면 어느 정도 중화가 된다. 단짠 단짠. 천천히 느긋하게 후식까지 꼼꼼히 챙겨 먹었다. 식사비 결제는 카드로 했다. 이제 현금이 얼마 남지 않아서 아껴야 했다.

돌아오는 길, 잡화점에 들러 손톱깎이도 사 왔다. 기본적인 용품인데도 챙기는 걸 깜빡했다. 다행히 비싸진 않았다. 일찍 체크인한 덕에 시간은 많이 남아돌았다. 시내를 돌아다니며 사람들을 구경했다. 벤치에 앉기도 하고 거리를 기웃대기도 한다. 오기 전에는 이런 소소한 시간을 자주 가지고 싶었는데, 마음같이 되진 않는다. 그래도 오늘은 어느 정도 되는 날이다.

열여덟째 날 | 33,906보 | 24.97㎞

폰페라다에서
비야프랑카 델 비에르소까지

2019-07-21 | 열아홉째 날 | Ponferrada ~ Villafranca del Bierzo

요 며칠 계속되었던 불면에서 벗어났다. 어제 점심에 밥을 양껏 먹었고 또 그만큼 시내 산책도 한 덕분인 것 같다. 더불어 알베르게의 침대와 베개도 호텔처럼 좋았다. 더 자고 싶은 욕구에 부응해 30분 정도 늦게 일어났다. 그래도 아직 모두가 잠들어 있다. 평소와 같이 짐을 방 밖으로 빼내면서 조용히 움직이는데 내 침대 위층을 쓰고 있던 한국 여성분도 일어나셨다. 어제저녁쯤 체크인을 하셨는데, 레온에서 폰페라다까지 기차를 타고 왔고 오늘 처음으로 순례길을 걷는다고 하셨다. 목표는 24㎞라는 말에 아마 쉽지는 않을 거라고 대답해드렸다. 초반엔 나 또한 만만하게 봤었던 숫자다. 30㎞도 할 만하겠지, 했었던 오만이 있었다. 사실 저건 아무리 말해봤자 소용이 없다. 본인이 직접 걷고 실체와 마주해야 알 수 있다. 자신의 체력과 길의 구성 등. 노란 화살표만 잘 따라가면 된다는 조언을 하고 먼저 알베르게를 나왔다. 짐을 챙기는 나를 보며 같이 걷고 싶어 하는 것 같았지만 나는 혼자 걷는 것이 맞는 사람이라는 걸 지난 경험으로 확실히 깨달았다.

대도시는 여러모로 편리한 것들이 많지만 순례길에서 겪는 단점으로는 도시 자체를 빠져나가는 데에 체력 소모가 많다는 것이다. 레온보다도 더 길게 느껴졌던 폰페라다. 아무 생각 없이 직진만 계속하던 중 잠들 줄 모르는 시끄러운 클럽을 만났다. 건물이 길에서 멀리 떨어져 있었음에도 음악 소리가 어찌나 컸던지, 클럽 주변에 있는 주택가를 보면서 저 사람들 잠은 괜찮은 건가 싶었다. 술에 취해 비틀거리며 고성방가를 하는 젊은이들을 지나칠 땐, 취중에 괜히 시비가 붙을까 봐 좀 빨리 걸었다. 그러는 사이에 뒤로 해가 뜬다. 어제처럼 아주 멋진 일출이 뜬다. 마치 지는 석양의 빛깔 같다.

그나저나 3km만 걸으면 첫 번째 마을이 나온다는데 생각보다 너무 안 나와서 이렇게나 느린가 싶은, 좌절감도 들었다. 드디어 마을에 도착했다. 캄포나라야 *Camponaraya*라는 이름을 보며 내가 어디까지 왔나 지도로 확인을 하는데… 어라? 이 마을은 오늘 여정 중에 4번째로 등장해야 하는 마을이었다. 그제야 내가 순례 길이 아닌 일반 길로 쭉 직진해왔다는 사실을 깨달았다. 어쩐지 아까 클럽도 그렇고 너무 안 나온다 했다. 마을엔 콸콸 흐르는 하천이 있고 후미에는 포도 덩굴이 그려진 순례자 동상이 있다. 마치 오늘은 광활한 포도밭들을 만나게 될 것이라고 예고하는 것 같다. 여지없이 오르막과 내리막을 번갈아 탄다. 마을이 금방 나오진 않는데 화장실이 급해져서 더욱더 길게 느껴졌다. 긴박한 순간이다.

광활한 포도밭과 함께하는 오늘

카카벨로스*Cacabelos*에 들어오고서 무조건 첫 번째 바르에 들어가야지 라고 생각했는데, 그 첫 번째 바르의 주인분이 나와서 호객행위를 하길래 지나쳤다. 나는 호객 행위를 정말 싫어하는 사람이라서 그런 걸 보면 오히려 청개구리가 된다. 두 번째 바르는 어두컴컴한 분위기라 지나쳤고 나머지 몇 군데도 사람이 없어서 통과. 이러다가 마지막 바르도 놓친 채 계속 걷게 될까 봐 이젠 정말 아무 데나 들어가자, 라고 생각했을 때 사람들이 제법 있는 바르가 나왔다. 더 잴 것도 없이 바깥 테이블에 가방을 내려놓고 주문을 하러 안으로 들어갔다.

커피 한 잔을 시켰는데 서비스로 추로스가 같이 나왔다. 바르에서 직접 뽑아 튀긴 듯한 생김새. 이렇게 해서 1.1유로라니, 가격도 좋다. 주민들이 계속 왔다 갔다 하는 걸 보니 마을에서도 이 바르의 인기가 좋은 모양이었다. 오랜만에 제대로 뭔가 잘 찾아 들어 온 것 같아서 뿌듯했다. 천천히 앉아 쉬는데 할아버지 한 분이 신문을 들고 옆 테이블에 자리를 잡으셨다. 할아버지껜 검은색 미니핀이 함께 했는데, 내가 신기한지 강아지가 계속 나를 쳐다봤다. 안 보는 척하면서 흘깃하며 보는데 그 티가 다 났다. 겉보기에 사약 같아 보이지만 맛은 연했던 커피를 다 마시고 빈 잔을 카운터로 다시 반납했다. 보통은 그냥 놓고 가도 된다는데 워낙 다시 가져다주는 문화에 익숙해져서 나는 이게 더 편하다. 큼지막한 가방을 메자 내 덩치가 더 커 보이는지 미니핀이 나를 경계했다. 가볍게 손을 흔들며 안녕을 해주고 다시 발을 움직였다.

좋은 바르에서 잘 쉬었다.

 카카벨로스는 마을 중심부가 되게 아기자기하게 꾸며져 있었다. 건물 사이에 걸린 각양각색의 가랜드라던가 순례자 그림 같은 것이 그랬다.

 오늘은 일요일이었기에 평소와 달리 종교 건물 주변으로 사람들이 많이 보였다. 도로 옆 보도를 따라 걷는 길, 뒤로 내리쬐는 태양에 등이 더운데 이것보다 더 무서운 건 태양의 위치가 바로 내 앞으로 바뀌게 되는 오후 시간이다. 정면으로 마주한다는 건 패배자의 느낌이 들게 한다. 오늘은 온종일 옥수수밭 대신 포도밭과 함께한다. 남은 거리 200.20㎞ 이제 곧 맨 앞자리 숫자가 바뀐다. 참고로 우리나라가 큰 숫자를 끊어 쓸 때 쉼표를 쓰고 소수점 구분에 점을 쓰지만, 유럽은 정반대다. 예를 들어 우리나라가 이만사천을 24,000이라고 쓴다면 유럽은 24.000이라고 표기한다.

도로를 따라 몇 채의 건물이 전부인 삐에로스*Pieros*를 지나, 앞서 걷는 순례자를 따라 걷고 있는데 갑자기 그가 뒤를 돌아 이 길이 맞냐고 물어본다. 뭔가 싶어서 지도 앱을 켜보니, 순례길을 벗어나 있었다. 그가 물어보지 않았더라면 이대로 계속 멀어질 뻔했다. 하지만 분명 노란 화살표를 따라 온 것인데… 이상했다. 그리고 제대로 찾아간 순례길은 그보다 더 이상한 도로 길이었다. 오히려 이 길이 순례길이 맞나 싶은 게, 말 그대로 도로의 흰 선을 따라 걷는 길이었다. 아스팔트 옆으로 여유 공간이 별로 없었다. 내리막 2차선 도로. 다행히 차가 많은 편은 아니었다. 차가 지나간 후 조용해질 때면 저 멀리 소들이 내는 워낭 소리가 여기까지 들렸다. 도로가 오르막에 접하기 직전에 너른 쉼터가 나왔다. 크지는 않지만 내 몸 하나 쉴 정도의 그늘을 만드는 나무 아래에 자리를 잡고 앉았다. 목을 축이고 잠시 나의 상태를 점검한다. 토시는 이미 끝이 해져있다. 스틱을 잡고 걷기에 늘 새까매지는데 그걸 또 깨끗이 하겠다고 빨다 보면 점점 더 낡아진다. 아침엔 깨끗했던 레깅스가 종아리 중간까지 잔뜩 흙이 묻어 있다. 신발과 양말도 잔뜩 흙이 묻었다. 흙먼지 날리는 건조한 구간을 걸어온 후부턴 계속 이런 상태다.

힘겨운 길 중간에 대놓고 택시라고 쓰인 큰 광고판을 만났다. 아주 적절한 타이밍에 순례자들을 유혹한다. 지금은 별로 구미가 안 당기지만 아마 이틀 뒤에 걷게 되는 오 세브레이로 올라가는 길에서 몹시도 부르고 싶어질 것 같다. 아직 갈 날이 멀었는데도 벌써부터 그것만 생각하면 걱정이 앞선다. 프랑스길 3대 고난 중 마지막 관문. 이미 첫 번째와 두 번째에서 크게 데였기에 벌써 두려운 것이다. 아는 것은 힘이기도 한데 이럴 땐 독이다.

비야프랑카 델 비에르소Villafranca del Bierzo는 중세 도시로서 '작은 콤포스텔라'라는 별명을 가진 마을이다. 더불어 한국에서 유명했던 알베르게 운영 리얼리티 쇼의 그 촬영지이기도 하다. 공립 알베르게는 마을 초입에 있는데 내가 묵을 곳은 아니다. 아직 확정은 아니지만, 촬영지로 쓰였던 그 알베르게로 갈 생각이었다. 샤워실이 굉장히 비좁다는 혹평이 난무한 곳이지만 내부를 실제로 보고 싶다는 마음이 있었다. 중심지까지 가는 데는 한참이지만, 쭉 완만한 내리막이다.

등산스틱의 사용은 이제 내 몸의 일부처럼 자연스러워졌다. 전엔 내리막에서 다치지 않으려 중심을 잡는 데에 썼고 오르막에선 힘을 분산시키기 위해 썼었지만 이젠 평지에서도 항상 쓴다. 손이 붓는 것을 방지하기 위해서다. 손이 내려져 있는 상태로 오래 걷게 되면은 피가 쏠려 정말 퉁퉁 붓는다. 기다리면 나아지긴 하지만 열도 많이 나고 뭔가를 잡는 데도 불편하다. 당연히 주먹도 쥐어지지 않는다. 그래서 이 이후부터는 계속 스틱을 쓰면서 손을 일정 높이 이상 유지하고 있다. 그 뒤로는 이런 증상이 사라졌다.

알베르게를 찾아 들어갔는데 차가 엄청 많이 주차되어 있었다. 이게 뭔 일인가 하며 리셉션을 찾아 들어갔는데, 안에 관계자가 없었다. 기다리면 오겠지라는 생각으로 그저 앉아 있는데 순례자가 아닌 이들만 엄청 왔다 갔다 하고, 뭔가 정신이 없어 보였다. 30분을 넘게 기다리면서, 이젠 어디든 들어가서 빨리 정리하고 쉬고 싶단 마음이 들었다. 결국 나타나지 않은 관계자로 인해 이 알베르게는 포기하고 다른 곳으로 갔다. 이 마을에서 좋은 후기가 많던 알베르게였는데, 다들 그 소문을 들은 건지 한국인이 정말 많았다. 나는 2층 7인실의 단층 침대를 배정받았다. 출입문과 좀 떨어진 발코니 옆자리였다. 나머지 2층 침대 3개는 같이 체크인한 한국인 남성 단체 분들이 사용하셨다. 전부터 여행을 다닐 때 늘 혼성 도미토리를 사용했고, 프랑스에서 지낼 때도 남녀 공용 샤워실을 사용했기에 그런 점에 있어서 거부감은 없었다. 당연히 칸막이가 있다. 다만 칸막이 안에서 샤워 후 옷을 입고 나왔을 때 바로 옆에서 나온 남자분이 한국인이면 아주 조금 민망하긴 했다. 어쨌든 내 방의 남녀성비는 관심 없었다. 그저 내가 단층 침대를 배정받았다는 사실이 기쁠 뿐이었다. 샤워는 3층에서, 빨래는 지하에서 했다. 이곳은 탈수기 사용한 후 어느 정도 물기가 털어진 빨래를 3층에 있는 건조대에 널어야 했는데 아주 큰 다락방 같은 곳이었다. 할 일을 다 끝내고 누워서 쉴 법도 한데 밖으로 나왔다. 가방에 있던 머핀과 납작 복숭아도 먹었는데 뭔가 허했다. 그렇다고 식당에 돈을 쓰기엔 자금 사정이 조금 애매해서 일단은 참았다. 식료품점을 기웃거리다가 마을에 있는 마트에 가본다. 일요일이라서 별 기대는 없었는데, 웬걸 오후 2시까지 열려있었다. 내가 도착했을 때가 딱 2시여서 셔터를 내리는 모습을 실시간으로 보았다. 숙소를 나오자마자 왔으면 뭐라도 샀을 텐데, 아깝다.

숙소에서, 엘 아쎄보에서 만났던 정민 씨를 또 만났다. 어제 숙소에서도 체크인할 때 봤으니 벌써 삼 일째 마주치는 것이다. 어느 숙소에 간다고 말을 하지도 않았는데 계속 겹치는 게 신기했다. 순간 어제 폰페라다에서 샀던 약이 생각나서 그걸 가져왔다.

"이거 어제 제가 폰페라다에서 산 건데, 제가 스페인어를 할 줄 몰라서요. 이거 그냥 이 상태로 바르면 되는 건지 혹시 읽어 봐주실 수 있어요? 벌레 물린데 자꾸 수포가 생겨서 산 거예요."
"아, 그러면 이거 친구한테 물어볼게요."

그녀가 잠시 약을 들고 친구에게 갔다 왔다.

"이거 그냥 씻고 나서 충분히 흔들고 바르면 된대요."
"아, 그렇구나. 고마워요."
"혹시 메신저 아이디 있어요? 전 내일 버스 타고 사리아로 넘어갈 거라서, 알베르게 정보 미리 알려드릴게요."

"아, 정말요? 그래 주시면 저야 감사하죠."

그렇게 이 길에서 처음으로 메신저에 새로운 인물이 추가되었다. 그녀에 관한 이야기를 좀 더 해보자면 일을 그만두고 이곳에 홀로 왔고 이번이 두 번째라고 한다. 그래서 힘든 걸 뻔히 아는 오 세브레이로를 건너뛰는 것이라고 했다. 엘 아쎄보로 가는 길도 엄청 힘들지 않았냐는 나의 질문에 자기도 처음 순례길 왔을 때 그 구간이 힘들었었기에 이번엔 건너뛰려 했건만 까먹고 자기도 모르게 걸었다고 했다. 나는 절대 잊지 말아야지. 엘 아쎄보.

마땅히 할 일이 없으니 잠만 잤다. 중간중간 잠에서 깼지만, 또 금방 잠이 왔다. 같은 방을 쓰는 남자분들은 어딜 간 건지 계속 보이지 않았다. 알고 보니 이날이 2004년도부터 시작된 *Fiestizaje*라는 음악 문화 축제 기간인지라 마을 근처 수영장에서 큰 파티가 있었다고 한다. 어쩐지 마을 자체가 뭔가 부산스러운 데다가 물놀이 차림의 사람들과 함께 알 수 없는 클럽 음악 같은 게 들렸었다. 이럴 때를 위해서, 여름 산티아고 순례길에서는 수영복을 챙기는 것이 좋다.

오후 7시, 갑자기 들려오는 노랫소리에 잠에서 깼다. 발코니로 나가니 수도복을 입은 사람들의 행렬이 이어지고 있었다. 그 뒤로 시민들이 따라 걷는 모습을 구경했다. 이곳은 나름의 명당이었다.

열아홉째 날 | 36,813보 | 26.24km

비야프랑카 델 비에르소에서
라스 에레리아스까지

2019-07-22 | 스무째 날 | Villafranca del Bierzo ~ Las herrerías

발코니 자리가 마음에 들었었는데, 간밤에 바람이 엄청나게 많이 불어서 문이 뜯겨나가는 줄 알았다. 문이 좀 열려 있었는데 일어나서 닫을 생각은 안 하고 침 낭을 꼭 덮고 잤다. 문을 닫으면 공기가 답답할 것 같아서 차라리 상쾌한 찬 공기 를 택했다.

아침에 짐을 챙기면서 많은 생각을 했다. 돌이킬 수 있는 마지막 찬스는 지금 뿐이었다. 이대로 걷기를 시작한다면 꼼짝없이 오 세브레이로까지 올라가야 한 다. 내려 올 때는 자전거를 빌려서 한 번에 내려 올 수도 있다고는 하는데, 일단 올라가는 건 선택지가 없다.

그래, 일단 가자.

비야프랑카를 지나서 트라바델로*Trabadelo*까지 가는 방법은 두 가지다. 산을 타거나 도로를 걷거나. 이른 시간의 산은 가시거리 확보가 안 되는 데다가 난이도도 꽤 있기 때문에 결국 도로를 선택했다. 나 혼자 도로를 선택한 줄 알았는데 다른 순례자들도 여럿 있어서 외롭진 않았다. 평소에도 이 도로 길을 선택하는 이들이 많은지 도로 한 쪽에는 1m 높이의 두꺼운 콘크리트 구조물이 보행로를 구분 짓고 있었다. 그것 하나만으로도 안심이 된다. 굽이친 도로를 지나자 첫 번째 마을을 순식간에 지나 다시 또 도로를 한참 따라 걸었다. 왼편으로 널찍한 휴식공간이 나오면서 트라바델로 마을 간판이 나왔다. 한참 더 걸어 마을 초입에 도착했는데 호텔을 겸하고 있다는 바르 광고판이 눈에 들어왔다. 순례길이 아닌 쪽으로 걸어야 하지만 다시 금방 순례길로 접할 수 있기에 그곳을 택했다. 한적한 테라스에 앉아 커피를 마신다. 아침 대용으로 가방에서 작은 머핀 2개를 꺼냈다. 이 머핀은 전부터 계속 함께하고 있는데, 맛있어서 먹고 있는 건 아니다. 전에 마트에 갔을 때 대용량으로 싸게 팔길래 산 것뿐이다. 하도 매일 먹어서 친구들은 내가 저 머핀을 좋아해서 먹는 줄 알고 있었다. 세상엔 이것 말고도 맛있는 게 훨씬 많다. 단지 지금 없을 뿐이다.

마을이 순례길을 따라서 늘어서 있기 때문에 건물 보는 재미가 있다. 특이하거나 마음에 드는 것은 대부분 사진을 찍는다. 초반엔 참 열성적인데 어느 순간 사진의 양이 점점 줄어드는 기점이 온다. 지치기 시작했다는 증거다. 이제 더 이상 내가 어느 정도 왔는지, 얼마를 더 가야 하는지 확인하지 않게 된다. 나의 위치를 확인 사살당하면 사기가 저하된다. 오, 생각 보다 많이 왔는데? 라는 건 꿈만 같은 일인지라 겪어 본 적이 거의 없다.

오늘은 계속 도로다. 주유소와 큰 호텔도 만났고 언덕에 잔뜩 깔린 태양광 패널

도 보았다. 4㎞를 걸어서 나타난 발카르세Valcarce. 이다음부터는 계속해서 마을이 연달아 나타나서. 덕분에 쭉쭉 나아가는 기분이 든다. 마치 내일의 고난을 위한 보상 같기도 하다. 나는 오 세브레이로까지 이틀에 걸쳐서 오르지만 많은 이들은 비야프랑카에서 한 번에 올라간다. 정말 대단한 일이다.

맑은 시냇물이 마을 중간을 타고 흐른다. 꽃이 치장된 집을 보면 나이가 지긋하신 할머니가 나오셔서 손으로 잔 것들을 뜯어내는 장면을 자연스럽게 상상하게 된다. 왠지 은발에 약간 곱슬기가 있으실 것 같다. 발카르쎄 다음 마을 이름도 또 발카르쎄다. 다른 건 이름 앞에 베가 데Vega de 가 붙어 있다. 궁금해서 찾아보니 스페인어로 Vega는 평원을 뜻한다고 한다. 이번 발카르쎄는 규모가 제법 되어서 은행도 있고 작은 슈퍼도 있었다. 오늘 내가 머무를 마을에도 슈퍼가 있다고 해서 여기서 사지 않았는데, 살 거면 여기서 사야 한다. 지친 몸으로 그늘진 벤치에 앉아 쉬었다. 오늘은 컨디션이 매우 좋지 않다. 어제 분명 그렇게 잠을 잤는데도 아침에 일어날 때 계속 피곤하고 졸렸다. 졸린 상태로 눈을 뜨면 그날 오전은 거의 반쯤 졸면서 걸어온다. 그게 굉장히 힘들다. 마치 잠을 못 자게 하는 고문을 당하는 것 같다. 그래서 자꾸 중심을 못 잡고 비틀거리며 걸어왔다. 발바닥도 아프고 전체적으로 난조였다.

도로에서 내려가 왼편으로 라스 에레리아스

드디어 나온 오늘의 목적지, 라스 에레리아스Las herrerías. 시원하게 흐르는 계곡 옆에 있는 나무엔 각자의 소원이 적힌 종이가 매달려 있다. 나의 소원은 이미 철 십자가에 놓고 왔으니 여기는 생략한다. 너무 많은 곳에서 소원을 빌면 들어주는 이가 헷갈릴지도 모른다. 나무보다도 그 옆의 물이 정말 깨끗해서 좋다. 시골은 시골인 모양이다. 이 마을에는 알베르게가 두 군데 있고 둘이 길 하나를 두고 나란히 있다. 가격 차이는 두 배. 5유로와 10유로, 5유로인 곳은 일회용 침대 커버 비용이 별도이기에 사실상 7유로와 10유로의 대결이다. 고민하다가 한 푼이라도 아껴보고자 저렴한 곳을 골랐다. 오전 11시 20분. 내가 고른 알베르게는 아직 문을 안 연 것 같고, 그 옆에 있는 알베르게는 바르를 겸하고 있어서 열려 있었다. 12시부터 오픈한다는 안내문을 보고 어쩔 수 없다고 생각하며 옆 알베르게로 가려는데 누군가 내게 말을 걸었다.

"뭐 도와줄까요?"

"아, 네. 여기 12시에 여나요?"

"네, 12시에요."

"그럼 저 기다려야 되는 거네요?"

"여기에 묵고 싶으세요?"

"네."

그러자 그가 휴대전화를 꺼낸다. 알베르게 스태프에게 전화를 대신 걸어주는 건가 싶었다.

"아, 전화하면 되나요?"

"아니요. 제가 직원이에요. 들어오세요."

그러면서 자연스럽게 알베르게로 들어가게 되었다.

"원래는 다들 기다리는데, 운이 좋네요."

라고 말하며 내게 물 한 잔을 주었다. 한 모금만 딱 깔끔히 마시고 내려놓을 생각이었는데 입안에 물이 들어가니 멈출 수 없었다. 결국 한 번에 원샷을 했는데 실내가 조용하니 목 넘김 소리가 어찌나 크게 들리던지. 멋진 소리라는 칭찬까지 받았다. 체크인을 끝내고 나무 계단을 따라 아무도 없는 2층에 올라갔다. 제일 먼저 오면 여유롭게 침대를 고를 수 있다. 내일 새벽에 일찍 출발할 것을 생각해 계단 근처로 자리를 잡았다. 침대 상태는 그저 그랬지만 샤워실이나 화장실은 괜찮은 편이었다. 다만 여긴 주방이 없다. 그래서 식사를 해결할 방법은 식당을 가거나 빵 같은 걸 사서 때우는 수밖엔 없다. 아까 초입에서 봤던 식당이 평이 좋던데. 안 그래도 혹시 몰라 메뉴판을 찍어왔다. 숙소에서 가기엔 거리가 좀 있어서 고민했지만 요즈음 부실했던 끼니를 생각하며 식당으로 향했다. 이 더운 날에 벌레와 햇빛을 막고자 바람막이를 입고 걸어야 하는 신세는 내가 봐도 가엾다. 최대한 있는 그늘 없는 그늘을 다 끌어모아 걸었다.

식당 테라스에 앉았는데 직원이 내 존재를 모르는 것 같아서 메뉴판을 직접 받으러 안으로 들어갔다가 반가운 얼굴을 만났다. 택시 할머니다. 반갑게 인사를 한다. 할머니는 이곳에 묵으실 생각인 것 같았다. 이곳은 식당 겸 호텔도 같이 한다. 본식, 후식이 나오는 8.5유로의 순례자 메뉴를 먹을까 하다가 전식이 추가된 오늘의 메뉴Menu del dia를 골랐다. 14유로에 볼로네제, 닭다리 구이와 감자를 선택했다. 볼로네제는 이 길에서 꼭 한번 먹어보고 싶었던 음식이었는데 하도 식당을 안 가니까 마주칠 기회가 별로 없었다. 일반 토마토 스파게티랑은 다른 것이, 꽤 맛있었다. 전식에서 이미 배가 불렀기에 닭 다리부터는 과식이다. 껍질을 빼고 살만 발라 먹었는데 역시나 좀 짰지만 괜찮았다. 그리고 대망의 디저트 타임. 디저트는 늘 변동이 있으니까 직원이 따로 설명하러 온다. 그리고 나는 그걸 알아듣고 메뉴를 골라야 한다. 나름의 퀴즈 시간이다. 세 가지의 디저트가 있었는데 일단 첫 번째는 듣기 평가 탈락, 두 번째에서 푸딩을 알아들었고 마지막 것이 카페 콘 레체 Cafe Con Leche, 카페라떼였다. 나의 선택은 푸딩. 말랑말랑 한 것이 아니라 조금은 딴딴한 푸딩이었다. 사실 단 것에 그다지 열광하는 편은 아니다. 특히나 푸딩은 더더욱 이다. 태어나서 여태까지 다섯 번도 안 먹은 것 같다.

파라솔 아래에 있으니까 먹는 동안은 바람막이를 벗고 있었다. 주변에 아무도 없으니 눈치 보일 것도 없건만, 벌레 물린 곳이 여간 신경 쓰이는 게 아니다. 폰페라다에서 구매한 약을 쓰고 나서부터는 바른 부분까지 벌겋게 부어 버렸다. 예전부터 피부와 관련된 약은 한 번에 맞는 걸 찾기가 어려웠다. 항상 약이 잘 안 맞아서 다른 거로 바꿔야만 했는데 이 약도 나에겐 안 맞는 모양이어서 결국 바르는 걸 중지했다. 벌레에 자주 물리는 것은 마을을 돌아다니는 일이 늘어서 그렇다. 초반엔 몸 상태가 안 좋아서 죽은 듯이 침대에 누워만 있었는데 이젠 그렇지가 않게 됐다. 땀 때문에 물리는 건가 싶었는데, 씻고 나서도 나중에 보면 어딘가 생겨 있다. 물려도 너무 물리니까 내게서 벌레를 끌어모으는 특정한 호르몬이라도 나오는 게 아닐까 싶을 지경이다. 불행 중 다행인 건 계속 가렵진 않았다. 일종의 알레르기와 비슷한 것 같아서 한국에서 챙겨온 항히스타민제를 복용했고 다행히 그 뒤로 조금씩 호전되었다.

아무도 없는 테라스에서 밥을 먹는 동안 동네 떠돌이 강아지가 나와 함께 했다. 작은 크기의 긴 털을 가진 상아색의 강아지였다. 알베르게로 돌아오니 빨래를 널어둔 정원에도 개가 있다. 강아지라고 하기엔 크기가 정말 컸다. 색깔도 거무튀튀했는데 덩치만 컸지 순하디순한 녀석이었다. 몸을 웅크리고 자는 모습을 그 앞에 있는 흔들의자에 앉아 구경했다.

숙소에서 한숨 자고 일어났다. 아이스커피를 마시고 싶어서 옆에 바르로 갔다. 나름 머리를 써서 에스프레소 같은 것과 얼음을 별도로 받았다. 부어 마시는데 음, 이 맛이 아니다. 산티아고는 큰 도시니까 제대로 된 아이스 아메리카노를 먹을 수 있을 거라 기대해본다. 아무튼 바르를 이용한 덕분에 와이파이를 쓴다. 내가 묵은 알베르게에는 와이파이가 없다. 내가 가진 데이터로도 충분하겠거니 했는데 이런 시골에선 오늘처럼 안 터지기도 한다.

그늘인데도 덥다. 더운 열기가 몰려드는 시각이다. 시원한 콜라 한 잔 마시고 싶은데 이 바르에서 또 시키는 건 식상하니 자리를 옮겨 본다. 이 마을에 있다는 슈퍼에 가보는데 지금까지 본 어느 구멍가게보다도 물건이 없다. 바르를 겸하는 곳이어서 콜라 하나를 사고 얼음을 달라고 부탁했다. 1.5유로의 콜라를 마시며 테이블에 혼자 앉아 그림을 그린다. 바로 옆에서는 할아버지 네 분의 건전한 카드 놀이가 진행 중인데 통 봐도 무슨 게임인지는 알 수 없다.

아마도 내일은 도로를 타고 걷다가 마지막엔 산을 타는, 총 12㎞의 여정이 될 것 같은데 한 번 더 배낭 트랜스퍼 서비스를 이용해야 할지 고민이다. 사실 배낭을 보내도 2ℓ짜리 물과 여러 가지 짐들을 또 따로 챙겨야 한다. 게다가 배낭 도착 시각은 오후 2시가 넘어서라는데, 그렇게 되면 내가 먼저 도착해서 가방을 기다려야 할지도 모른다. 내가 가져온 내 짐인데, 내가 책임을 져야 하는 게 마땅하지 않을까 싶기도 하고… 갖은 생각이 든다. 일단 첫 시작에 산길을 타는 건 위험하니 도로로 우회를 할 건데 그렇게 되면 총 2~3㎞를 더 가야 한다. 거리의 양이 늘긴 했지만, 우회로까지 택했는데 가방마저 없는 건 너무 양심이 없을 것 같다.

스무째 날 | 35,112보 | 24.96㎞

라스 에레리아스에서 리냐레스까지

2019-07-23 | 스물한째 날 | Las herrerías ~ Liñares

대망의 날이 밝았다. 오 세브레이로O Cebreiro로 오르는 날. 어제 알베르게엔 일층 단체 룸을 빌린 3명을 제외하곤 2층에 나와 남성분 딱 두 명뿐이었다. 넓은 공간에 소수만 있는 것이 더 불편하게 느껴졌다. 소리가 크게 날 테니 뭘 하든 더 조심해야 했다. 게다가 체크인할 땐 몰랐는데 내 침대 근처 창가에 이상한 날벌레가 많아서 엄청나게 긴장하면서 잤다. 또 물릴까 봐.

마을에는 가로등이 쭉 서 있기 때문에 나왔을 때 어둡다고 느끼진 못했다. 마을의 마지막 건물이 나오기 전까지는 그랬다. 갑자기 가로등이 사라지고 잡아 먹힐 듯한 치 앞이 안 보이는 검은 덩어리로 향하는 길이 나왔다. 블랙홀과 같은 이 어둠 속으로 빨려 들어가야 한다는 사실에 겁을 먹어서 잠시 서성였다. 마음 같아선 알베르게로 돌아가서 날 밝으면 다시 오고 싶을 지경이었다. 음침한 생각이 무럭무럭 커지기 전에 서둘러 노래를 틀었고 랜턴에 의존해 오르막을 시작했다. 아침에는 대부분 김동률 씨의 노래를 듣는다. 낮은 목소리가 나를 외롭지 않게 해준다. 더불어 잔잔하기도 하고 가사도 좋고. 이런 상황에서 댄스음악을 듣는 것도 나쁘진 않겠지만 그 비트에 맞춰서 걸을 자신이 없다. 시작하자마자 만난 오르막의 끝을 논하기엔 아직 멀고도 멀었다. 트랜스퍼 서비스를 끝내 고사한 배낭의 무게가 나를 짓누른다. 경사가 너무 심해서 다시 알베르게로 돌아가서 배낭을 보내고 싶다. 양심이건 뭐건 일단 지금 사는 길을 택했어야 했다는 후회도 들었다. 아침부터 땀으로 샤워를 한다. 중요한 건 이게 아직 정식 고비가 아니라는 것이다. 메인은 아직 오지 않았다. 한참을 오르니 갈림길이 나왔다. 표지판이 없고 도로에 노란색 스프레이로 표시가 되어 있다. 왼쪽엔 발 모양이 오른쪽엔 자전거가 그려져 있다. 발 모양을 따라가면 산길을 타고 라 파바La faba 라는 마을을 지나치게 되고 자전거 길을 선택하게 되면 라 파바를 지나가지 않고 바로 라 라구나La laguna에 도착하게 된다. 아직 어둠이 한창이기에 재 볼 것도 없이 바로 자전거 길을 선택했다. 자전거 길이라고 완만할 리가 없다. 거리도 2~3㎞를 더 가야 한다. 그래도 훨 낫다. 풍문으로 들었는데 저쪽 도보 길을 고르면 3, 40분 동안 수직에 가까운 지옥의 코스를 올라야 한다고 한다. 그래, 이 도로에 감사해하며 걷는다.

날이 밝으면서 반대편 산 쪽에 여러 불빛이 보인다. 저기가 바로 라 파바. 곧이어 도로가 휙 하고 급하게 굽이친다. 어휴, 경사도 심하다. 땀은 이제 내 몸을 벗어나 도로에도 떨어진다. 이 와중에도 눈앞에 날벌레가 왔다 갔다 한다. 더워도 어쩔 수 없이 모자를 더 눌러쓴다.

저 멀리 산등선 위로 해가 떠 오르는데 도로는 끝날 줄을 모른다. 차가 나를 지나쳐 올라가면 신경 써서 주시한다. 쭉 올라가던 차가 방향을 틀어서 다시 또 힘겹게 올라가는 모습을 보면서 아, 저 길도 경사구나 하고 절망했다.

힘겹게 도착한 라 라구나. 콜라를 마실까 싶어 마을에 있는 자판기를 보는데 뭔가 이상했다. 자세히 보니 불이 안 들어와 있었다. 확인도 안 하고 넣었으면 돈만 먹힐 뻔했다. 자판기를 지나 조금 더 들어가자 다행히 문을 연 바르가 있었다. 바르 입구 쪽에 있는 테이블 아래에 가방을 내려놓고 커피를 시켰다. 작은 사이즈의 커피, 1.2유로. 가방에 들어 있는 머핀으로 아침을 해결하는데 낯익은 얼굴이 등장했다. 그저께 비야프랑카 알베르게에서 만났던 6명의 한국인 남성분들 중 두 분이었다. 그 무리 중에 스타일이 특이했던 분이 계셨는데, 마침 그분이 있어서 알아봤다. 그들은 길 건너편 테이블에 앉았고 서로 인사를 하며 대화가 시작됐다.

"종일 잠만 주무시길래 어디 아픈 줄 알았어요."

그들의 말에 비야프랑카에서 내가 그랬던가, 하고 생각해봤다. 낮잠을 2시간 잤고 취침도 오후 10시쯤 했는데, 아마도 그 순간마다 그들이 나를 본 듯했다. 할 만한 변명이 떠오르지 않아서 잠을 많이 자는 편이라고 얼버무렸다. 나머지 분들은 어디에 있냐고 물었더니 이미 먼저 갔다고 한다. 이 둘은 발목이 안 좋아서 조금 뒤처져 있는 상태였다.

"근데 다들 친구분들이세요?"

"아, 저희는 생장 기차역에서 다 처음 만난 사람들이에요."

여섯 명의 풍기는 이미지가 비슷해서 한국에서부터 같이 온 친구들인 줄 알았는데 생장 기차역에서 만난 사이였다니, 정말 놀라웠다. 그러면 각자 하는 일이 다를 것 같아서 무슨 일 하냐고도 물어봤다. 한 분은 일을 그만두고 오셨고 나머지 한 분, 그러니까 스타일이 특이 했던 분은 하시는 일도 그만큼 특별했다.

"지금 캐나다에서 워킹홀리데이 하는 중이에요. 식당에서 일하는데, 지금 두 달 동안 휴가 아 가지고 여기 왔어요."

"와, 휴가를 두 달이나 줘요? 프랑스도 보통 5주인데, 대박이다."

그의 선택이 정말 멋지다고 생각했다. 워킹도 그 휴가로 이곳에 온 것도.

"근데 잘못 온 것 같아요. 너무 힘들어요. 방송 보고 온 건데 속았어요."

"저도 그거 봤는데. 생각보다 힘들죠? 전 진짜 평지가 더 많을 줄 알았어요."

"저도 이런 건 줄 몰랐어요."

난 정말 평지가 대부분일 줄 알았다. TV를 통해 평면으로 본 탓에 오르막의 경사를 느끼지 못해서 이런 사태가 일어난 것이다.

"전 그래서 버스도 좀 탔어요."

"근데 버스 타면 동행분들이랑 떨어지지 않아요?"

"저는 지금까지 동행이 없었어요."

"아, 진짜요? 그러면 밥 먹을 때나 그럴 때 외롭지 않아요?"

"어느 부분에서요?"

"에이, 울지 말고 얘기해 봐요."

놀리는 듯 유쾌한 말투였다. 다만 그것과는 별개로 아주 스쳐 가듯이… 보통 밥을 혼자 먹을 때, 외로움을 느끼는 게 일반적인 건가 하고 자문을 해봤다. 정말, 그 부분에서 외로웠어야 하는 건가? 내가 좀 이상한 건가 하고 말이다.

내가 건너뛴 구간 중에 마을과 마을 사이가 무려 17㎞나 되는 구간이 있다. 산티아고 순례길 프랑스길에서 가장 먼 구간으로 까리온에서 깔사디아 데 라 꾸에사*Calzadilla de la Cueza*까지의 길이다. 이들은 마차를 타고 그 길을 지나왔다고 한다. 여섯이서 나눠 내서 돈이 많이 들지도 않았다고 하니 그 점에서 동행이 있다는 건 좋은 것 같다.

"오늘은 어디까지 가세요?"

"오 세브레이로까지 가면 거기서 자전거를 렌탈 할 수 있는 데가 있다고 해서, 거기서 자전거 타고 사리아까지 가려고요."

오 세브레이로에서 사리아*Saria*까지는 40㎞. 도보로 걷는 나는 사리아를 이틀 정도에 걸쳐서 내려가는데, 자전거는 역시 위대한 것 같다. 특히나 내리막에선 말이다. 다들 체력들이 좋아서 자전거도 잘 타실 거다. 나는 체력이 안 좋아서 바르에서도 자주 쉬고, 오늘도 조금만 걸을 거라고 했다.

"다른 애 중에 또 체육 하는 애가 있어서 잘 쉬지도 않아요. 근데 전에 여성분들이랑도 같이 걸어봤는데, 여성분들은 정말 자주 쉬시더라고요."

아마 내가 같이 걸었으면 그보다 더한 감상평을 들었을 것이다. 지금이야 발 고통에 대해 무뎌져서 속도가 그나마 이 정도지, 초반에 질질 끌며 걸어 다닐 때 만났으면 정말 그랬을 것이다.

즐거운 분들이었다. 내 나이를 말했을 때, 두 분 다 내 나이보다는 많다고 하셨다. 아마 그래봤자 두세 살 정도밖에 차이는 안 날 것이다. 한 분은 사투리를 쓰셨는데 안타깝게도 나는 사투리를 구분할 줄 몰라서 그분이 끝내 어디 출신인지는 알지 못했다. 아까 커피를 다 마셔서 일어나려고 할 때 좀 더 쉬었다 가라는 말로 붙잡아 주지 않았더라면 이 정도까지 방대한 대화를 하진 못했을 것이다.

'또 봐요'라는, 나로선 최대의 인사를 남기고 다시 올라간다. 앞으로의 볼 일은 오 세브레이로가 아닌 이상 없다. 이른 아침부터 소몰이하는 모습과 함께 귀여운 고양이들을 만났다. 길에는 소똥들이 여기저기 널려 있다. 최대한 밟지 않고 걸으려는데 하도 많아서 쉽지가 않다. 이번 길에서도 또 도로를 선택한다. 길이 내려갔다가 다시 또 올라가는 형상이어서 그걸 피하려 골랐다. 아까 바르에 앉아서 충분히 식혔던 땀이 또 비 오듯 흐른다. 이런 날엔 물을 아무리 많이 마셔도 화장실이 생각나지 않는다.

　드디어 정상. 눈에 걸리는 것이 아무것도 없는 탁 트인 곳이다. 더 이상 올라갈 언덕이 없다는 사실이 내게 정복감을 선사한다. 해냈다. 그제야 여유롭게 주변 풍경이 눈에 들어온다. 내가 걸어온 도로와 순례자들이 걸었을 흙길이 만난다. 지방도 바뀌었다. 이제부터는 갈리시아 지방이다. 표지석의 남은 숫자도 이젠 소수점 세 자리까지 표기가 된다. 그만큼 점점 가까워지고 있다는 것이다. 오 세브레이로에 있는 성당에 들어가 봤다. 외관이 특출나게 아름답거나 하는 것은 아니지만 왠지 들어가고 싶었다. 도장을 찍어주는 분이 따로 계셨다. 도장을 받고 그 옆에 있는 기부함에 1유로를 넣었다. 가방을 뒤쪽에 내려놓고 좀 더 앞으로 가 의자에 앉아 기도해본다. 내용은 철 십자가와 이하동문.

　조용한 성당을 나오자마자 관광 거리가 나온다. 기념품 가게들이 늘어서 있었고 아까 그들이 말했던 자전거 대여점도 있었다. 놀라운 건 나보다 늦게 출발했고 또 일반 흙길을 걸어왔을 그 두 명이 이미 대여점 앞에 있었다는 것이다. 발목을 다쳤는데도 축지법을 쓴 것처럼 이렇게 도착하다니, 발목이 다 나으면 날아다니는 게 아닐까 싶다. 자전거를 챙기느라 바쁜 그들을 조용히 지나친다. 오 세브레이로를 지나니 언덕과도 같은 숲길을 오르락내리락한다. 오른쪽 아래로 도로가 보이는데 신나는 괴성을 지르며 아까 그들이 자전거를 타고 지나갔다. 그들은 알 아채지 못할 손 인사를 했다. 무사히 잘 가기를.

오늘의 목적지인 리냐레스Liñares에 도착하는 건 어렵지 않았다. 여기는 건물 수가 손에 꼽힐 정도로 아주 작은 마을이다. 알베르게 하나. 바르겸 슈퍼 하나. 일반 주택 3~4채. 이런 곳에 알베르게가 있다는 것이 신기한데 더 놀라운 건 시설이 정말 좋다는 것이다. 근데 너무 일찍 도착해서 바깥에서 2시간을 넘게 기다려야 했다. 좀 더 걸어 다른 마을로 넘어갈까 싶었지만, 건물이 마음에 들어서 그냥 기다렸다. 체크인을 하고 제일 먼저 좋았던 건 바닥이 나무가 아니라는 점이었다. 새로 지은 건물이기에 내부가 최신식이다. 공용부엌이 있어서 쓸 수 있는 식자재가 뭐가 있는지 확인했다. 여러 순례자가 이용하는 부엌은 간혹 다음 순례자를 위해 식재료 같은 걸 두고 떠나기도 한다. 살펴보니 파스타 면이 좀 남아 있었다. 슈퍼에 가서 소시지와 베이컨을 사와 볶고 거기에 삶은 파스타 면을 넣었다. 머릿속으로 예상했을 땐 괜찮을 것 같았는데 실제론 맛이 없었다. 소시지와 베이컨은 너무 짜고 파스타는 뭔 맛인지 알 수 없었다. 각자 따로 노는 맛. 역시 맛있는 파스타라는 건 사 먹어야 하는 것이었다.

정민 씨로부터 연락이 왔다. 사리아부터 순례자가 급격히 많아져서 숙소를 예약하고 있다는 내용이었다. 100㎞만 걸어도 완주증이 나오는 순례길에서 일주일 코스로 즐길 수 있는 게 사리아에서 시작하는 구간이다. 사리아에서 산티아고까지 총 115㎞. 그래서인지 여름에는 짧은 시간에 휴가를 낼 수 있는 사람들이나 방학을 맞이한 학생들이 많이 와서 알베르게 경쟁이 조금 치열한 편이다. 그만큼 숙소도 많긴 하지만 공립의 경우 예약이 안 되니 만실의 위험을 감수하기 싫으면 예약을 통해서 사립 알베르게 혹은 호스텔이나 호텔을 가기도 한다. 걸음이 느린 나로선 이 사실이 걱정스러웠다. 내 누울 자리가 없을까 봐. 성수기에 접어들면 더욱 예약이 필수라는데, 슬슬 방도를 생각해야 했다.

　오후 8시. 뒤늦게 순례자 한 명이 체크인했다. 어쩌면 오 세브레이로 공립 알베르게가 꽉 차서 이곳에 온 걸지도 모른다. 뭐, 늦게 들어와서 시끄럽게 한다거나 하는 건 충분히 이해 할 수 있다. 그런데 정말 이해가 안 되는 건, 온종일 땀 흘리며 걸었을 텐데… 왜 씻지도 않고 바로 침대에 누워 버리는 거냔 말이다. 냄새가 너무 심해서 문을 좀 열어두었더니 왔다 갔다 할 때마다 문을 꼭 닫고 다닌다. 땀나는 건 당연한 일이지만 씻지 않는 건 좀, 너무 아니지 않나? 방 안에 그 냄새가 잔뜩 배기는 기분이다. 어찌나 냄새가 강력한지 이쯤 되면 마비가 돼야 했을 후각조차 생생히 살아 있다.

　정말이지, 고통스러운 밤이다.

스물한째 날 | 22,294보 | 15.04km

리냐레스에서
트리아카스텔라까지

2019-07-24 | 스물두째 날 | Liñares ~ Triacastela

대피하듯 거실로 짐을 끄집어냈다. 밤새 그 냄새에 시달렸다.

어제의 여파로 너무 컴컴한 길을 걷는 게 싫어서 오늘은 일찍 일어났음에도 거실에 앉아 늑장을 부렸다. 시설 좋았던 알베르게와 헤어지고 도로를 따라 올라가면서 휴대전화 플래시를 켰다. 헤드랜턴의 수명이 그새 다 된 건지 빛이 약해져 별 도움이 되지 않았기 때문이다. 도로를 따라 한참 걷는데 생각보다 그렇게 내리막도 아니었다. 어제 자전거 타고 간 팀도 고생을 좀 했겠거니 싶다. 얼마 가지 않아 길에서 거대한 동상 알토 데 산 로께*Alto de San Roque*를 만났다. 오늘 길에서 나온다고 알고는 있었는데 해가 떠 있는 낮에 만날 줄 알았건만 이렇게 어두침침할 때 나올 줄이야. 플래시를 켜서 사진을 찍어보지만 심령사진 같다. 이 동상의 득이점으로는 여기저기 반창고가 붙어 있는 것이다. 마치 자신의 아픈 부위를 대신 감싸듯 발가락에 많이도 붙어 있다. 나였다면 팔뚝이랑 목에도 붙였을 것이다.

물집으로 고통받은 새끼발가락과 발뒤꿈치 부분도 필수. 각자의 마음이 적힌 돌들도 제법있다.

저 멀리 동이 트는 것이 보인다. 멋진 하늘에 낀 구름을 바라보다 다시 걷는데, 몸 상태가 좋지 않다. 원인을 알 수 없는 가슴 통증이 며칠 전부터 이어지고 있다. 가방 무게에 대한 장기간의 압박으로 생긴 것 같다는 추측만 할 뿐 이유를 모르니 어떻게 조치를 할 수가 없다. 전에는 오전에만 잠시 나타났었는데 오늘은 아침부터 내내 콕콕하는 이상한 통증이 멈추지 않고 있었다.

잠든 마을을 몇 군데 지나고서 파도르넬로Padornelo 마을에 도착했다. 딱히 이렇다 할 바르와 식수대도 없는 곳이었는데, 이곳엔 장관을 이루는 일출이 있었다. 정말 동그란 해가 순식간에 떠오른다. 필름 카메라와 휴대전화 두 개를 동시에 사용하면서 순간들을 담는 데 매우 바빴다. 하필이면 이럴 때 필름이 또 떨어졌다. 다급하게 교체를 하고 마지막까지 사진을 찍는다. 땅만 보고 걷던 한국인 아저씨께도 먼저 말을 꺼내며 저 뒤에 있는 일출 좀 보시라고 알려드렸다. 그랬더니 대뜸 내게 휴대전화를 내밀며 사진을 찍어달라고 하신다. 역광이니 얼굴은 안 나오는데, 해와 얼굴이 모두 나와야 한다는 주문을 하셨다. 당연히 둘 다는 안된다고 대답하며 각각 포커스가 잡힌 사진을 따로 찍어 드렸더니 역시 전문가는 다르단다. 들고 있는 필름 카메라 때문이다. 그래서 이 카메라를 들고 여행할 때는 사진 좀 찍어달라는 요청을 유독 받는다. 자기도 한 장 찍어주겠다는 말을 거절하고 다시 필름 카메라로 몇 장을 더 찍었다. 봐도 봐도 참 아름다운 풍경이다. 길게 걸쳐진 구름 때문에 그것이 더 멋져 보인다. 이 정도 일출이면 여기에 올만 하다고 생각했다.

해가 어느 정도 오른 것을 보고 다시 길을 걷는데 아까 출발한 이들이 바로 저 앞에 느릿느릿 걷고 있었다. 왜 저렇게 느린가 싶었더니만… 세상에 이 경사는 뭐지? 서너 걸음을 떼고 멈춰야 할 만큼 정말 힘든 경사였다. 길이는 짧았지만, 그 임팩트는 강렬했다. 올라오니 바로 바르가 하나 있다. 예상한 대로 이 길을 올라온 모든 이들이 다 이 바르에 멈춰 섰다. 줄까지 서서 주문해야 할 정도로 북새통인데 주문과 음식 나오는 것이 서로 뒤엉켜서 정신이 하나도 없었다. 몇 분을 서 있었건만, 계속해서 밀려드는 순례자들에 결국 주문을 포기하고 바깥에 놔둔 배낭을 다시 멨다. 그래도 그 잠깐 배낭을 벗었다고 땀이 좀 식었다. 3.4㎞를 더 가서 나온 마을 폰프리아Fonfria. 여기서부터 소똥과의 본격적인 전쟁이 시작되었다. 나는 수도권에서 태어났지만, 고모가 강원도에 살았고 그 마을에도 외양간이 여럿 있었기 때문에 소를 많이 봤었다. 그때 맡았던 냄새가 이곳에도 똑같이 났다. 근데 이 마을이 유독 목축업이 굉장히 활발한 곳인지 마을 전체에서 그 소똥 냄새가 진동했다. 최대한 냄새와 멀어지도록 마을 끄트머리에 있는 바르에 도착했다. 야외 테이블에 앉았는데, 다행히 냄새는 느껴지지 않았다. 바르는 아까보다 규모가 작았지만, 사람이 없어서 좋았다. 커피 한 잔 1.1유로. 커피를 시키면 늘 설탕 봉지가 한두 개씩 같이 나온다. 하지만 한 번도 뜯어 써본 적은 없다. 이곳 사람들은 좀 달게 마시는 걸 좋아하는 걸까?

쉬는 동안 덩치 큰 황소들이 지나간다. 이 이후로는 계속 산을 타게 된다. 길 자체는 수월한 편인데 아침부터 이어진 어깨와 가슴 사이 어딘가, 형용하기 어려운 통증 때문에 정말 곤란했다. 힘들지도 않은 가벼운 오르막이었건만 걸음이 멈춰진다. 고통을 줄여보고자 등산스틱으로 몸을 지탱해서 한껏 숙였다. 지나가는 순례자들이 부엔 까미노라고 말하면서 나를 걱정스러운 눈빛으로 쳐다본다. 도움이 필요하냐는 무언의 말을 듣는 것 같았다. 어쩌면 정말로 도움이 필요한 상황일지도 모른다는 생각이 들었다. 하지만 인터넷 어디에 물어봐도 마땅한 답을 못 찾고 있었다. 그저 가방의 무게 때문일 수도 있으니 며칠 정도는 배낭 트랜스퍼 서비스를 이용해 보는 게 어떻겠냐는 답변을 들었다.

너무 산 중턱이라서 마을이 없을 것만 같은데도 곧잘 나온다. 올지 안 올지 모르는 순례자들을 위해 열어둔 바르가 상업적일지언정 나는 그저 고맙다. 콜라 한 잔 시키고 내 상태를 보니 근래와 비슷하게 이미 흙투성이가 되어 있다. 이번엔 종아리 뒤쪽이 아니라 앞에도 흙이 잔뜩 묻어 있다. 다른 순례자들의 모습을 보니 나의 몰골과 그다지 차이가 나지 않는다.

산들이 둘러싸인 어느 분지에 여러 채의 건물들이 옹기종기 모여 있다. 가늠되지 않는 거리지만 추측 하건대 저곳이 트리아카스텔라Triacastela일 것이다. 오늘 만나는 여러 마을 중에 그나마 제일 큰 곳이기 때문이다. 아주 저 멀리에 있는 걸 보니 아직 한참을 더 내려가야 한다. 내리막은 즐겁지 않다. 도가니가 닳는다는 것이 이런 것인가 싶다.

묵묵히 걷고만 있다. 힘들 땐 전혀 말을 하지 않는다. 동행이 있었다면 이런 상황에서도 걸어오는 말에 대꾸해야 했을 것이다. 나를 위해서, 혹시나 함께했을 동행자를 위해서라도 이럴 땐 홀로 걸어야 한다. 예전에 오스트리아 할슈타트 옆에 있는 오버트라운이라는 곳을 간 적이 있다. 고도가 높아 독특한 식물들이 색다른 풍경을 만들던 산이었는데 전망대까지 갔다가 돌아오는 길에서 야산이 오르마을 올라야 했다. 지금 내가 만나는 오르막에 비하면 그건 오르막도 아니긴 하지만 당시엔 체력이란 게 거의 없어서 힘들었다. 친구와 함께 갔었는데, 힘든 기색이 역력하니까 자꾸 옆에서 내게 말을 걸었었다. 괜찮냐고, 가방 대신 들어주냐며 자꾸 물어보는 친구에게 조용히 딱 한 마디 했다.

"제발… 말 좀 그만해."

친한 친구였기에 그걸로 의가 상하는 일은 없었다.

마을로 들어와 주민들과 가끔 만날 때면 많은 분이 반겨주는 편이지만 간혹 배척의 눈길로 쳐다보는 분들도 있다. 순례자가 지나가고 나서 생기는 쓰레기나 소음 같은 것들이 싫은 게 아닐까 싶다. 반기는 이들 중엔 순례자를 돈으로 봐서 좋아하는 이들도 역시 존재한다. 전에 인터뷰 영상에서 한 주민이 그런 말을 했다. '그들은 돈을 쓰잖아요.'라고. 뭐, 맞는 말이긴 하다.

귀여운 고양이들이 누워 있는 곳에 초록색 테이블이 있다. 그 위에는 어디선가 따온 것 같은 여러 가지의 열매들이 플라스틱 접시에 놓여 있고 그 옆에 돈 통이 있다. 하나당 1유로라고 쓰여 있어서 사볼까 했는데, 이곳엔 앉아 먹을 데도 없고 그렇다고 들고 가자니 등산스틱 때문에 비는 손이 없어서 그냥 지나쳤다. 앞서 걸은 이들 중엔 저걸 산 사람들이 많은지 중간중간 거기서 봤던 열매 중에 한 종류가 땅에 버려져 있었다. 아마도 저건 맛이 없었던 모양이다.

트리아카스텔라가 드디어 눈앞에 나타났다. 걸음을 더 빨리 했다. 통증 때문에 가방을 내려놓는 게 급하다. 가는 길에 800년 된 나무도 만날 수 있는데, 고목으로 보이는 것이 총 두 그루여서 그중에 기둥이 더 굵은 쪽이 아닐까 싶다.

　여기에 있는 알베르게 들은 대부분 베드버그 출몰 이력이 있어서 숙소를 고르는데 고민을 많이 했다. 나는 도로변에 있는 알베르게를 골랐다. 이곳도 이력이 있긴 했지만, 다행히 나는 만나지 못했다. 신식인지라 내부엔 엘리베이터도 있고 샤워실과 화장실도 청결했다. 일단 침대가 철제로 되어 있고 별도의 천 시트도 각각 준다. 베드버그는 나무 침대와 습한 곳을 좋아한다. 알베르게에 체크인했는데 나무 바닥과 돌벽, 화룡점정으로 나무 침대까지 총 3종 세트를 만나게 되면 긴장하게 된다. 혹시 몰라 한국에서 챙겨온 진드기 방지 스프레이를 이곳저곳 왕창 뿌린다. 효과가 있는지는 검증되지 않았으나 이렇게라도 위안으로 삼는다. 사실 이 베드버그는 순례자들이 옮기는 것이다. 외국인 대부분은 잔디밭이나 흙에 벌러덩 눕는 것을 망설이지 않는다. 적어도 나보단 그렇다. 그렇게 무방비로 수풀에 던져진 가방이나 몸에 벌레가 옮겨 타고 그 상태로 숙소에 와서 또 벌러덩 침대에 누워 버리면 그렇게 벌레가 서식하게 되는 것이다. 그래서 가방을 침대 위에 올려두지 말라는 안내문도 알베르게 곳곳에서 볼 수 있다. 베드버그란 게 생기면 상당히 골치가 아프다. 웬만해선 죽지도 않고 한 번 물리게 되면 여행을 접고 귀국을 고려해야 할 만큼 괴롭다고 했다. 게다가 가진 물건을 모두 고온 세탁을 해서 햇빛에 말려야 박멸이 된다. 유럽 여행을 망치는 최악의 골칫거리라는 악명이 가득한 것이니 항상 신경 써야 한다.

체크인을 아까 12시 30분에 했고 샤워와 빨래를 마쳤다. 빨래를 너는 곳이 햇볕이 정통으로 드는 야외 테라스여서 좋았다. 썬 베드도 몇 개 있었는데 그 위에 펼쳐진 넓은 어닝 덕에 그늘이 크게 생겨 있었다. 이따가 한숨 쉬러 와야겠다고 생각하며 식사를 하러 나갔다. 마을에 마트가 있어서 꼭 식당에 갈 생각은 없었는데 한창 산티아고 일기를 블로그에 올리고 있던 내게, 어떤 분이 글을 잘 보고 있다며 곧 이 마을을 지나갈 것으로 보이는데 이 식당이 괜찮았으니 추천한다는 답글을 남겨주셨다. 그래서 지금 나는 그곳에 간다.

가는 길에 버스 정류장이 나왔다. 버스 시간표가 붙어 있어서 일단 사진을 찍었다. 가슴 통증 때문에 아무래도 내일은 사리아까지 버스를 타고 가서 쉬어야 할 것 같아서였는데, 아무래도 걸을 팔자였던 것 같다. 7월 25일인 내일은 성 야고보 대축일로서 갈리시아 지방의 공휴일이었기 때문이다. 그래서 운행되는 버스가 아예 없었다.

식당은 알베르게도 같이 하는 곳이며 마을 중심부에 있다. 입구 쪽에 오늘의 메뉴가 영어로 적혀있다. 영어를 잘하는 것도 아니지만 이런 곳에서 영어를 만나면 그저 반갑다. 전식, 본식, 후식 구성으로 10유로. 일단 가격은 합격이다. 주문하면 식전빵이 항상 같이 나온다. 어떤 다른 나라는 말하지 않아도 자연스럽게 나오는 식전 빵을 먹으면 따로 추가 과금된다는데 이곳 순례길에선 그런 적이 없었다. 빠에야, 소고기 스테이크, 후식으로는 아이스크림을 골랐다. 아쉽게도 이 중에서 제일 맛있었던 건 아이스크림이었다. 약간의 소시지와 함께 나온 고기가 그다음이었고 빠에야는 묽었다. 콜라가 1.7유로. 먹는 내내 고양이들이 돌아다닌다. 실내가 아닌 야외 쪽에 마련된 테이블이라서 그렇다. 숙소로 돌아와 아까 봤던 썬 베드에 가서 누웠다. 파란 하늘 아래 살랑이는 바람, 그것에 맞춰 펄럭이는 나의 빨래들. 그늘이긴 한데 테라스의 바닥으로부터 열기가 점점 느껴진다. 여유롭게 즐기던 풍류는 더위로 인해 오래가지 못했다. 방으로 들어와 낮잠을 잔다. 3시 반쯤 잠들면 정말 정확하게 5시 3분에 눈을 뜬다. 생체리듬이 스페인 사람들의 피에스타 환경에 맞춰지고 있는 모양이다. 가벼운 저녁으로 마트에 가서 플레인 요거트를 사 왔고 가방에서 물러지고 있는 납작 복숭아를 내키는 대로 썰어서 같이 먹었다. 생각보다 붐비지 않는 조용한 주방에서, 내일은 좀 덜 힘들기를 바라본다.

그나저나 내일 또 공휴일이라고 마트들이 모두 문을 닫으면 밥은 어쩌지?

스물두째 날 | 31,300보 | 21.97㎞

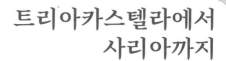

트리아카스텔라에서
사리아까지

2019-07-25 | 스물셋째 날 | Triacastela ~ Sarria

시작이 산길이면 출발이 늦어진다. 평소보다 정말 늦은, 아침 7시에 나왔다. 뜰락 말락 하는 해를 보니 날씨는 좋을 것 같다. 갈리시아 지방에 들어오면은 이제부터 '비'를 조심해야 한다. 상대적으로 다른 지방보다 비 내리는 날이 잦기 때문이다. 비가 오면 걷는 것이 더욱 혹독해진다. 신발이 젖고 발이 축축해지면, 상태가 훨씬 안 좋아진다. 다행히도 나는 여태까지 오면서 첫날을 제외하곤 빗방울을 맞은 적이 없었다.

이 마을에서 사리아Sarria로 향하는 방법은 두 가지다. 표지석도 떡 하니 두 개가 나란히 붙어 있다. 왼쪽은 사모스Samos 로 향하는 19.73㎞의 길이고 오른쪽은 산실San Xil 방향의 12.53㎞이다. 길이가 더 긴 곳이 상대적으로 완만하겠지만 그렇다고 선택하기엔 거리가 7㎞ 이상 차이가 난다. 오른쪽을 선택해 걷는다. 내 뒤에서 오던 다른 순례자도 거리를 확인하더니 나와 같은 방향으로 걸어온다. 사모스로 가면 웅장한 왕립 수도원을 만날 수 있다. 그에 비해 산실은 보이는 풍경이 다소 단조롭고 이렇다 할 기념비적인 건물은 없다. 길을 쭉 따라가는데 갈림길이 나온다. 한쪽엔 'BICIS' 이라는 뜻 모를 글자가 쓰여 있는 오르막이고 다른 한쪽은 약간의 내리막 다음에 오르막으로 이어지는 길이다. 추측하건대 BICIS가 자전거 길인 것 같아서 이곳을 선택했다. 순례길을 걸으면서 질려 버린 것 중 하나가, 어차피 또 올라갈 것을 왜 내려가고 왜 내려온 걸 또 올라가느냐 하는 것이었다. 걷다 보면 이런 지형적 특성이 매번 반복된다는 사실에 한 번쯤은 짜증이 나기도 한다. 선택한 오르막은 만만치 않았다. 분명 자전거를 타는 사람들도 내려서 끌고 가야만 할 것이다. 누가 내 머리 위에 수도꼭지라도 튼 것처럼 땀이 떨어진다. 오르막은 쉬었다가 가면 더 힘들기에 끊임없이 발을 움직이며 올랐다. 뭐가 됐든 내리막보단 낫다. 아스팔트 도로를 택한 탓에 마을 하나를 멀찍이 떨어진 채 지나쳐 간다. 그저께 라 파바를 바라보던 때와 동일한 게 데자뷔 같다. 한참을 올라 이상한 웅덩이에 자리잡은 거대한 가리비를 만났다. 이제부터 완만한 오르막. 도보 순례자들이 걷는 길과도 다시 만났고 다시 또 급한 오르막이 시작된다. 산실까지는 계속 쭉 오르막이다. 가옥이 몇 채 있던 작은 마을인 산실. 열심히 올라온 덕에 풍경은 끝내준다. 게다가 내가 좋아하는 반짝반짝한 날씨다. 파란 하늘이 청명해서 어떠한 색과도 잘 어울린다. 초록의 나뭇잎이든 너른 들판의 보리 색이든.

사리아가 보일 듯 안 보일 듯. 너무 멀리에 있어서 저게 정말 사리아이긴 한 건지 싶기도 하다. 잠시 평지를 걷다가 내리막을 탄다. 아니, 근데 이거 정녕 내려가라고 만든 길이긴 한 건가? 지금 내가 땅을 걷고 있는 건지 발레를 하는 건지 알 수 없는 내리막이었다. 길이는 짧지만, 위험했던 내리막이 끝나고 까미노 앱에 언급되지 않은 몬탄Montan이라는 마을이 나왔다. 소를 모는 개들이 목줄도 없이 길거리 여기저기에 누워 자고 있다. 대부분 순한 편이고 순례자들에 대한 호기심도 별로 없는 녀석들이라 어찌 보면 무기력해 보이기도 한다. 덩치가 커서 무섭다고 는 느끼지만 내색하지 않고 걷는다. 그들은 동물인지라 내가 무서워하면 그걸 또 쉬이 알아차린다. 마을을 지나가다가 담벼락에 걸린 예쁜 그림을 발견했다. 뭐 하 는 곳인가 했더니 도네이션 바르였다. 굉장히 풍족하게 이것저것 놓인 곳이어서 잠시 쉬었다 가려 가방을 내려놓았다. 바나나 한 개, 달걀 한 알, 잼 바른 바게트 한 쪽을 접시에 챙겨 정원에 아무렇게나 널려진 자리에 앉았다. 넓은 공간에서 자 유로움이 가득 느껴진다. 각자 쓴 컵과 접시는 알아서 세척을 해놓으면 된다. 정 원 중간엔 직접 깎아 만든 것 같은 도장도 있었는데 하도 찍었는지 모양이 닳아 있었다. 귀여운 발 모양의 단순한 도장이었다.

쉬는 동안 계속해서 사람들이 온다. 전과 비슷한 금액으로 기부를 하고 몰려드 는 사람들에게 자리를 양보하고 나선다.

아까 도로 길을 선택해서 한 번은 피했지만, 이제부터는 계속 오르락내리락을
반복한다. 그래도 아까 몬탄에 들어가기 전에 만났던 말도 안 되는 내리막은 또
나타나지 않았다.

아까 도네이션 바르에서 마신 오렌지주스 때문에 화장실이 가고 싶었는데 바
르가 한참 뒤에 나왔다. 다들 비슷한 상태였는지 내가 지금까지 본 바르 중에 제
일 많은 사람이 화장실을 이용했었다. 바르가 또 언제 나올지 몰라서 제일 먼저
나타난 이곳에 머물렀었는데 이곳 다음으로 두 번째에 등장한 작은 바르가 더 괜
찮아 보였다. 내리막을 타는 동안 하늘이 정면으로 보이고 길게 늘어선 구름이 장
관을 이룬다. 이런 풍경이라면 가끔은 내리막도 나쁘지 않다.

화살표를 따라 걷다 보면 종종 도로를 가로질러 건너가야 하는 경우가 생긴다.
대부분 알아서 눈치껏 건너야 한다. 이렇게 작은 마을은 통행량이 많지 않아서 크
게 위험할 것은 없지만 나타나는 차들의 속도가 빠르니 늘 조심해야 한다. 오늘
은 특이하게 아스팔트 중간을 끊고 만들어진 돌길을 만났다. 누가 봐도 사람이 걷
는다고 말하는 듯한 길이었다. 이런 소소한 부분에서 배려심이 느껴진다. 그 옆에
또 무언가 쓰여 있다. 화살표가 그려진 방향으로 고개를 돌리니 도로 위쪽에 작은

성당이 자리 잡고 있다. 들러서 도장이라도 찍고 가면 좋았으련만 나는 이제 성당에 대한 흥미가 없다.

　계속 내리막이다. 어이구 소리가 절로 난다. 오늘은 욕심내서 가방을 메고 왔지만 정말 이젠 트랜스퍼 서비스를 이용해야겠다는 생각이 든다. 내리막과 헤어져 큰 도로와 함께 평지를 걷는데 그 와중에 누군가가 박스 하나를 들고 뒤에서 나타났다. 아까 도네이션 바르에서 만났던 젊은 남녀. 처음 봤을 땐 커플인 줄 알았는데 거리를 두며 걷는 모습과 동일한 컬러의 머리색을 보니 남매에 더 가까워 보였다. 아까 바르에 다리를 다쳐서 제대로 못 걷는 작은 고양이를 데리고 왔었기에 기억하고 있었다. 그곳 주인장에게 부탁하고 올 줄 알았는데 저 고양이를 데리고 사리아까지 가려는 모양이었다. 아니면 끝까지 보살피다가 집으로 데리고 가는 것일지도 모른다. 그럴 수도 있겠다는 생각이 드니, 저들이 원래 사는 집이 산티아고 데 콤포스텔라일지도 모른다는 상상까지 들었다. 어느 나라 사람일지, 타국이라면 과연 비행기에 저 고양이도 함께 하는 건지, 궁금증이 꼬리에 꼬리를 물었다. 그러고 보니, 이 순례길을 걷는 사람 중에는 산티아고 데 콤포스텔라의 거주민도 있지 않을까? 그 사람은 어떤 생각을 하며 집으로 향하게 될까?

오늘은 광활한 하늘 아래 밀밭, 그리고 옥수수. 눈부시게 반짝거리는 색깔들이 유독 눈에 띄었다. 걷는 건 여전히 쉽지 않지만, 기분만큼은 나를 독려했다. 눈앞에 보이는 건물들이 수십 채에서 또 수백 채로 늘어났다. 점점 사리아와 가까워지고 있다. 고대하던 시내로 들어오자 시작된 빌딩 숲. 서울에 있을 때 늘 보던 것보다도 작았는데 사람이라는 동물의 적응력은 어찌나 빠른지, 굉장히 신선하고 이질적인 모습으로 느껴졌다. 늘 이삼 층 밖에 안되는 작은 건물들 사이를 지났는데 이제 고개를 한껏 들어 올려야지 그 끝이 보인다. 사리아에서 출발하는 순례자가 많은 관계로 도시 곳곳에서 가리비가 상징적으로 자리잡혀 있었다. 예를 들면 난간의 창살 모양이 가리비라던가 아스팔트 도로에 엄청 커다랗게 그려져 있다거나 하는 것이었다. 원래 나 있던 순례길이 공사 중이어서 잠시 옆으로 우회를 해서 다리를 건넜다. 도시에서 만나는 하천은 역시나 수질이 더럽다. 복잡한 도시에서 알베르게를 찾기 위해선 휴대전화의 GPS를 이용해야 한다. 지도가 안내하는 대로 따라가니 매우 많은 계단이 눈앞에 들어왔다. 여기를 다 올라가야 알베르게가 있다. 눈으로 보기엔 꽤 많아 보여서 걱정했지만 쉬지 않고 한 번에 올라왔다. '아이고야'라는 지긋한 추임새로 마무리했다.

12시 30분에 알베르게에 체크인했다. 젖은 머리로 바깥을 나가 문을 연 슈퍼가 있나 보는데, 역시나 별 소득 없이 돌아왔다. 가방에는 리냐레스에서 샀던 간편식과 곧 망치로 변할 약간의 바게트가 있었다. 칠면조와 감자가 오일 소스에 조리된 것이었는데 바게트에 찍어 먹으니 썩 나쁘지 않았다.

낮잠을 안 자려고 다시 밖으로 나가, 시내 구경을 했다. 시내가 한눈에 들어오는 전망대도 갔고, 한국어로 '환영합니다'라는 팻말이 저힌 벽과 도시 이름으로 만든 조형물도 있었다. 가운데 떡하니 자리 잡은 게 멋스러웠다.

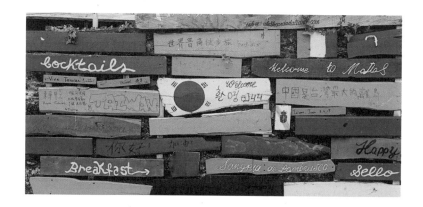

야외 바르에 앉아 있는 한 무리와도 인사를 했는데 오늘 오는 동안에 세 번이나 마주쳤던 사람들이었다. 그렇게 이곳저곳 돌아다니는 사이, 분명 맑게 반짝거렸던 하늘에 잔뜩 먹구름이 꼈다. 혹시라도 비가 내릴까 싶어 숙소에 가 아직 덜 마른빨래를 잠시 거뒀다. 내일 입을 걸 생각하면 마르긴 해야 하는데 비가 내리다 말다를 반복하고 있었다. 혹시나 비가 또 올지 모르니 빨래는 침대에 대충 걸쳐놓고 아까 계단 옆에 있던 바르로 갔다. 야외 테라스에 앉아 커피 한 잔을 시키고 챙겨온 수채화 주머니에서 엽서형 스케치북을 꺼낸다. 그림을 그리는 나의 옆엔 젊은 스페인 친구가 무언가를 뚝딱거리며 만들고 있다. 알 수 없는 부품들이 가득해서 슬쩍 구경했더니 나에게 스페인어로 설명을 해주기 시작한다. 정말 고마운데 한 마디도 못 알아들었다. 하지만 설명을 들었으니 그에 따른 호응으로 '아~' 하는 감탄사를 내보내 줬다. 다시 나의 할 일을 계속하는데 지나가는 남성분과 눈이 마주쳤고 동시에 서로 '오' 하는 외마디가 나왔다. 지난번 이테로의 공립 알베르게에서 마주쳤던 남성분이었다. 왜, 그 성당마다 꼭 들리며 미사도 챙긴다는 분 말이다. 그분 옆에는 다른 한국인 남성분도 계셨다. 서로 긴 말은 딱히 하지 않는다. 반갑게 인사를 건네고, 그것으로 끝이다. 근데 나는 그사이에 버스도 탔는데 같은 도시에서 또 만나다니, 진짜 잘 걸으시긴 하는구나.

숙소에 들어와 침대에 누워 있는데 빨래터가 있는 테라스 쪽에서 노란빛이 안으로 스며들어 왔다. 일어나 나가 보았더니, 아주 멋진 일몰이 있었다. 이날은 유독 구름이 열심히 일한 날이었다.

스물셋째 날 | 29,782보 | 20.75㎞

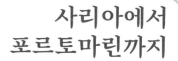

사리아에서
포르토마린까지

2019-07-26 | 스물넷째 날 | Sarria ~ Portomarín

오늘부터는 다른 이들과 일정이 거의 비슷하게 흐른다. 포르토마린*Portomarín* 까지 가는 여정. 일단 목표는 공립 알베르게에 묵는 것인데 순례자가 꽉 찰 수도 있으니 그 차선책도 생각해야 한다. 그간 버릴까 말까 고민했던 침낭은 며칠 전부 터 제 역할을 하고 있다. 역시 지방이 바뀌어서 추워진 건가 싶었는데 방안에 큰 선풍기가 아주 세차게 돌아가며 찬 바람을 구석구석 순환시키고 있었다. 아직은 다들 잠들어 있다. 어젠 밤늦게까지 새로운 순례들이 체크인했다. 이 중에는 오 늘이 첫째 날인 사람도 있는 것 같다. 홀로 어둠 속에서 조심히 움직이며 나갈 준 비를 하는데 아무리 찾아도 칫솔과 치약이 보이지 않았다. 어제 쓰고 화장실에서 안 가져온 건가 싶어서 가 봤으나 아무것도 없다. 한참을 찾다가 결국 포기를 하 고 마지막 정리를 하는데 배낭 제일 윗주머니에서 치약과 칫솔이 들은 지퍼백이 나왔다. 원래는 이 주머니엔 바로바로 꺼내 먹을 수 있는 과일이나 다른 주전부리들을 넣어 놓는데 왜 여기에 이것이 들어가 있는지 알 수가 없다. 덕분에 그간 빨라졌던 준비 시간이 다시 초심을 되찾은 듯 1시간가량 소요되었다.

　도시를 벗어나는 거라 일찍 출발해도 괜찮을 거라 생각했는데, 사리아를 벗어나는 건 생각보다 빨랐다. 내리막을 타며 마을을 떠나는데 갑자기 눈앞에 캄캄한 어둠이 나타났다. 게다가 양옆은 공동묘지. 이럴 땐 역시나 노래를 크게 틀고 걸어야 한다. 주택가와 멀어져서 다행이라고 생각하며 랜턴에 의존해 어둠 속으로 발을 내디뎠다. 그리고 시작된 산길 오르막. 평소보다 조금 늦게 나오긴 했다만 그것에 비해서 해가 너무 안 뜨고 있다. 뭔가 불길한 예감이 든다. 랜턴에 의지해 그저 씩씩하게 걸어 나가는데 갑자기 발소리가 들렸다. 평소보다 열심히 걷고 있는 나보다도 훨씬 더 씩씩한 언니가 성큼성큼 다가왔다. 먼저 가라고 좁은 길을 비켜주고는 곧이어 그 언니를 놓칠세라 정말 열심히 걸었다. 혼자 걷는 게 무서워서 그랬다. 길은 첩첩산중으로 접어들었다. 평지는 코빼기도 나오지 않고 끊임없이 오르막만 이어졌다. 아침에 땀을 한 바가지 넘게 흘리는 것이 이젠 하나의 루틴이 된 것 같다. 이거 도대체 언제 끝나는 건지, 흐르는 땀만큼 불타오르는 욕설이 내 안에서 뿜어질 때쯤 겨우 정복했다. 평지에 접어들면서 바르바델로Barbadelo가 나왔다. 사리아에서 묵지 않고 더 걷는 이들이 머무는 곳으로, 여기까지 4.5㎞가 걸린다. 아니, 근데 여기까지 오는 여정에서 이런 오르막이 나올 줄 몰랐다. 알고 있었으면 마음의 준비라도 했을 텐데 정말 속수무책으로 당하기만 했다.

　어제가 공휴일이었고 그것이 축젯날이었기에 마을마다 즐긴 흔적들을 볼 수 있다. 어제 사리아에서도 여럿이 맥주를 마시며 음악을 즐기는 모습을 보았고 이 마을도 별반 다르지 않게 넓은 공터에 친 천막과 여러 조명, 벤치들이 놓여 있다. 누가 봐도 여기서 축제가 이뤄졌겠거니 싶었다. 마을을 지나고 나서부터는 식수대 찾기가 많이 힘들었다. 다행히 아직 물은 여유롭게 있었다. 마을 한 군데를 더 지나서 나타난 바르에 들렀다. 커피 한 잔을 시킨 뒤 잊지 않고 도장을 찍는다.

오늘부터는 하루에 2개 이상의 도장을 의무적으로 받아야 한다. 도장 하나는 알베르게에서 받게 되니 나머지 하나만 바르나 슈퍼, 성당 등에서 받으면 된다. 초반부터 걸어온 이들에겐 깐깐하지 않지만 사리아부터 걸어온 이들은 특히 주의해야 한다. 혹시나 걷지 않고 중간에 건너뛰었을 거란 의심을 방지하는 데 필요하다. 쉬는데 손가락에서 불편함이 느껴진다. 확인해보니 하도 등산스틱을 쥐고 다닌 탓에 살이 까졌다. 등산스틱은 이젠 나의 동아줄과도 다름없다.

바르를 지나 다시 흙길을 걷는데 어디서 엄청 이상한 소리가 들려왔다. 정말 뭐라 말할 수 없는 어떠한 짐승의 울음소리다. 소리가 점점 가까워지고 있었고 이윽고 당나귀 한 마리가 울타리 바로 앞에서 엉엉하며 울고 있었다. 맨날 이렇게 우는 건가 싶었는데 지나가는 순례자가 이거는 인사하는 거라고 알려줬다. 정말 이게 인사인 걸까…? 더 걸어가다가 한쪽 구석에 쳐진 텐트를 발견했다. 간혹 이렇게 알베르게 대신 텐트를 챙겨 들고 다니는 이도 있다고 한다. 나는 절대 못 할 일이다. 일단 세면과 기본적인 위생시설이 없는 곳에서 하루 이틀을 넘기기가 쉽지 않다.

해가 계속 뜨지 않는다. 덕분에 더운 건 없지만 우중충하니 어제만큼 기운이 안난다. 트랜스퍼 서비스를 이용하겠다고 장담을 했건만 아침이 되면 그래도 내 짐은 내가 끝까지 책임져야 한다는 생각으로 결국 메고 나온다. 그리고 이맘때쯤에 후회를 한다. 아, 보낼 걸 하고.

가다가 안 되겠어서 앉을만한 돌이 있는 곳에 가방을 내려놓았다. 이제 며칠 뒤면 이 길도 마무리가 되는데 결국 나는 하루도 쉬이 걸어보지 못하고 끝나는구나 싶어 약간은 속상한 마음이 든다. 먹구름이 점점 짙어지는 게 곧 비가 올 것 같다고 생각하자마자 거짓말처럼 빗방울이 떨어지기 시작한다. 후드둑 하고 굵게 내리기에 한국에서 챙겨와 놓고 아직 한 번도 개시를 못 한 판초 우의를 꺼냈다. 이게 정말 우의가 맞나 싶을 정도로 거대한 비닐 천이었다. 마치 내가 종이 인형이라도 된 것 같은 기분이다. 우의를 주섬주섬 꺼내 잘 정돈 하던 중 한국인 남매를 만났다. 만약 내가 내 남동생이랑 이곳에 왔다면 첫날 지나고 바로 서로 제 갈 길 갔을 것이다. 동생은 무식하게 걷는 걸 잘하는 편이고 나는 그것에 비해 상당히 딸리니 나란히 걷는 건 애당초 불가능하다. 그래도 저렇게 비가 온다고 서로 우의를 챙겨주는 걸 보면 남매는 남매다. 참고로 누나와 남동생 조합이었다.

　우의를 입고 걷는다는 건 확실히 더운 일이었다. 거치적거리는 우의를 잠시 벗어 땀을 식힐 겸, 꼬르륵거리는 배를 달랠 겸 순례길에 있던 바르에 들어가 또르띠야 하나와 콜라를 시켰다. 참고로 이곳 또르띠야가 지금까지 먹은 것 중 제일 맛있었다. 바삭바삭한 바게트도 좋았다. 비가 어느 정도 그친 것 같아서 우의를 정리하려다가 비가 내린 탓에 기온이 서늘해져서 그냥 입고 걷기로 했다.

제일 맛있었던 또르띠야

어느 집 앞에 도네이션 테이블이 설치되어 있다. 과일 위에 덮개도 씌워져 있고 빵과 따뜻한 커피까지 준비된 곳. 당연히 방금 또르띠야를 먹었으니 생각이 없었는데, 느껴지는 분위기와 바로 옆 의자에 앉아 팔짱을 끼고 나를 응시하는 중년 여성분을 보면서 아, 여기가 그곳이구나 하고 깨달았다. 순례자가 기부금을 내면 바로 그 자리에서 금액을 확인하고 주머니에 챙겨 넣는다는 그 도네이션이다. 먹는 동안에도 계속해서 주시하면서 눈치를 준다는 여러 후기가 있던 곳이다. 좋은 마음으로 하는 일이긴 하겠지만… 뭐 이용할지 말지는 순례자 본인의 몫이다.

발이 일찍부터 아프기 시작했다. 전반적으로 내리막인 코스이다 보니 평지가 별로 없다. 그래도 오늘은 이벤트가 하나 있다. 이제 산티아고까지 100㎞ 남았다는 표지석을 만날 수 있는 날이다. 알 수 없는 낙서로 잔뜩 색칠된 표지석이 그것이다. 성수기에 순례자들이 몰릴 땐 사진을 찍기 위해 줄까지 서야 한다고 한다고 하는 데 날이 안 좋아서인지 타이밍이 좋아서인지는 몰라도 사람이 없었다. 그저 아까 걸어오면서 잠깐 말을 텄던 스물 한 살의 스페인 여학생 두 분이 전부다. 오늘로 이틀째라는 그녀들의 사진 요청을 기꺼이 들어줬다. 자신들도 한 장 찍어주냐는 말에 괜찮다고 했다. 이렇게 의미 있고 멋진 장면에 내가 끼면, 또 안 보게 된다. 여행을 가서 내 얼굴 들어간 인증 사진을 정말 안 찍는 대신 그만큼 멋진 풍경을 담아온다. 화면 속 표지석의 낙서가 마치 분노를 표현한 것 같기도 하다.

여기까지 오느라 진짜 고생했다, 얀마.

라고 말하는 것 같은 느낌이다.

기념 표지석을 지나고서, 잊지 말아야 할 것은 근처 알베르게에서 찍어주는 100㎞ 기념 도장이다. 그저 노란 화살표만 따라가면 놓치기가 쉽다. 99.930㎞ 표지석 바로 옆에 'LA CANSERA, Sello 50m'라는 흰색 팻말이 있는데 거기서 오른쪽으로 가다 보면 노란 화살표가 새로이 나오고 곧 도장 찍는 곳을 만날 수 있다. 순례길을 벗어난 것 같지만 거기서 그대로 걸어가도 다시 원래의 길과 만나니 걱정할 것은 없다. 못 찍는 날도 있는 것 같던데 난 다행히 찍었다. 지난번 아예기에서 묵었던 덕에 내 여권에는 '100㎞ 왔음' 도장과 '100㎞ 남았음' 도장 둘 다 찍혀 있다. 나는 도장을 수집하는데 열정적이라서 어느덧 뒷장도 거의 다 끝나가 오늘이면 새로운 순례자 여권을 발급받아야 할 것 같다. 순례자 여권은 여러 개 있어도 괜찮다. 특히나 시작을 생장에서 하면 프랑스어로 적힌 여권을 받게 되는데, 중간에 스페인에서 발급받으면 그땐 스페인어로 적힌 여권을 준다. 이마저도 수집의 재미가 있다. 다만 모든 마을에서 다 판매를 하는 것은 아니라서, 곧 새로이 사야 할 것으로 보이면 미리 구매해 놓는 것이 좋다. 대략 2유로 정도 된다.

많이 힘든 길이 아닌데도 계속해서 쳐진다. 어디서 이와 같은 것을 본인 정신력의 문제라고 운운하는 글을 보았다. 정신력이 약해서 이리 걷는다는 말이었다. 하지만 이와 같은 상황에 '정신력'까지 언급하는 건 내가 너무 초라해지는 것 같다. 아무래도 혼자 걷다 보면 잡생각들이 드는 데 부정적으로 변하는 것을 스스로 잘 조절 해줘야 한다. 잠시 우울했던 기분이었는데 어디선가 하모니카 소리가 들린다. 세상에, 걸으면서 한 손으로 하모니카를 부는 아저씨가 나타났다. 부엔 까미노라고 인사하면서 경이로운 눈빛으로 바라봤다. 세상에, 저 아저씨는 폐가 2개쯤 되는 게 아닐까? 폐활량이 정말 엄청나다.

아주 작은 마을에 버스정류장 하나가 나타났다. 앉을 만한 곳이 마땅치 않아서 정류장 의자에 앉았다. 가방을 벗어 조금이라도 통증에서 벗어나 본다. 혹여나 지나가는 버스가 나를 태우고 가버리면 어쩌나 걱정 반 기대 반을 했다. 마을이 작았기에 버스는 나타나지 않았다. 아마도 하루에 몇 번 오지 않을 것이다. 이제 추위는 사라졌기에 우의를 접어본다. 처음 상태처럼 반듯하게 잘 접히지는 않는다.

공갈빵처럼 부푼 상태로 그냥 가방에 쑤셔 넣었다.

오늘따라 족히 열 명은 되어 보이는 단체 순례자가 많다. 특히나 젊은이들. 다들 쌩쌩해 보이는 얼굴로 괜찮은 풍경 앞에서 단체 사진을 계속 찍으며 걷는다. 듣기론 스페인 학생들은 방학 때 이곳에 와서 완주하고 간 후 그 내용을 이력서에 적는다고 했다. 지금 찍는 저 사진이 그 증명이 될 것이다. 우리나라로 치면 국토대장정 정도의 항목이지 않을까 싶다.

회색빛의 먹구름이 약간씩 거치면서 언제나 그 자리에 있었던 푸른 하늘이 조금씩 모습을 드러낸다. 풍경들의 색깔이 다시 활기를 차서 보기엔 좋지만, 이는 곧 더워 질거라는 의미다. 너른 들판, 사방이 온통 초록이라 시력이 절로 좋아질 것 같다.

길 중간에 상점 하나가 나타났다. 여러 가지 그림이 그려진 각양각색의 가리비와 기념품들, 그중에 눈에 띄는 건 한국 식품들이다. 라면, 통조림, 즉석식품, 음료수까지 생각보다 굉장히 다양하게 있었다. 심지어 '뜨거운 물, 전자레인지 안에 있어요! 컵라면 먹고 가세요.'라고 정확하게 쓰인 한국어도 있었다. 나는 라면을 그다지 잘 안 먹어서 구미가 당기진 않았다. 대신 나의 관심사는 다양한 뺏지. 이미 보조 가방에 두 개의 뺏지가 있음에도 노란 화살표 하나를 샀다. 여기서도 도장 하나를 더 찍는다. 여권의 모든 칸이 꽉 찼다. 여기서 만난 스페인어 중에 '울트레이야Ultreia' 라는 것이 있었다. 순례자들이 어려운 시기를 만날 때 쓰는 감탄사로 좀 더 멀리, 나아 갈 수 있도록. 그렇게 스스로 용기를 주는 주문이다. 물론 종교적으로도 해석이 가능한 말이기도 하다만 이 정도면 내겐 충분하다.

길을 걷는데 갑자기 까만 개가 나타났다. 목줄이 있는 걸 보니 주인이 있는 모양인데 자꾸 내 옆을 졸졸 쫓아왔다. 모르는 사람이 보면 내가 마치 이 개와 함께 걸어 온 줄 알 정도로 한참을 내 옆에 있었다. 저 앞에 다른 주민의 강아지가 날카롭게 캉캉거리며 위협을 하는데도 말이다. 너무 멀리 오긴 했다 싶을 때쯤 개는 또 다른 사람을 쫓아 떠났다.

보통은 마을 입구가 나오면 한 번씩 사진을 찍는데, 오늘은 그것이 없다. 그도 그럴 게 마을이다 싶을 만한 구분이 없다. 그냥 어디가 마을 끝인지 모르는 채 걷다가 그렇게 또 새로운 마을에 들어오게 된다. 한국인들도 제법 길에서 많이들 보인다. 길가다 만난 무인 도네이션 바르에서 도장 하나를 표지 쪽에 찍고 잠시 쉬는 동안 한국인 여성 두 분을 만났다. 작은 보조 가방만 메고 걸으시고 있었는데 무릎 보호대를 찬 상태였다. 많이 힘들어하는 기색이길래 오늘 처음 시작하셨냐고 물어보니 나와 같이 생장에서 시작했다고 했다. 그러며 자기네들은 버스를 좀 탔다고, 약간 부끄러워하시면서 말을 하기에 저도 버스 탔다고 당당히 말씀드렸다. 어딘가에서 후원을 받고 걷는 여정이었다면 버스를 타는 것이 문제가 되었을 지도 모르지만 나를 위해서 온 길인데 그렇게 움츠러들 필요는 없다. 이 모든 이해관계는 나 자신과의 문제지, 그 어떤 타인도 개입되지 않는다는 점을 잊지 말아야 한다. 본인의 선택을 스스로가 인정하지 않는 것도 충분히 가능하다. 그런 부분조차도 나임을 이해하게 되는 과정을 만드느냐 마느냐도 본인의 몫이다.

아무렇게나 널려진 들꽃들을 지나 저 멀리에 포르토마린이 보였다. 22㎞의 여정이 끝나간다. 지금까지 걸어보니 매일 15㎞만 걸으면 참 좋을 것 같다. 그러면 한 오전 7시쯤 나오면 된다. 하지만 이제부터 매일매일 거리가 증량된다. 오늘은 22, 내일은 25, 28….

사전에 찾아본 대로 포르토마린 다리 앞까지 가는 길은 두 가지다. 오른쪽은 자전거가 갈 수 있는 길이고 왼쪽은 기존의 길이다. 당연히 자전거 길이 더 수월할 것이라는 판단으로 선택했다. 대부분 여길 고르는 것 같다. 할만한 내리막 뒤에 며칠 전 만났던 지옥의 내리막과 동일한 길을 만났다. 발레 앙코르다. 내려가면서 무릎이 성치 못한 것이 고대로 느껴진다. 그리고 바로 오르막. 바로 옆에 수국이 정말 예쁘게, 보라색과 파란색이 적절히 섞여 피어 있건만 무릎이 너무 아파서 눈에 잘 들어오지 않는다. 그 탓에 이 길을 걸은 이래로 정말 제일 천천히 걸었다. 긴 다리에 있는 난간은 생각 보다 트여 있어서 자칫하면 떨어질 것 같다는 생각이 든다. 아래로 보이는 강은 수심이 깊은 건지, 수질이 나쁜 건지 까맣기만 하다. 이대로 떨어지면 끝도 없이 가라앉을 것만치 말이다. 데칼코마니와 같이 하늘이 똑같이 수면 위로 투영된다. 아직 쨍하지 않던 햇빛이 점점 강렬해지는 것을 느낀다. 좋다. 이제 빨래를 해야 하기에 이럴 때는 환영이다.

포르토마린은 원래 저지대에 있던 마을이다. 수력 발전을 위한 댐을 만드는 과정에서 원래 자리가 수몰되었고 그 주민들이 새로이 옮겨 신도시를 만든 게 지금의 포르토마린이다. 사리아부터 확 느는 순례자들로 알베르게 전쟁이 시작된다고 했는데 그만큼 숙소도 많았다. 여기엔 공공 수영장이 있어서 챙겨온 수영복이 있다면 이런 곳에서 더위를 식힐 수도 있다. 원래 묵고 싶었던 알베르게가 따로 있었지만, 순례자 여권도 만들 겸 해서 공립 알베르게 쪽으로 올라갔다. 보통 공립 알베르게에서 여권 발급을 해주는데 여기는 없다며 성당으로 가보라고 한다. 하지만 성당 내부엔 사람이 없었고 그 옆에 공공기관쯤으로 보이는 곳으로 가 물어보니 바로 맞은편 잡화점에서 구매하면 된다고 알려 주셨다. 그렇게 2.5유로를 주고 새로 샀다. 검은색 표지 때문에 좀 더 근사한 느낌이 든다. 도장 찍을 칸이 없어서 아직 체크인을 못 했었는데 여권이 여기서 새로 생겼으니 굳이 다시 공립에 갈 필요는 없었다. 가고 싶었던 그 알베르게로 방향을 바꿨다. 예약을 안 했지만, 다행히 묵을 수 있었다. 게다가 1층 침대다. 엘리베이터도 있고 매트리스도 편안하고 신식 건물인 덕에 주방이 넓고 깨끗하며 조리기구도 많다. 4유로를 더 투자하기를 잘했다고 생각했다. 참고로 포르토마린 공립 알베르게에도 주방은 있지만, 지역 경제 활성화를 위해서 주방 기구를 치워버렸다고 한다. 하하하. 반대로 또 생각해 보면 식자재를 파는 슈퍼마켓의 매출은 어려울 것이다.

할 일을 다 끝냈는데 하필 시에스타 타이밍에 딱 걸렸다. 슈퍼를 찾아 멀리도 갔다 왔건만 오후 4시까지 문을 닫는다고 쓰여 있는 안내문만 보고 돌아왔다. 이미 어제의 공휴일로 인해 먹을 수 있는 것은 다 먹어 치운 상황이어서 주린 배로 2시간을 더 버티고 다시 마트 디아로 갔다. 하지만 야속하게 4시에도 닫혀 있는 문. 하는 수 없이 다른 마트로 가 보는데 상품들이 너무 열악했다. 대부분 안 팔려도 오래 보존 할 수 있는 통조림이나 냉동 즉석식품 같은 것들이었다. 아까 창문으로 본 디아는 내부에는 뭐가 많던데… 여기서 그냥 어떻게서든 타협을 해야 하나 고민하는데 아까 길에서 만난 한국인 남매의 여성분을 만났다. 그분도 고를 것이 없어 애매한 상황인 듯했다. 일단 같이 다시 한번 디아 마트를 가보기로 했다. 다행히 불이 켜져 있었다. 그녀는 남동생을 먹여야 한다는 사명감으로 물건들을 골랐다. 그녀의 모습을 보니 4년 전에 남동생을 데리고 삼 개월간 유럽을 떠돌았던 내 모습이 생각났다. 보면 누나들은 남동생을 챙기는 데 좀 더 적극적인 것 같다. 나 또한 남동생을 적극적으로 챙겼었다. 물론 싸우기도 엄청나게 싸웠다. 그녀는 돼지고기를 골랐고 직원이 직접 생고기를 꺼내 썰어주었다. 그 모습을 보다가 들고 있던 즉석 식품을 내려놓고 나도 따라서 스테이크용 고기를 샀다.

전자레인지 밥, 볶은 양파, 라면 티백 우린 물, 구운 고기 그리고 참기름과 소금. 늘 비슷한 구성이지만 구관이 명관이라고 만족스러웠던 식사를 끝냈다. 설거지하면서 내일을 생각해본다. 날씨가 좋았으면… 그리고 얼마 남지 않은 날 동안, 이제는 좀 제대로 씩씩하게 잘 걸어 봤으면 좋겠다.

스물넷째 날 | 41,185보 | 28.35㎞

포르토마린에서
팔라스 데 레이까지

2019-07-27 | 스물다섯째 날 | Portomarín ~ Palas de Rei

알람에 맞춰 눈을 떴을 때, 이미 내 주변인들이 떠나고 없었다. 원래 남들이 부스럭거리면 같이 눈을 뜨는 편이건만 언제 나갔는지도 모를 만큼 깊이 잠들었던 모양이다. 정리하고 숙소 밖으로 나왔는데 아스팔트가 젖어 있다. 간밤에 비가 한 차례 내린 것이다. 갈리시아 지방에 그렇게 비가 온다더니만 내가 이곳에 온 이후로 매일 비가 오고 있었다. 6시 20분에 나왔음에도 주변이 매우 어둡다. 하늘을 보니 오늘도 날씨는 좋지 않을 것 같다. 시작하자마자 산길 오르막. 아침마다 오르막을 만나는 게 정말 일상이 되어 버렸다. 어쩜 이렇게 일관되는지 모르겠다. 어두컴컴하지만 전과 다르게 앞뒤에 사람들이 있어서 무섭진 않았다. 하지만 이제는 깨닫는다. 그래… 무서운 건 이 어둠이나 귀신이 아니라 정말, 이 끝도 없는 오르막이다.

오르막을 다 오르고 나니 주변이 제법 보일 만큼 밝아지긴 했지만, 여전히 우중충하다. 평소의 우중충함과도 좀 다른 느낌. 혹시 나는 역시나였다. 비가 떨어지고 두 번째 판초 우의를 개시한다. 어제 그냥 대충 접어 넣은 탓에 꾸깃꾸깃하지만 그렇다고 기능이 떨어지는 건 아니다. 뭐 어제처럼 내리다 말겠지라는 생각으로 다시 발을 움직였다. 하지만 이내 그 생각은 저 멀리 날아갔다. 내가 스페인에 있는 건지 우기에 접어든 동남아에 온 건지 모를 정도의 폭우가 쏟아졌다. 비에 처맞는다는 과격한 표현을 해야 할 정도였다. 비 오는 날엔 무조건 가방을 트랜스퍼 서비스로 보내야 한다고 신신당부를 했던 정민 씨의 조언이 스쳐 지나간다. 보냈어야 했는데, 생각이 짧았다. 아니 근데 이렇게까지 내릴 거라곤 예상도 못 했다. 하필 오늘 첫 바르는 8㎞를 내리 가야 나온다. 그 사이엔 아무것도 없다. 비가 오니 휴대전화도 꺼내지 못한 채 걷다 보면 언젠가 나오겠지, 라는 생각으로 걷는다. 얼굴에 흐르는 것이 땀인지 비인지 구별이 안 된다. 무슨 정신으로 걸었는지 모를 길을 지나 곤사르Gonsar의 바르에 도착했다. 비가 오니 야외 테이블에 앉지도 못하는 데다가 긴 거리를 지나서 나타난 첫 바르였기에 내부는 엄청나게 붐볐다. 지나가는 모든 순례자가 다 이곳에 멈추는 것 같았다. 빈자리 찾기가 어려워 한참을 서성이다 자리를 잡았다. 4인석이라서 좀 눈치가 보였는데 바로 젊은 여성 두 분이 합석했다. 따뜻한 커피를 시키고 어제 마트에서 또 대량으로 산 머핀을 꺼낸다. 방울양배추만 한 사이즈로 여러 개 들어서 1유로대였다. 걷기 위한 탄수화물 섭취다. 잊지 않고 도장을 찍은 뒤 다시금 재정비하며 길을 나서는데 웬걸 아까보다 더 심하게 비가 내린다. 정녕 하늘에 구멍이라도 난 것인가? 보행로는 이미 물바다가 되어서 순례자들이 도로 위로 올라와 걷고 있었다. 그 때문에 자전거는 더욱 차도로 밀리고, 조용한 아비규환의 현장이었다.

오르막 언덕도 넘는다. 날이 맑았다면 주변으로 보이는 풍경이 좋았을 것 같은데 안개가 잔뜩 껴서 눈에 뵈는 게 없다. 마치 구름을 뚫고 아주 높은 산 위에 있는 것 같은 착각이 든다.

사리아부터는 순례자들이 확 는다는 말을 오기 전부터 계속 들어왔었지만, 어제 막상 걸어보니 좀 과장이었구나 싶었다. 그런데 오늘, 내 눈앞에 보이는 모습으로 그것이 사실임을 알게 되었다. 내 앞뒤로 수십 명의 사람이 걷는다. 사람 한 명 보기 힘들었던 메세타 구간을 걸을 때와 매우 대조적이다. 정말이지 누구의 말처럼, 하나의 걷기 대회 같은 풍경이다. 이 또한 이 길에서 겪을 수 있는 하나의 재미 같아서 이 악천후 속에서도 좀 웃겼다.

최대한 노력은 했지만, 신발이 비에 젖는 일을 피할 순 없었다. 아무리 고어텍스 신발이어도 이 정도 비에 안 젖는다는 건 빨래 자체도 불가다. 가는 동안에 바르를 몇 군데 만났다. 바르가 나오기 전엔 어깨랑 발도 아프고 가슴 통증도 있고 화장실도 가고 싶다는 종합적인 이유로 등장하면 꼭 들어가야지 라고 결심하지만, 막상 그 앞에 서면 조금만 더 버틸 수 있지 않을까 하면서 멈추지 않게 된다.

지나가다가 작은 성당 근처에 순례자들이 제법 멈춰 있는 것을 보았다. 여권을 꺼내는 걸 보니 도장을 받을 수 있는 것으로 보여서 나 또한 스틱을 밖에 놔두고 안으로 들어갔다. 거대한 창고처럼 보였던 외관을 닮았던 내부. 그 안에 한 분이 눈을 감고 도장을 찍어주고 계셨다. 아, 여기가 그곳이구나. 맹인 봉사자가 도장을 찍어준다는 성당 말이다. 조심스럽게 '올라'라고 말하며 인사를 하자 악수를 해주신다. 찍어주시는 도장은 총 2개. 그분의 손을 잡고 도장이 찍힐 위치에 맞춰 드리면 쾅 하고 눌러주신다. 매일 이렇게 이 자리를 지킨다는 게 정말 대단하다.

바르를 계속해서 지나쳐 가다가 이젠 진짜 쉬자, 하며 안으로 들어갔다. 오늘은 콜라의 날이 아니다. 아까 따뜻한 커피는 마셨으니, 당 충전을 위해 스페인식 핫초코를 시킨다. 꼴라까오Colacao라는 것인데 스페인 국민 핫초고 브랜드 이름이다. 코코아 가루에 스팀 우유가 부어진다. 따뜻하고 무지하게 단 핫초코. 이미 충분히 달아서 바닥에 가라앉은 걸 휘젓지 않고 마셨다. 컵 받침에 같이 담겨 나온 설탕을 보며 스페인 사람들은 정말 극강의 단맛을 추구하는 게 확실해졌다.

이 바르에는 귀여운 어미 고양이와 새끼 고양이가 있다. 아무렇지 않게 사람들 근처를 왔다 갔다 한다. 고양이들을 쳐다보다가 내 신발의 상태가 눈에 들어왔다. 더럽긴 정말 무지하게 더러운데 그것보다도 젖은 게 문제다. 이 상황에서 새 양말로 갈아 신는 건 의미가 없다. 이 정도 날씨가 쭉 이어진다면 당장 내일도 젖은 신발을 신어야 할지도 모른다. 이미 발은 퉁퉁 붇고 있다. 그나저나 판초 우의까지 입고 걷는데도 왜 이렇게 추운가 했더니만 현재 기온 13도다. 8월을 눈앞에 둔 7월 말의 기온이 13도라니….

천천히 핫초코를 마시는 동안 바깥을 계속 주시했다. 억수로 쏟아지는 비에 바깥 풍경이 흐리게 보인다. 멈출 줄 모르는 비를 뚫고 요즈음 몇 번 보았던 한국인 남매가 들어왔다. 서로의 몰골을 보며 날씨에 대한 이야기를 시작했다. 죽겠다는 나와는 달리 비가 좀 많이 오긴 하지만 덕분에 덥지 않아서 좋다는 그들은 앞으로의 일정을 좀 수정할 계획이라고 했다. 자꾸 단체 순례자들과 마주치는 것이 불편하다고 했다. 아까도 바르 안에 초등학생 서른 명이 단체로 우르르 온 탓에 소수의 순례자가 이용을 못 하고 다음 바르로 떠나야 하는 모습을 봤다며, 앞으로는 사람들이 자주 멈추는 곳 말고 더 가서 다른 마을에 묵을 거라고 했다. 그것도 괜찮은 계획이다. 알베르게가 만석이 되지 않을까 싶은 걱정은 덜 할 수 있을 테니 말이다.

비가 잠시 소강상태에 들어갔다. 지체없이 다시 출발. 하지만 그걸 비웃기라도 하는 듯 다시 비가 내렸고 오늘의 목적지인 팔라스 데 레이*Palas de Rei*에 가까이 와서야 그치기 시작했다. 내가 지금 얼마나 축축한 상태이건 빨래할 시간을 맞춰 비가 그친 것에 일단 감사해야 했다. 비가 오느라 걸어오는 구간의 사진을 하나도 못 찍어서 그치고 난 후부터는 그만큼 더 담았다.

맑은 날에 봤으면 더 반짝였을 나무들이 만든 자연 터널을 지났다. 비 때문에 거리 곳곳에는 물웅덩이가 생겨서, 여전히 순례자들은 아스팔트 위를 걷고 있다.

'뚜리그리노Tourigrino'라는 말이 있다. 여행자를 뜻하는 투어리스트Tourist와 순례자를 뜻하는 뻬레그리노Peregrino가 만난 합성어다. 추측 가능한 대로 좋은 의미의 단어는 아니다. 나는 누가 어디서 출발을 했건 얼마를 걸었건 관심 없는 사람이다. 나 하나 건사하기 힘든데 누가 누굴 생각하겠는가. 하지만 지금과 같이 여러명이서 쭈르륵 일렬로 걸어가면서 지나가는 차의 통행을 방해하거나 다른 순례자들을 방해하는 걸 보자면 불쾌해진다. 시끄럽게 떠드는 것은 그냥 내가 차라리 이어폰 좀 끼고 음악을 듣고 말지 라는 생각으로 애써 넘길 수 있다지만, 저건 좀 아니다. 물론 시끄럽게 떠드는 것도 당연히 배려가 없는 일이다. 어차피 알베르게에 도착하면 또 잠들기 전까지 실컷 떠들 텐데 뭐이리 말들이 많은지. 덕분에 걷는 내내 노래를 실컷 들었다. 어떠한 행동을 하기 전에 나를 위해 다른 이의 자유를 침해하진 않았는지 생각해봐야 한다.

팔라스 데 레이 초입 부근, 큰 공립 알베르게가 하나 나왔는데 그곳에 정말 엄청 많은 학생이 있었다. 학교에서 단체로 수련회를 온 듯한 모습이었다. 다행히 오늘 내가 묵을 곳은 아니었다. 이 곳은 이름있는 슈퍼가 여러 개 있는 큰 마을이다. 이곳에 오기 전 이메일로 알베르게를 예약했지만 아쉽게도 2층 침대를 배정받았다. 그래도 지금까지 총 25일의 기간 동안 2층 침대를 쓴 적은 딱 두 번 뿐이니 이 정도면 나름 선전했다. 오늘이 그 세 번째 날. 샤워하고 빨래는 양말과 속옷만 했다. 옷은 전혀 마를 것 같지 않아서 하루 더 입기로 했다.

오늘은 배가 몹시 고팠다. 또르띠야라도 먹었으면 좋았을 텐데 그럴 여유가 없었다. 어느 식당에 갈까 하다가 이 근처에 뽈뽀Polpo(문어) 요리를 잘하는 집이 있다고 하여 그곳에 갔다. 4시까지만 영업하는데 벌써 3시 15분. 발바닥이 아파 엉거주춤 걸으면서도 부지런히 그 식당에 도착했다. 맛집답게 사람들이 가득했다.

친절한 직원분의 안내를 받아 2인석 창가 자리에 앉았다. 낮부터 맥주 한 잔 시킨다. 지금까지의 여정 중 두 번째 알코올이다. 첫 번째는 로그로뇨에서 양송이 타파스를 먹던 날이다. 맥주를 싫어하는 건 아니지만 웬만하면 잘 안 마시려고 하는 게 지금처럼 몇 모금 만에 토마토가 되기 때문이다. 작은 나무 접시 위에 썰린 문어. 그 위로 이쑤시개가 몇 개 꽂혀 나왔다. 소금과 약간의 향신료가 가미 되어 있었고 당연하다는 듯 바게트 몇 조각이 함께 나왔다. 부드러운 문어 살이 짭조름해서 이건 진짜 맥주 안주였다. 맛은 있지만 이걸로 배가 차긴 하려나 싶었는데 그래도 빵이랑 같이 먹은 덕에 조금 늦은 점심이 해결되었다.

숙소로 가기 전에 마트를 들렀다 가기로 했다. 여러 마트 중에 내가 고른 곳은 에로스키Eroski . 깔끔한 내부, 어제 원했던 마트가 바로 이런 곳이었다. 천도 복숭아2개, 후식용 요거트 1개, 물 1.5ℓ 하나와 갓 나온 바게트 하나를 샀는데… 바게트가 진짜 너무 맛있었다. 유럽에선 어디를 가도 바게트가 맛있다. 고작 0.39유로 바게트도 이렇게나 말이다. 한화로 540원 정도. 가격도 정말 착하다. 솔직한 말로 계속 바게트 하나만 먹고도 살 수 있을 것 같다. 역시 탄수화물이란건 대단하다.

리셉션에 문의해 가방 트랜스퍼 서비스를 보내기 위한 종이를 받았다. 내일은 진짜로 가방을 알베르게에 보내기로 했다. 계속 하루하루 자신과 타협하며 미루고 미뤄왔던 일이다. 대신에 내일은 29㎞를 걷는다. 오늘 비가 와서 그것 때문에 정신 없었을 뿐이지 가슴 통증은 초반부터 쭉 있었고 어깨도 너무 아팠다. 견딜 수는 있으나 이러다 정말 잘못되는 게 아닌가 싶은 순간도 있어서 나를 계속 독려하며 걸어야 했다. 내일은 꼭 가방 보내줄게, 그런 약속을 하면서 말이다. 내일 만큼은 그 약속을 지킬 것이다.

스물다섯째 날 | 41,997보 | 29.18㎞

팔라스 데 레이에서
아르수아까지

2019-07-28 | 스물여섯째 날 | Palas de Rei ~ Arzúa

　숙소 시설은 전반적으로 나쁘지 않았는데 침대 옆에 콘센트가 없는 게 최대의 단점이었다. 비행기 모드를 해 놓고 잠들었는데도 배터리는 60%. 기상 알람 때문에 끄고 잘 수도 없었다. 이 상태로 출발하면 또 알베르게를 찾기 전에 꺼져버릴 것 같아서 공용 주방의 넓은 테이블에 앉아 좀 더 충전했다. 사리아 이후부터는 트랜스퍼 서비스 회사들이 많아서 가격 경쟁이 치열하다. 정말 적게는 1유로에도 가방을 보낸다는데, 일단 내가 오늘 지불한 금액은 3유로다. 어제 받은 봉투에 도착하는 알베르게 이름과 나의 인적사항을 적은 뒤 봉투 안에 3유로를 그냥 넣으면 된다. 이 시스템을 보면서 혹시나 누군가 봉투를 열고 내 돈을 가져가면 어떻게 하나, 하는 불안감이 있었다. 그 정도로 야박한 사람들은 아니기를 바라며 6시 40분에 알베르게를 출발했다. 아직 해가 뜨기 전이지만 랜턴이 필요할 정도의 어둠은 아니었다. 배낭을 멘 순례자들이 곳곳에서 등장한다. 그들에 비해 보조 가방

하나 메고 있는 나를 보자니 내가 바로 뚜리그리노가 된 것 같다. 이래 봬도 이 보조 가방도 몇 킬로 나간다고요, 라고 변명하고 싶었다.

어제오늘 안개로 인해 가시거리 확보가 잘 안 된다. 이대로 오늘 또 비가 오는 게 아닐까 하고 의심했다. 그래도 배낭이 없으니 확실히 걸음이 경쾌하다. 씩씩하게 오르막을 오르고 처음으로 앞서가던 할아버지도 먼저 지나쳐 보고 그랬는데, 중간에 길이 좀 이상했다. 웬만하면 도로로 안 걷게끔 되어 있는데 갑자기 고속도로 원형 나들목이 등장한 것이다. 여기가 진짜 맞는 건가 싶어서 위치를 확인하는데 저 멀리 휠체어를 끌고 누군가가 올라왔다. 휠체어를 끌고 걷는 순례자라니, 대단하다 싶었는데 그가 나를 보고 여기는 순례길이 아니라고 말해주셨다. 알고 보니 순례자가 아니라 운동하는 주민이셨다. 왔던 길로 돌아가서 쭉 직진하라는 말에 다시 거슬러 올라갔다. 아스팔트 길에서 흙길로 바꿔 걸었어야 하는 지점에서 그저 아스팔트를 따라 쭉 걸은 것이 화근이었다. 잠시 길을 잃었던 사이에 순례자가 왕창 늘었다.

마을이 나오고, 갈리시아 지방부터 자주 보이는 독특한 건축물 하나가 오늘도 또 눈에 띈다. 필로티 구조로 되어 있고 위에는 나무판자 등으로 사방이 막힌 공간 하나가 형성되어 있다. 궁금했었는데 나중에 저것이 '오레오Horreo' 라고 불리는 곡물 저장 창고임을 알게 되었다. 들짐승의 피해나 비로 인한 습함을 방지하고자 저렇게 지면에서 높이 떨어진 자리에 만들어졌다. 처음엔 저것의 주변으로 조화들이 제법 보여서 고인돌 같은 무덤인 줄 알았다.

전보다 바르가 많이 보이는 편인데도 여기저기 붐빈다. 특히나 초입이 제일 많이 붐벼서 최대한 첫 번째는 피해서 머물고 있다. 그다지 오래 쉬지도 않지만, 빈자리가 없고 사람들이 기다리는 상황이 된다면 자리에서 일어나야 할 것이다. 그 뒤에 나오는 몇 개의 바르도 더 지난 뒤 한적한 곳에 자리를 잡고 아침 커피를 마신다. 피로를 떨쳐줄 카페인을 위해서다.

다시 출발하니 해가 뜨면서 날이 좋아졌다. 배낭이 없으니 그림자조차도 여유로워 보인다. 배터리를 아끼느라 인터넷 연결을 꺼두어서 지금 내가 스치는 마을 이름을 정확히 알 수는 없지만 예쁜 건물이 꽤 많던 곳이었다. 마을 규모만큼이나 귀엽고 아기자기한 느낌. 게다가 적당히 즐길만한 내리막이어서 이때 기분이 최고로 좋았다. 경쾌하게 걸어 다닌 통에 사진 찍을 새가 없었다.

많은 노래를 듣는데 보통 노래의 정렬을 느껴지는 분위기로 나눈다. 신나는 곡, 약간 경쾌한 곡, 느린 곡, 아주 잔잔한 곡 정도에서 더 세분되기도 하는데 오늘은 순례길에 온 이후론 근처에도 못 갔던 신나는 곡들을 많이 듣고 있다. 노래 박자에 맞춰 발을 움직여야 하기에 평소엔 거의 느린 곡이고 정말 컨디션 좋을 땐 약간 경쾌한 곡을 듣는다. 무작위 재생으로 돌리면 가끔 신나는 노래가 나오는데 그땐 생각할 것도 없이 다음 곡으로 넘겼었다. 근데 오늘은 그 노래를 들으며 걷는 게 가능했다. 마치 발목에 찼던 모래주머니를 벗은 것 같다. 엉덩이를 씰룩쌜룩하며 신나게 걷는 것이 경보를 지나 약간 뛰는 수준까지 올라갔다. 이렇게 오버하면 또 후회할 일이 생길 텐데도 그걸 잊는 걸 보면 인간은 정말이지 망각의 동물이다. 그리고 나 또한 어쩔 수 없는 뻔한 인간이다.

드디어 말로만 듣던 블루투스 족을 만났다. 나란히 걷는 네 명에게서 클럽 음악이 흘러나왔다. 이미 그들은 그들만의 축제를 즐기는 듯 흥겨워 보였다. 결국, 그 소리에 다른 순례자 두 명이 멈춰 섰다. 간격을 벌려 그들과 멀어지기 위해서였다. 찌푸린 얼굴을 하고 있던 그들과 눈이 마주쳤다. 서로 쓴웃음을 지으며 인사했다. 이런 일이 흔치 않았으면 좋았을 텐데 이날만 총 세 팀을 만났다.

길은 여전히 걸을 만했다. 지나가는 이들과 부엔 까미노라고 인사를 하던 중 이탈리아에서 온 로산나를 만났다. 이 긴 여정 중에 유일하게 듣자마자 바로 이름을 기억했다. 그녀는 피스테라Fisterra까지 걸을 예정이라고 했다. 사실 순례길은 산티아고에서 멈춰지지 않고 바다까지 더 나아갈 수 있는데 그곳이 바로 묵시아Muxia와 피스테라이다. 로산나는 둘 다 갈 계획인데 묵시아는 버스를 탈 것이라고 했다. 혼자 온 줄 알았던 그녀는 일행이 있었는데, 친구가 발이 아프면서 속도가 느려져 결국 이렇게 따로 걷게 되었다고 했다. 지난번 대만 순례자도 그렇고 아무래도 각자 페이스가 맞지 않으면 자연스레 떨어지게 되는 듯하다.

이어지던 평지가 사라지고 산을 따라 내리막이 크게 한 번 나오더니 강과 함께 다리 하나가 나왔다. 이 다리를 건너면 멜리데*Melide*다. 사실 멜리데인줄 몰랐는데 오늘 거쳐 가는 마을 중에 제일 규모가 크다는 건 알고 있어서 이 정도 규모면 여기겠다 하고 눈치를 챈 것이다. 참고로 오늘 묵는 아르수아*Arzúa*가 면적 면에서 더 큰지만, 도시 같은 느낌은 멜리데가 더 컸다. 약간의 언덕을 올라 시내로 진입했다. 일요일인 오늘, 노천 시장이 열렸다. 그다지 흥미 없는 옷 시장. 덕분에 길거리에 사람들이 넘쳐난다. 마을을 지나 오면서 봤던 한적한 바르는 보이지도 않는다. 이 마을에서 쉬는 건 포기 하고 그냥 쭉 걷는다. 도시를 빠져나갈 땐 내리막이 나올 줄 알았는데 예상치 못한 산 하나가 나온다. 무릎이 닳고 닳는다. 아까 오버하면서 걸은 후유증이 벌써 나타난다. 왼쪽 골반과 허벅지까지 총체적으로 아프다. 다 내 잘못이다.

어느 순간부터 갈림길이 자주 나온다. 인생의 축소판인 듯, 나에게 끊임없는 선택을 요구한다. 왼쪽은 2.1㎞, 오른쪽은 1.9㎞. 짧은 쪽이 뭔가 더 가파른 것이 있을 테지만 계곡을 구경 할 수 있다는 정보로 오른쪽을 고른다. 하지만 계곡은 굉장히 얕은 시냇물 수준이었다.

돌로 만든 징검다리를 건넜다. 공기 좋은 산속이건만 몸은 지쳐간다. 바르에 쉬었어야 할 타이밍을 멜리데에서 놓쳤다. 아까 6㎞를 걸어와 커피 한잔을 했고 지금 벌써 17㎞를 넘겼다. 하지만 공교롭게도 바르는 보이지 않는다. 지도를 켜서 언제쯤 나오는지 한 번 더 확인하고 계속 걸었다. 마침내 작은 바르가 하나 나왔다. 순례길에 접한 외관으로는 작아 보였는데 안으로 들어가니 널따란 정원이 있어서 꽤 큰 곳이었다. 귀여운 강아지가 있던 바르에서 콜라 한잔을 한다. 쉬긴 쉬는데 아픔은 가시지 않는다. 내일은 가방을 보낼 생각이 없으니 상태가 나아지려면 오늘뿐이다.

오르락내리락을 반복하지만, 그늘에 가둬져 있어서 더위와 싸우는 추가적인 일은 안 해도 되니 그나마 좀 낫다. 도로를 따라 마을 하나를 더 지나고 나면 긴 내리막이 나온다. 내리막이 길면 겁이 난다. 또 이만큼 올라갈 게 뻔하다. 그리고 시작된 오르막. 느릿느릿 한 발 한 발 내디딘다. 가쁜 숨을 쉬며 깨달음을 하나 얻는다. 아까 길을 걸어올 때, 우와 저렇게 높은 데에도 마을이 있네? 라고 말했던 그 마을을 내가 지금 올라가고 있다는 것을 말이다.

작은 마을들을 지나가던 중 도네이션 바르를 만났다. 도장을 찍을 수 있는 곳이었는데, 그 도장은 내가 찍는 것이 아니었다. 아주 귀여운 아이 두 명이 각각 도장을 하나씩 들고 다니며 들어오는 순례자들의 여권에 직접 도장을 찍어 주고 있었다. 내 차례가 되니 두 명이 나에게 질문했다. 파랑? 빨강? 둘이 가진 도장의 색깔이 다른 것 같았다. 파랑을 고르니 한 아이가 신난 표정으로 내 여권에 도장을 찍는다. 다른 아이는 조금 실망한 표정을 하더니 내게 빨강은 안 필요하냐고 묻는다. 기꺼이 찍어달라고 말하며 여권을 내밀었다. 나는 이 아이들이 부모님이나 누군가를 따라서 이곳에서 도장을 찍어주는 놀이를 하는 줄 알았다. 하지만 이 다음 날 순례길 위에서 아빠와 함께 걷고 있는 모습으로 다시 만났다. 그들도 순례자였던 것이다.

아르수아 3㎞ 전에 수비리와 같은 개울을 낀 리바디소*Ribadiso*를 만났다. 한적한 마을. 이 마을을 지나고 오르막을 지나면 도로가 나온다. 밑으로 우회할 수 있는 터널이 있긴 한데, 이미 나는 너무 지쳐 있어서 조금이라도 거리를 줄이고자 차가 없을 때 도로를 냅다 뛰어 건넜다. 그리고 이 근처 바르에서 세 번째 휴식을 한다. 초반에만 편했지 가방이 없는데도 힘든 건 거의 비등했다.

남은 거리의 앞 자리가 '3'이 되었고 아르수아가 등장했다. 현대적인 건물이 곳곳에 눈에 띄지만 규모가 그다지 크진 않은 도시다.

  두근두근하는 마음으로 들어온 알베르게 한 귀퉁이에 배낭들이 쌓여있다. 트랜스퍼 서비스로 온 것들 사이에 내 가방이 있다. 다행이다. 숙소는 깔끔했건만 침대가 너무 높았다. 2층으로 배정받은 나는 올라가는 데 정말 애를 먹었다. 도움 사다리가 있어야 오를 수 있었다. 1층 침대도 한 번은 '끙' 하며 올라야 하니 2층은 오죽했을까. 침대 아래에 큰 보관 서랍이 있어서 전체적으로 높은 것이었다. 더불어 내 자리 천장엔 목재로 된 보가 지나가고 있었다. 내부 안내를 받을 당시 직원이 두 손을 모아서 제발 좀 조심해달라고 당부했다. 아마도 이전에 많은 이들이 저 보에 머리를 부딪친 모양이다. 알베르게는 거의 만석이었는데 그 때문에 샤워실을 쓰는데 기다려야 했다. 처음 있는 일이다. 손빨래하는 곳을 못 찾아 세면대에서 대충하고 공용 부엌이 있는 1층으로 내려왔다. 조리는 못 하고 전자레인지 정도만 사용이 가능한 곳이라는 걸 알기에 전날 팔라스 데 레이에서 즉석 파스타와 피자를 사서 가방에 넣어 뒀었다. 반의 반짜리 수박도 있다. 이게 다 배낭 트랜스퍼 서비스 때문에 산 것이지 내가 메고 오는 거였으면 사지도 않았을 것이다. 식사하면서 물은 조금만 마시려고 노력했다. 2층 침대에서 화장실을 가려고 내려오는 건 너무 힘든 일이니까. 하지만 중간에 한 번 화장실에 가야 했는데 어휴, 정말 이거 보통 일이 아니었다. 그냥 참아야지, 이러다간 어디 접질러도 단단히 접질릴 것 같다.

아르수아에서
오 뻬드로우소까지

2019-07-29 | 스물일곱째 날 | Arzúa ~ O pedrouzo

다행히 간밤에 화장실은 안 갔는데 일어나 보니 도움 사다리가 없었다. 그도 그럴 게 이 방에 도움 사다리라곤 저거 하나뿐이다. 나만 쓰는 게 아니니 뭐 당연히 생길 수 있는 일이지만, 저것 없이 내려갈 생각을 하니 한숨이 나온다. 일단 다시 침대로 복귀하는 건 힘드니 여기저기 어질러진 물건들을 최대한 정리했다. 그리고 한 발씩 내디뎌서 마지막에 점프로 착지. 휴, 힘들었던 숙소였다.

아침에 나오기만 하면 바닥이 축축하다. 밤새 또 비가 온 것이다. 어떻게 이렇게 자주 올 수 있는 건지 그것이 이젠 신기하다. 오전 7시에 나와, 걷기 시작했는데 초입에 아직 문을 열지 않은 예쁜 바르들이 많았다. 한 시간만 늦게 나왔어도 들어갈 수 있었을 텐데 아쉬웠다.

은은하게 다가오는 햇빛과 함께 어우러진 구름이 멋지다. 신나게 사진을 찍고 보니 이러고 있는 사람은 나뿐이다. 모두 그냥 쓱 보고 지나친다. 이쯤 되면 내가 유별난가 싶기도 하다. 사진을 찍는 사이 가슴 통증이 다시 시작됐다. 어제도 미묘하게 느껴지긴 했는데 확실히 배낭이 없었을 때와는 다르다. 후반부에는 이러다가 급성으로 멎어 버리는 게 아닐까 싶을 정도였다. 일시적이긴 하지만 아픈 걸 안 아프다고 할 수는 없다. 마치 심장이 굳어가는 느낌이다. 처음에는 내가 너무 무방비로 수돗물을 마셔서 석회 때문에 그런 줄 알았다. 그다지 가능성 있는 가설은 아니라고 생각한다. 가방을 어찌해야 하나 싶지만 또 트랜스퍼로 보내기엔 일말의 자존심이 있었다. 어제 하루면 됐지, 라는 생각이다.

오늘도 오레오가 많이 보인다. 오레오의 크기는 부유의 척도여서 세계에서 제일 긴 오레오는 36M나 된다고 한다. 덧붙이자면 산티아고에서 피스테라와 묵시아를 당일로 갔다 오는 관광 여행 상품이 있는데, 그 안에 두 번째로 긴 오레오를 보러 가는 여정도 포함되어 있다고 한다. 지금 나는 그 상품을 이용할까 말까 고민 중이다. 할까 말까 할 땐 하는 거라던데….

몇몇 바르를 지나치는 사이에 또 비가 온다. 판초 우의를 꺼내 입는다. 처음엔 이 거적때기 같은 걸 어떻게 입어야 할지 몰라 고군분투했었는데 이젠 전보다 자연스럽게 입을 수 있게 되었다. 5㎞쯤 지나 나타난 바르에 들어갔다. 평소와 같이 또르띠야를 시켰을 순간인데 희한한 게 하나 보여서 그걸 손으로 가리켜 주문했다. 엄청 두꺼운 만두를 먹는 느낌이다. 피는 거의 빵이다. 하지만 스페인식 만두인 엠파나다Empanada는 아니었다. 정체불명의 요리. 바르로 들어온 순례자가 그거 고기냐고 묻길래 고개를 끄덕였더니 맛은 괜찮냐고 묻는다. 간단히 굿이라고 말해줬다. 사실 맛이 좀 애매했는데 그 티가 났는지, 결국 그는 다른 걸 시켰다.

이 화면으로 순례자들이 영화처럼 지나갔다.

바르의 위치가 괜찮다. 지나가는 순례자들을 한 편의 영화처럼 구경 할 수 있는 자리다. 내 가방은 저 멀리에 내팽개쳐져 있다. 바르 들어오면 제일 먼저 하는 것이 가방 내팽개치기다. 어휴, 꼴도 보기 싫다는 식으로 던져 놓고는 출발할 때 되면 자, 이제 가자 하면서 척척 멘다. 마치 이중인격 같다. 가방이 너무 무거워서 초기에는 반동을 일으켜서 메야 했고 가끔은 너무 무거워서 가방 메기에 실패한 적도 몇 번 있다. 지금은 조금 나아졌지만, 아직 딱 보기에도 저 가방 무거워 보이겠다 싶게 생겼다.

비가 내리다 그치기를 반복한다. 전반적으로 오늘 길은 무난하다. 조금 가파른 오르막이 있긴 하지만 몇 번의 으쌰으쌰로 쳐 낼 수 있다. 걷던 중에 자전거를 탄 부녀를 만났다. 특이한 것은 둘의 자전거가 연결된 구조였다. 앞에 있는 아빠가 따르릉을 맡고 뒤에 있는 딸이 부엔 까미노를 맡았다. 역할 분담이 확실한 귀여운 부녀.

걷던 중 화장실을 쓰러 도로 건너편의 바르에 한 번 더 들어갔다. 날이 쌀쌀해서 꼴라까오를 시켰다. 비에 젖지 않은 테이블을 찾아 앉고 저 멀리서 단체로 걸어오는 순례자들을 본다. 수가 정말 많아서 줄지어 오는 수준이다. 조용한 사색을 기대했던 이들이 저 중에도 있을까? 이제 나는 하루밖에 더 남지 않았기에 지금 이 모습조차도 순례길 다운 하나의 구경거리라고 생각하고 있다. 비가 다시 후두두 하고 떨어질 때쯤, 바르로 한국 남성분이 들어왔다. 요 며칠 새로이 보이던 분인데 차림새도 깔끔하고 피부도 전혀 안 탄 것을 보고 어쩜 저렇게 관리를 잘했을까 싶었는데 듣고 보니 사리아부터 시작한 분이셨다. 휴가와 연차를 모아 이곳에 왔는데 너무 힘들다는 것이 그분의 소감이었다. 그 금쪽같은 휴가들을 모아 이곳에 쓰신 게 대단했다. 나라면 첫날에 바로 순례자 대신 여행자를 선택했을 것이다. 산티아고에서 하루 묵고 바로 다음 날 마드리드로 넘어가 출국을 한다는 빡빡한 일정. 발 아픈 게 도통 낫지 않는다는 말에 그거 나으려면 열흘은 걸릴 거라고 말했다. 결국, 이 여정이 끝날 때까지 발의 고통에서 벗어나기는 어려울 것이다. 근데 한 가지 놀라운 사실은 도장을 전혀 안 찍고 다닌다는 것이다. 자신은 완주증이 필요 없다고 했다. 도착했다는 결과의 입증보단 당연히 도착이 되기까지의 과정이 중요한 것을 알지만 그래도 어차피 받게 되는 도장인데 이왕이면 증명서를 받을 수 있게끔 찍고 다니는 것도 괜찮을 거라 생각한다. 참고로 요즘 나는 도장 찍는데 맛을 들여서 아주 보이는 족족 찍고 다니는 중이었다. 나와 정반대인 그분에게 또 길에서 뵙자는 인사치레의 말을 하고 먼저 출발했다.

수국 덩어리가 보였다. 꽤 길게 늘어서 있었는데 외국인들은 수국을 참 좋아하는 것 같다. 남녀 가리지 않고 서로 찍어주기에 바빴다. 예쁘게 사진을 담고 계속 진행한다. 길은 분명 어렵지 않은데 여기저기 통증이 심하다. 가슴을 부여잡고 보이는 벤치에 앉았다. 오늘은 오른쪽 무릎과 그 위의 허벅지 안쪽 부근이 아프다. 어떻게 된 게 매일 새롭고 다양하게 아프다. 지나가는 길에 있던 벤치라서, 이곳에 앉아 쉬면서 얼마나 많은 인사를 했는지 모른다. 마치 부엔 까미노라고 말하는 인형이 된 줄 알았다. 오늘도 택시 할머니와 마주쳤다. 이 할머니를 비롯해서 좀 더 자주 보는 얼굴들이 있다. 그런 분들이 지나가면 다른 이들보다 더욱더 밝게 인사하게 된다. 그들이 내게 그러는 것처럼 말이다. 이름과 국적을 모른들 어떤가.

저 앞 바르에 어마어마한 학생들이 몰려 있다. 곧 출발하려는 듯한 모습에 잠시 멈췄다. 저런 이들은 차라리 먼저 보내주는 편이 내게 이롭다. 또 비가 오고 또 날이 개었다. 풀 냄새 가득한 숲을 지났다. 지나가는 길목에 이상한 것이 있다. 다양한 크기의 사진들이 층층이 쌓인 돌 옆에 놓여 있다. 이곳 말고도 뭔가 기도를 할 수 있게끔 된 곳에 사진과 함께 몇 마디의 문구들이 적혀 있었다. 아마도 저 사진의 주인공들은 여러 이유로 순례길에 함께 오지 못한 사람들일 것이다. 직설적인 예를 들자면 이제 더는 같은 공기를 마시지 않게 되었다던가… 이런 모습들을 봤을 때, 만약 내가 저들처럼 이곳에 사진으로 남겨진다면 좀 많이 쓸쓸할 것 같다. 이 한 장소에 영원히 갇히듯 머물게 될 것 같아서, 그렇게 된다면 정말 지루하고 답답할 것 같다는 개인적인 생각이 든다.

오 뻬드로우소O pedrouzo가 나왔다. 알베르게와 식당들은 순례길에서 벗어나야 있다. 순례길의 끝을 하루 앞두고 문 열린 우체국을 만났다. 어차피 내일 산티아고에 가면 우체국에 가야 하니 거기서 사기로 하고 넘겼다. 결국에 순례길을 모두 다 걷고 나서야 엽서들을 보내게 되었다. 고로 이 엽서들보다 내가 더 빨리 한국에 도착하게 될 것이다. 오늘도 미리 알베르게를 예약했는데 건물이 있는 대지

자체가 경사진 언덕이었다. 계단을 오르는데 정말 무릎이 아파 죽을 뻔했다. 나의 오른쪽 무릎, 눈물이 날 것 같다. 체크인하면서 제발 낮은 층 침대로 달라고 부탁했다. 어제 너무 힘들었기에 이틀 연속으로 2층은 막아야 했다. 다행히 친절한 직원들이 나의 애절함에 화답해줬다. 샤워실과 화장실이 침대 개수에 비해 적은 듯했지만 어제보다 나았다. 빨래를 건조대에 넌다. 흰색 발가락 양말은 빨간색 울 양말로 인해 물들었고 바닥은 구멍 나기 일보 직전이다. 비싸게 주고 산 것이니 일단은 한국까지 가져갈 것 같다. 분명 며칠 전만 해도 산티아고에 도착하면 몽땅 다 버려 버리겠다고 생각했는데 막상 끝날 때가 되니 이런 것도 저런 것도 다 기념이지 않을까 하면서 하나씩 챙기게 된다. 등산스틱 같은 경우는 아래 고무 바킹만 바꾸면 또 쓸 수 있을 텐데, 하면서 이렇게 하나둘씩.

조금 떨어진 곳에 있는 식당에 갔다. 12유로짜리 오늘의 메뉴를 시켰다. 음료 1잔이 포함되어 있고 전식, 본식, 후식이 나오며 그와 별도로 커피도 한 잔 나오는 구성이었다. 이곳의 단점은 오로지 현금만 받는다는 것이다. 볼로네제, 소고기 스테이크, 치즈 케이크를 시켰다. 어디서든 늘 비슷한 조합으로 시키는데 본식은 주로 고기를 시킨. 야외에 큰 테이블들이 있었는데 거긴 이미 단체 순례자들이 예약해 놓은 곳이어서 내부에 앉았다. 내부와 야외가 서로 트인 구조였는데 단체 순례자들이 오자마자 식당도 정신없고 학생들 떠드는 소리에 시끄럽기도 해서 일찍 일어났다. 마트 디아에 가서 생수와 납작 복숭아 몇 개를 사서 숙소로 복귀했다. 매트리스가 너무 좋아서 계속 누워 있는 사이 창밖으로 날이 졌다.

오늘이 순례길 여정의 마지막 밤이고 드디어 내일, 산티아고에 도착한다.

✤

스물일곱째 날 | 33,162보 | 22.93㎞

오 뻬드로우소에서
산티아고 데 콤포스텔라까지

2019-07-30 | 스물여덟째 날 | O pedrouzo ~ Santiago de Compostela

아침이 되었을 때 고민을 했다. 오늘 일정을 반으로 쪼개서 산티아고는 내일 들어갈까 하고 말이다. 그렇게 하려면 다시 어느 마을에서 멈추고 어느 숙소로 갈지 찾아야 하는데, 일단은 걸으면서 좀 더 고민하기로 했다. 준비를 마치고 나왔을 때 어제 꼴라까우를 마시다 만난 한국 남성분도 나와 계셨다. 어제 같은 방을 썼었는데 어쩌다 보니 동시에 출발하게 돼서 동행 아닌 동행이 되어 버렸다. 그는 발목이 아파서 빨리 걷지 못했는데 그게 나와 속도가 비슷했다. 함께 걷기 시작했으니 대화를 해본다. 나보다 한 살이 적고, 사는 지역, 하는 일 같은 걸 들었다. 물론 기억은 잘 안 난다. 하나 공감했던 것은 서로 이 길에 대한 기대가 많았다는 것이다. 이곳을 걷기만 하면 고민되었던 것들에 대한 생각들이 알아서 정리될 것이라는 도둑놈 심보가 있었다. 나 또한 그랬다. 물론 생각이 들어 정리되기도 하는데 그것이 그렇게까지 빈번하게 이뤄지지 않는다. 나 같은 경우엔 나의 미래에 대해 생각을 시작한 것이 불과 며칠 전부터다.

오르막과 내리막을 몇 번 타는 동안, 오늘따라 순례자들의 발걸음이 느리다는 생각이 든다. 그들도 나와 비슷한 마음일까? 왠지 아쉽고 좀 더 남겨두고 싶은 그런 마음. 중간에 기념품을 팔고 도장을 찍어주는 곳도 있었는데 오늘은 그렇게까지 도장에 연연하고 싶지가 않다. 아주 저 멀리에 산티아고가 보이는 것 같다. 저곳이 산티아고일지도 모른다는 생각을 하니 온몸에 소름이 돋았다. 비유가 아니라 실제로. 오늘의 길 중간에는 산티아고 공항도 지나간다. 공항 옆을 걷는다는 게 되게 특이한 경험이었다. 덕분에 비행기를 엄청 가까이서 봤다. 몇 개의 바르를 지나쳤더니 바르가 나오질 않는다. 한참 가서 나온 바르에 자리를 잡고 앉았다. 나는 커피, 그는 꼴라까오를 시켰다. 퍼주길 좋아하는 내 성격 탓에 자연스럽게 계산도 내가 했다. 안 그래도 된다고 자기 돈 많다면서 나에게 자신이 가진 돈을 꺼내 보여주길래 그렇게 보여주다가 털리는 거라고 조언해줬다. 그런데 일주일 여행치곤 환전을 꽤 많이도 해온 것 같았다. 숙박비도 미리 다 지불했다면 더욱 쓸 일이 없을 텐데 말이다. 혹시나 해서 많이 했다고 하기에 남으면 또 여행 오시면 되겠네요 하고 해결책을 제시해줬다. 그사이, 같은 색깔의 티셔츠를 입은 학생들이 우르르 지나간다.

화살표와 함께 표지석에 늘 박혀 있던 거리 수 표기판이 오늘따라 죄다 없다. 이러니 도통 얼마나 남았는지 알 수가 없다. 의도적으로 뜯어 간 게 분명하다는 생각이 들었다.

힘든 오르막을 헉헉대며 올라간다. 우연히 옆 사람과 눈이 마주치면 누가 먼저라고 할 것 없이 눈웃음이 지어진다. 서로 얼마나 힘든지 아니까 숨찬 목소리로 부엔 까미노 라고 말하며 기운을 준다. 생각해보면 이렇게 나 스스로와 타인을 함께 독려하는 이 순간이 좋았던 것 같다. 마을도 지나고 공장 같은 것도 지났다. 오늘은 길들이 휙 휙 하고 꺾이는 구간이 많았다. 한창 가던 중 어느 마을에서 웬 미친 여자를 봤다. 신경질적인 표정으로 계속 클랙슨을 누른 채 운전을 하고 있었다. 가끔 차도로 걷는 순례자가 있으니 이해는 한다만, 본인도 같이 시끄러울 텐데… 몰상식한 순례자 때문에 본인마저 그 대열에 합류해 버린 인간이었다.

마지막 날인데 생각보다 순례자들이 없다고 생각했는데 차츰차츰 흩어져 있던 것이 모이듯 사람들이 나타났다. 두 번째 휴식이 필요한 타이밍이다. 오늘 여정 중간에 볼 수 있는 조형물 중에 산티아고 대성당을 바라보며 환호하는 순례자 동상이 있다. 동상 주변이 너른 잔디밭이라 거기서 쉬고 싶어 아까 바르 이후로 쭉 걷는 중이었다. 길 바로 옆에 큰 동상이 있는데 이것 말고 더 안쪽으로 가야 이 순례자 동상이 나온다. 외롭게 서 있는 두 명의 순례자들. 바로 눈에 들어오는 위치는 아니어서 대부분이 모르고 그냥 지나친다. 길을 따라 가까이 갔다. 분명 '환호하는' 동상이라고 했는데, 이 표정이 정말 '환호'의 범주에 들긴 한 건가 싶다. 그간의 고난과 역경이 읽히는 얼굴이라고 하는 게 더 잘 맞을 것 같다. 그들이 바라보는 방향을 똑같이 보니, 저 멀리 대성당이 보인다. 두 번째 소름이 돋는다. 혼자 있었으면 눈물이 났을 것 같다.

세상에, 내가 정말 왔어. 진짜 저게 뭐라고 왔다, 정말.

여기서 그분의 인증 사진을 찍어 드렸다. 오늘 같이 걸어온 이유엔 이 일도 포함이다. 혼자이기에 지금처럼 자신이 등장하는 사진을 찍으려면 어쩔 수 없이 지나가는 외국인들에게 사진을 부탁해야 하는데, 혹시라도 건네받은 휴대전화를 들고 튈까 봐 지금까지 한 번도 사진 부탁을 못 했다는 그의 고충 때문이었다. 그것이 안타까워서 대성당까지 같이 가기로 한 것이다.

다시 가방을 챙겨 떠나려는데 이 동상들이 다시 눈에 들어온다. 결국 이들은 대

성당이 저기에 있다는 환호만으로 영원히 여기에 있을 뿐, 도착할 수는 없다는 사실이 좀 슬프다는 생각이 들었다.

산티아고 시내가 나왔지만 대성당까지는 아직 한참을, 그러니까 3㎞를 더 걸어가야 한다. 이제는 화살표들이 표지판으로 정리되어 있다. 그간 걸어오면서 건물 벽이나 바닥에 자연스럽게 그려져 있던 것들은 더는 보이지 않는다. 초입에 보면 각종 모자와 스카프가 걸린 철망이 있다. 그간 쓰고 온 것들을 걸어놓고 가는 것이다. 내 모자도 여기에 놓을까 했으나 역시나 기념이라고 생각하고 계속 쓰고 간다. 성당과 점점 가까워질수록 순례자들과 줄 맞춰 걷게 된다. 신호등이라도 만나게 되면 그 덩어리가 더욱 커진다. 목표지점이 곧 눈앞에 있다는 사실은 더욱더 이 길을 길게 느껴지게끔 만든다.

약간은 두근거리는 마음이 있었다. '정말, 끝인 건가?' 하는 믿기지 않는 실감과 뭔가 허무하다는 느낌도 함께. 수많은 건물 사이로 평소엔 잘 보지도 못했던 시내버스들이 쉼 없이 돌아다닌다. 잠시 후 내리막과 작은 터널이 보이며 어딘가로부터 사람들의 웅성거림과 기쁨의 환호성들이 점점 크게 들린다. 더욱더 기분이 고조된다. 아치형 구조물을 지나 넓은 광장이 나왔다. 왼쪽으로 고개를 돌리면 바로 대성당인데 저 끝까지 가기 전까지는 고개를 돌리기 싫었다. 거대한 크기의 대성당을 한눈에 볼 수 있게끔 최대한 멀리 걸어갔다. 그리고 뒤를 돌았다.

한눈에 들어오는 대성당과 그 앞에 많은 이들이 스틱을 바닥에 떨어트리며 기뻐한다. 서로를 끌어안고 그간의 시간에 대해, 어떠한 고통과 고난을 올라 이곳에 왔는지에 대해, 결국엔 도달했다는 이 사실을 축하한다. 눈물을 보이는 이들도 가끔 보인다. 사실 도착하기 전엔 나도 울 줄 알았다. 워낙 울보인 데다가 감정 동요도 심한 편이기 때문이다. 펑펑 울지만 않았으면 좋겠다고 생각했는데 의외로 눈물은 나오지 않았다. 완전히 혼자가 아녀서 그런 걸까? 왜 인진 모르겠지만 지금 이 상황에 쓴웃음이 난다. 무슨 의미였는지는 나도 알 수 없다.

원래 대성당에서는 향로 미사라는 것을 한다. 세계에서 가장 거대한 향로(Bota Fumeiro)가 이곳에 있다. 공식적인 미사는 특정한 요일에 행하지만, 워낙 순례자들이 많아서 매일 한다. 거대한 향로가 줄에 매달린 채 왔다 갔다 하며 내부 가득 향을 퍼트린다. 평안을 주고 질병을 예방한다는 의미로 행해졌다지만 사실 이 행위는 긴 여정 동안 씻지도 못한 채 도착한 순례자들에게서 나는 악취를 덮고자 시작했던 일이라고 한다. 성당은 구조상 환기가 잘 되는 곳이 아니니 그 체취를 견디기가 많이 힘들었을 것이다. 아쉽게도 지금은 내부 보수 공사로 미사 자체가 진행되지 않았다. 대신에 이 근처에 있는 다른 성당에서 미사를 진행한다. 나는 그 미사에 내일 참석할 예정이다.

그분의 사진을 찍어드리고 헤어졌다. 여기서도 나는 내 얼굴이 나오는 사진을 찍지 않았다. 브이를 한 손가락만 슬쩍 나오게끔 찍었는데 어찌나 손이 까맣던지. 홀로 뒤쪽 회랑에 배낭을 내려놓고 아무 바닥에 주저앉았다. 성당을 보고, 주변 사람들을 보고, 그렇게 시선이 왔다 갔다 했다. 한국인 남매도 만났다. 그간 자주 봤던 택시 할머니도 계시지 않을까 싶었는데 볼 수는 없었다. 평소보다 한 장소에 오래 머물렀다. 그 분위기가 좋았다. 아직 마지막으로 할 일이 남아서 다시 가방을 챙겼다. 대성당 근처에 있는 순례자 사무실로 간다. 완주증을 받기 위한 사람들이 이미 꽤 있어서 따라 줄을 섰다. 성수기에는 한참을 기다린다는데 나는 10분 정도 걸렸다. 일을 처리하는 창구가 스무 개가 넘는 것이 마치 은행 같다. 나는 완주증 말고도 비용을 더 지불해서 거리증명서도 받았다. 한 번도 건너뛰지 않으면 증서에 총 775㎞를 적어준다고 하는데 내가 받은 것은 556㎞. 어느 구간을 건너뛰었는지 미리 종이에 적어간 덕에 봉사자분이 빠르게 계산해주셨다. 증서들을 보관하는 통도 따로 구매 할 수 있지만, 배낭의 딱딱한 등판 쪽에 넣을 거라 사진 않았다.

순례자로서의 모든 일이 끝이 났다. 이후에 우체국에 가서 빡 뻬레그리노로 보관되어 있던 나의 짐을 찾았다. 기본 보관 기간 15일을 초과한 3일분 치의 3유로를 추가로 지불했다. 걸어오면서 봤던 알베르게로 다시 돌아가 체크인도 했다. 이제 걷지 않아도 된다는 생각에 버스를 타려 했건만 유심 데이터가 다 떨어져 검색할 수 없었다. 이럴 땐 몸이 고생하는 수밖엔 없다. 고대로 3㎞를 또 걸어가 알베르게에 체크인했다. 이곳은 연박이 가능했는데, 특이하게도 한 번에 비용을 지불하지 않고 매일 새로 내야 했다.

밤이 되자, 내일 또 걷고 싶다는 바보 같은 생각이 들었다. 여기 오기까지 지긋지긋해서 끝내고만 싶다는 생각이 간절했었는데, 막상 끝이 되니 오만 생각이 다 든다. 꼭 걸어야만 할 것 같고 아직 도착하지 않은 것 같은 착각도 든다.

역시나 막상 도착해보니 뭔가 거대한 것이 나를 기다리고 있었던 건 아니었다. 도착은 그저 도착이었을 뿐. 몇 번이고 말을 하지만 결국 여기까지로 오는 그 과정에서 이미 완성되고 있었고 그 안에 중요한 의미들은 다 들어 있었음을 느꼈다.

지금 당장 어떤 깨달음으로 번뜩거리는 것은 아니지만 훗날 뒤늦게 알아챌 수 있지 않을까 생각한다. 또 올 거냐는 질문을 지금 당장 받는다면 단연코 아니요 라고 망설임 없이 답하겠지만 훗날 이 기억들이 미화된다면 그 뒤엔 또 언젠가는 어떤 선택을 하게 될지 모르겠다.

그리고 고작 일 년 반이 지난 지금,
그 '아니오'라는 대답은 확실치 않게 되었다.

마지막 날 | 50,574보 | 35.78km

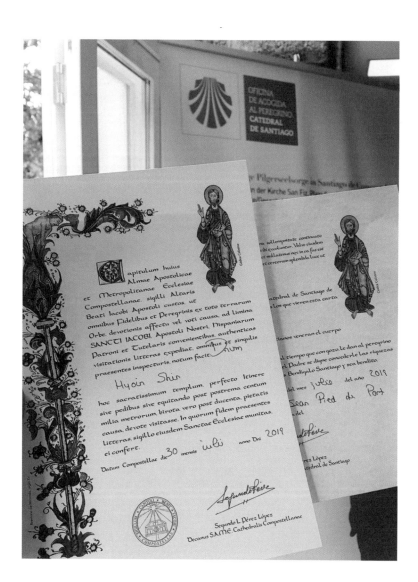

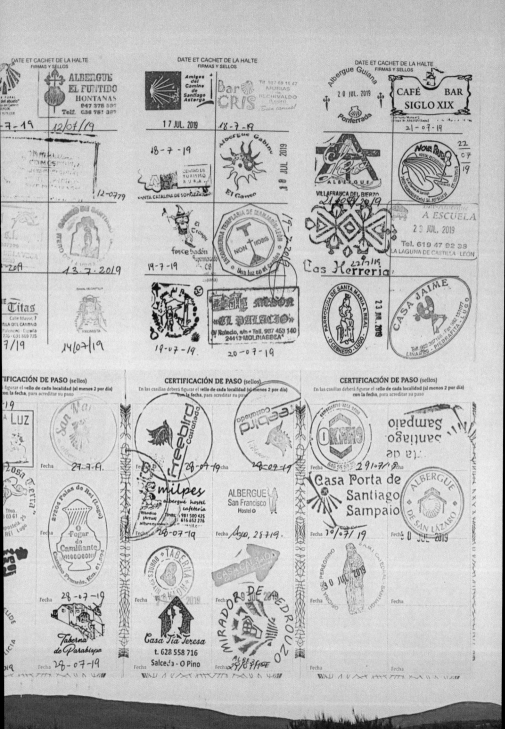

산티아고 데 콤포스텔라 거닐기
Santiago de Compostela

알람에 맞춰 새벽에 일어나지 않아도 되는, 그 첫날이다. 알베르게의 체크 아웃 시간이 8시임에도 대부분이 잠들어 있다. 이들 모두 나와 같이 연박을 하는 사람들이다. 아침 겸 점심을 든든히 차려 먹고 시내버스를 탔다. 3㎞를 1유로로 갈 수 있다는 사실이 감사하다.

성 프란치스코 성당Igrexa de San Francisco으로 간다. 대성당 내부 공사로 인해 순례자 미사를 대신 봐주는 곳으로 대성당에서 350m 떨어진 곳에 있다. 예정된 시각인 정오가 다 되어 가는데도 내부가 휑하다 싶었는데 이내 보조 의자까지 꽉 차서 늦게 온 이들은 서 있기까지 했다. 처음엔 여러 나라 언어로 설명을 간단히 해주는데 그 후 미사 자체는 스페인어로 진행된다. 전혀 알아듣지 못해도 일어날 때 일어나고 앉을 때 앉으면 참여 자체는 무리 없다. 오전에 길을 걸어와 바로 미사에 오는 이들이 많아서 사실 내부에서 맡아지는 냄새는 썩 좋지 않다. 향로가 왜 있는지 알 것 같은 정도다. 미사가 끝나고, 우리들을 위해 시간을 써 주는 것이 고마워 약간의 기부를 했다. 다시 한번 대성당을 보러 가는 길에 순례자 사무실 옆에 있는 버스 회사 사무실에 들렀다. 인터넷으로 예약한 포르투갈의 포르토Porto행 버스 예매와 관련해서 pdf 출력이 꼭 필요한지 물어보러 간 것이었는데 영수증 형식의 티켓을 바로 뽑아주었다.

내일 떠날 투어를 예약하러 여행사에 갔다. 피스테라Fiesterra와 묵시아Muxia가 포함된 것으로 35유로. 알아서 다녀오려면 왕복 버스비만 24유로인데 그걸 고려하면 나쁘지 않은 가격이다. 예약을 마치고 근처에 사람들이 많은 빵집에서 엠파나다를 사 먹었는데 내 취향은 아니었다. 바로 그 옆의 아이스크림 가게도 갔다. 가장 작은 것을 달라고 말하고 싶은데 이걸 스페인어로 어떻게 말해야 할지 몰라서 망설이는 사이에 뒤의 스페인 사람이 '스몰?'이라고 도와줬다. 그렇지, 여긴 많은 외국인이 여행 오는 산티아고라서 영어가 충분히 먹히는 곳임을 잠시 잊었다.

할 일이 없으면 발 길이 닿는 대로 돌아다닌다. 지도를 볼 일도, 목적지를 쫓아 바쁘게 걸을 일도 없다. 느긋하게 도시의 풍경을 구경한다. 좋았던 날씨. 그러다가 또 대성당에 도착했다. 이제 막 도착의 환희를 느끼는 이들을 구경하며 앉아 있는데 누군가 내게 말을 걸어왔다. 중년의 독일인 여성 두 분이었는데, 순례길에서 나를 여러 번 봤다면서 말을 걸어왔다. 오세브레이로 등에서 봤던 그들은 항상 가방을 트랜스퍼로 보내며 걸었다고 한다. 전과 같이 어디서 출발했고 얼마나 걸었는지 등을 서로 이야기했다. 이곳에서 며칠 머물고 다시 독일로 돌아간다는 그들, 또 볼일은 없겠지만 타국에서 누군가가 나를 알아본다는 건 재미있는 경험이었다.

이 둘이 에어비앤비로 예약한 아파트에 체크인하러 떠났고 나 또한 커피 한 잔을 위해 근처 괜찮은 카페를 찾아갔다. 호텔 코스타 벨라Costa Vella에서 하는 카페였는데 안쪽으로 아주 예쁜 정원과 야외 테이블들이 마련된 곳이었다. 커피 맛도 좋았는데 내가 산티아고에서 마신 총 3잔의 커피 중 이곳이 제일이었다. 감각적인 인테리어를 벗 삼아 밑그림을 그리고 덮어 뒀던 것들을 이어서 마무리하고 지인들에게 보고할 근황과 생각들을 엽서에 적었다. 그리고 아까 카페에 오기 전, 우체국에서 샀던 국제 우표도 붙였다. 총 5장에 7.5유로로 예쁜 카네이션이 그려진 노란 바탕의 스티커형 우표였다.

카페에서 느긋하게 쉬다가 다시 대성당 부근을 돌다 우연히 입구를 발견해서 들어갔다. 내부는 수리 중이었으나 성 야고보의 무덤을 볼 수 있었다. 카드 결제가 되는 기부 기계도 보고 온갖 비닐이 쳐진 내부 공사장도 보았다. 그간 유럽을 돌아다니면서 내부 공사 중인 성당을 여럿 보긴 했다만 이렇게 대놓고 공사판인 건 처음이었다. 그 규모가 정말 큰 것 같았다. 성당 중앙에 멈춰져 있는 향로도 보았다. 솔방울 같은 모양새이기도 하고 도토리 같기도 하고 그랬다. 공사 중인 모습을 보니 마치 과거와 현대가 차원을 뒤틀고 공존해 있는 느낌이다. 또 얻어걸려서 사람들이 줄 서 있는 곳에 따라 섰다. 뭔지도 모르고 섰는데 좁은 계단을 오르니 장식품으로 치장된 어떤 조각상의 뒷모습이 나왔다. 다들 그 어깨를 만지거나 뒤에서 껴안거나 했다. 뭔지도 모르니 나 또한 어깨에 손만 올리고 가려는데 뒤에 안내 직원이 나를 부르더니 힘껏 백 허그를 하라고 알려줘서 나름 용기를 내서 껴안았다. 그제야 흡족한 얼굴로 직원이 내게 한국인이냐고 묻길래 그렇다고 했다. 후에 찾아보니 내가 본 조각상이 바로 사도 야고보였다. 순례길의 종착지가 산티아고 인 것은 그의 유해가 바로 이곳에 있기 때문이다. 그의 무덤까지 눈으로 보고 난 후 바깥으로 나왔다. 아쉽게도 내부 촬영은 불가다.

줄 끝에 매달려 있는 것이 향로이다.

성당 뒷편으로 나오니 무슨 축제가 있는 듯 한쪽에 무대가 설치되어 있고 이동식 바르도 있었다. 이미 계단에 여럿이 앉아 있다. 나 또한 공연이라면 좋아하지만 오후 10시 20분부터 시작한다는 데, 그걸 보면 버스가 끊겨서 알베르게까지 또 걸어서 들어가야 한다. 그리고 시작 시각을 보건대 날밤 새우는 일정일 게 뻔했다.

나는 내일 투어가 있으므로 일찍 취침을 해야 한다.

관광버스 타고 당일 여행
Fisterre, Muxia

나라는 인간은 투어랑 맞지 않는다. 원할 때 쉬고, 떠나는 걸 못한 채 우르르 다녀야 하는 게 굉장히 성미에 안 맞아서 신청하기까지 제법 고민을 했었다. 결론적으로 너무 잘 다녀왔다. 끌려다니는 여행 상품이었다기보단 마치 주요 관광지에 쏙쏙 내려주는 단체 택시를 탄 느낌이었다.

일찍 일어나 알베르게를 나오니 해가 막 뜨고 있다. 떠오르는 태양을 정말 장기간 봐왔던 날도 이제 끝이 되었다. 인생을 살면서 그렇게 매일 일출을 보는 일이 얼마나 있을까, 그것도 30일 가까이 말이다.

관광버스는 호텔 유니버설 앞에서 출발한다. 꽤 규모가 있는 거대한 호텔이다. 다행히 알베르게 앞에서 버스 한 번을 타면 그 호텔에 도착할 수 있었다. 혹여 늦을까 봐 좀 서둘렀더니 40분가량이 남아서 호텔이 잘 보이는 카페에 들어갔다. 아침부터 신문을 읽고 제 할 일을 하는 사람들로 제법 차 있던 곳이었다. 카페 아메리카노 1.2유로. 전에도 그렇고 여기 커피들은 산미라고 하기엔 뭔가 다른 좀 희한한 맛이 난다.

시간이 다 되어 가보니 여행사 직원 2명이 나와 있었다. 한 명은 피스테라 담당이고 한 분은 다른 지역 담당이었다. 참고로 피스테라Fisterra와 피니스테레Finisterre 모두 같은 곳을 말한다. 피스테라는 갈리시아어, 피니스테레는 스페인어. 스페인 숫자 발음이 불어랑 아주아주 약간 비슷해서 주워 듣기로는 오늘 투어 참가자가 36명이라고 하는 것 같았다. 인원이 좀 되어서 그런지 큰 버스가 나타났다. 어디는 미니 버스로 돌아다니기도 한다던데 다행이었다. 북적북적한 버스 내부. 나처럼 혼자 온 이들도 여럿 있다. 이 투어의 최대 장점은 한국어 오디오 가이드가 제공 된다는 점이다. 가이드가 하는 모든 설명을 한국어로 들을 수 있다. 그 덕분에 뚜렷한 이해를 통해 아주 세세한 여행기를 기록할 수 있었다.

Presa del río Tambre, 2미터 높이의 작은 댐이 생긴다.

Ponte Maceira, 중세 시대에 축조된 다리다.

첫 번째로 도착한 곳은 폰테 마세이라Ponte maceira. 탐브레 강을 낀 작은 마을이다. 스페인에서 가장 아름다운 마을 중 한 곳으로 꼽힌 이곳에도 순례길이 있기 때문에 자신의 길을 진행하고 있는 순례자들을 볼 수 있다. 이곳엔 중세시대에 지어진 넓은 다리와 멋진 강을 볼 수 있다. 천천히 구경할 시간을 가지고 난 뒤 다시 버스를 타고 묵시아로 향했다. 오늘 일정에서 점심 식사는 피니스테레에서 해결해야 하는데 이왕이면 평점이 괜찮은 식당에 가고 싶어서 버스 안에서 스마트폰으로 열심히 검색했다. 그 결과 멀미가 생기기 직전이어서 결국 금방 내려놓았다. 열심히 검색했으나 성과는 없었다. 왜냐하면 바닷가 마을인 터라 평이 좋은 곳은 대부분 해산물 식당인데, 나는 비린내에 취약해 생선을 못 먹기 때문이다.

비릭스 다 바르카 성당Virxe da Barca sanctuary, 몇 해전에 있던 화재로 재건 되었다.

묵시아Muxia(스페인식 발음으로는 무시아)는 죽음의 바다라고 불린다. 거친 파도로 인해 수백 건의 사고를 낸 곳이라 그렇다. 탁 트인 곳, 하늘과 바다가 같은 계열의 색으로 맞닿아 있는 곳이었다. 바다에 바로 성당 하나가 있다. 이 성당은 야고보와 얽힌 이야기를 가지고 있다. 야고보가 선교를 위해 이 마을에 도착했을 당시, 이 마을 사람들은 굉장히 배타적이고 공격적이어서 타인의 방문을 환영해 주지 않았다고 한다.

"네가 말하는 그 예수라는 사람은 잘 모르겠고 우리는 우리 신이 따로 있어."

그렇게 말하자 성모가 돌배를 타고 나타나면서 어려움을 겪던 야고보를 도와주며 마을 사람들에게 '내가 너희들을 지켜 줄 것이나 그러기 위해선 성당을 지어야 할 것이

다.'라고 하여 짓게 되었다는 이야기가 있다. 또 다른 이야기로는 성모가 야고보의 설
교를 듣기 위해 돌배를 타고 왔다는 말도 있다.

사람들이 손을 대고 있는 넙적한 저것이 바로 돌배 조각이다.

환상적인 날씨와 그에 걸맞은 바다. 날이 좋은 날에 만나는 바다만큼 그 효과를 톡톡
히 보는 것이 또 있을까?

이곳에는 아픈 곳을 낫게 해준다는 바위가 있다. 이 바위는 앞서 말한 성모가 타고
온 돌배의 조각이라고 불린다. 돌배의 형상을 닮은 것이 바닷가 부근에 있는데 이 아래
를 7번 왕복하면 된다. 하지만 그 횟수가 꽤 많아서 아무리 봐도 그러다 더 악화할 것
같다는 생각이 든다. 필시 허리는 더 아파질 것이다. 어쨌거나 그 전설을 믿는 주민들
은 80살까지도 그 일을 한다고 한다. 그리고 또 하나 유명한 바위가 있는데 바로 움직
이는 바위다. 바위는 죄를 판결하는 용도로 쓰였었다. 마을에서 죄가 있는 사람이 있으
면 끌고 와서, '만약 당신의 죄가 없다면 바위를 움직일 것이고, 죄가 있다면 바위가 움
직이지 않을 것이기에 따라서 움직이지 않는다면 벌을 받게 될 것이다.'라고 했다 한
다. 그런데 이 바위가 몇 년 전에 두 개로 갈라져 버렸다. 파도 때문인지 낙뢰 때문인지

는 잘 모르겠으나 즉, 더는 움직이지 못하게 된 것이다. 그 때문에 이 마을 사람들은 우리가 모두 죄를 지었다고 믿는단다.

　가이드 투어를 받으니 이런 상세한 뒷이야기까지 얻을 수 있어서 둘러보는 데 더욱 재미가 있었다. 물론 단순히 여행의 재미를 위한 설화일지도 모르지만 어찌 됐건 그저 그림을 감상하듯 한 눈에서 이야기를 통해 시선을 읽는 즐거움이 추가되었다.

성당이 한눈에 잘 보이도록 조금 더 높아진 지대로 올라갔다. 바닷바람이 세차게 부는 터라 소리가 시끄러운 그곳에 거대한 조형물 하나가 있다. 아 페리다A Ferida, 상처라는 스페인어로 된 이 조각은 2002년 프레스티지호 유조선의 기름 유출 사고의 아픔을 기리는 탑으로 높이 11M 무게는 400톤에 달한다.

아 페리다 조각상 바로 앞에 묵시아의 0km 표지석이 있다.

다음 일정이 바로 피니스테레다. 피니스Finis(끝), 테레Terre(땅) 이라는 뜻으로 로마 사람들은 이 곳이 바로 세상의 끝이라고 믿었다고 한다. 이제 더는 갈 곳이 없다는 0km의 표지석을 볼 수 있는 곳이다. 묵시아에도 같은 숫자의 표지석이 있으나 다른 점은 화살표가 있다는 것이고 여기엔 없다.

혼자서 버스를 예매하고 왔다면 힘겹게 올라왔을 곳을 버스를 타고 편히 왔다. 등대 Faro de Finisterre가 있는 전망대 부근에 주차장이 있는 덕분이다. 평지를 걸어 아무 화살표도 없는 0km 표지석을 금방 만났다. 워낙 기념사진을 찍는 이들이 많은 곳이라 약간의 줄은 늘 감수해야 한다.

이곳에도 기부금을 내고 찍어 갈 수 있는 도장이 있다. 아마도 개인이 만든 것으로 보인다. 완주증도 이미 받은 데다가 여기까지 걸어서 온 게 아니니 받는 건 의미가 없다고 생각해 지나쳤다. 좀 더 걸어가면 계단이 나오고 거기를 따라가면 바다 끝과 만난다. 눈앞에 닿는 것이 수평선 말곤 없다. 근처에 순례자의 신발 한 짝 조형물로 돌 위에 얹어져 있다. 순례길을 걸어 본 사람만이 저 신발에 대해 이해할 수 있다. 그간 걸어오면서 얼마나 많은 신발 한 짝을 표지석에서 만났는지 모른다. 순례자였던 순간이 새삼 아득해졌다. 불과 이틀 전까지 그랬는데 아주 오래전으로 바래지는 느낌이다.

　한 짝의 신발 말고도 어딘가 잿더미가 보인다. 여정을 마친 순례자들이 새로 깨어난 다는 의미로 자신들의 신발이나 옷, 양말을 태웠던 흔적이다. 지금은 그것이 금지되어 있다. 이런 걸 보면 다들 여태까지의 자신을 버리고 싶은 마음들이 있는 모양이다. 뭐 가끔은 인생을 초기화하고 싶기도, '제가 생각했던 거랑 좀 달라서 반품할게요'라고 하고 싶은 순간들이 있다. 과거를 바꿀 수는 없지만, 더 나은 나를 만드는 건 그보다는 가능한 일이라 믿는다. 뭐든 하기 나름인데 가끔은 애석하게도 뭘 해도 안 되는 때가 있다. 그 사이에 꼈을 때 어떻게 견뎌 내고 대응하느냐가 중요하다. 이런 말을 하는 나조차도 그럴 때마다 많이 무너져 내리지만 결국에 다시 또 나는 전과 같이 태엽을 감듯 시간을 돌리게 된다. 이렇게까지 갖은 생각을 하면서 자신들의 물건을 태우는 것이겠지만 그래도 대기 오염은 안 된다.

약간의 자유시간 동안 초입에 있던 무료 화장실도 이용하면서 버스 타기를 기다렸다. 역시나 빠르게 훑어보는 것이 익숙한 나에겐 체류 시간이 좀 길다.

피스테라/피니스테레 마을 전경

피스니스테레로 내려가서 점심을 해결할 시간이다. 주어진 시간은 1시간 45분.

모두가 차에서 내려 한 방향으로 간다. 바닷가 바로 앞의 식당 밀집 구역이다. 마을에 발을 딛자마자 비린내가 확 하고 코를 찌른다. 여기 해산물이 신선하고 좋다는 것은 알지만 가뜩이나 약간의 멀미 증상도 있기에 나는 좀 더 마을 중심지로 들어갔다. 해산물이 아닌 것을 찾다가 나온 수제 버거집에 가는 길이다. 내가 고른 식당의 이름은 etel&pan . 8.5유로짜리 소고기 버거와 감자튀김을 시켰다. 당연히 음료는 제로콜라. 총 13유로가량 나왔다. 식전으로 비스킷이랑 소스가 나오는데, 특히나 이 집의 소스들이 너무 맛있었다. 리코타 치즈와 달달하게 볶아진 양파가 들어간 버거의 모든 재료는 갈리시아 지방 것으로만 쓴다고 적혀 있었다.

배터리가 거의 다 되어서 휴대전화의 충전을 부탁 드렸는데 감사하게도 흔쾌히 들어주셨다. 덕분에 식사하면서 할 일이라곤 음식에 천천히 집중하는 것밖엔 없었다.

70%의 배터리로 마을을 돌아다녔다. 작은 마을을 한 바퀴 돌아 다시 아까 그 해산물 식당 쪽으로 나왔다. 후각이 점점 마비되어 아까 강하게 느꼈던 비린내도 나지 않았다. 푸르고 투명한 바다, 날씨 덕이긴 하겠지만 여태까지 유럽을 다니면서 만났던 바다 중에 손에 꼽힐 정도로 아름다웠다. 상위 5등 정도 되는데, 나머지 네 곳은 모두 프랑스에 있다.

항구 도시는 언제나 아름답다. 특히나 이곳은 건물들의 색깔이 제각기 다른데 서로 비슷한 파스텔톤이어서 잘 어울렸다. 만약 내가 아무런 일정이 없었다면 이 마을에서 하루쯤은 묵어 봤을 것이다. 이곳엔 셔터를 누르기만 해도 알아서 멋진 사진들이 담기는 매력이 있었다.

시간 맞춰서 모인 이들과 다음으로 가는 곳은 에사로 폭포Cascada do Ézaro. 이곳은 유럽에서 유일하게 바다로 흘러드는 폭포를 볼 수 있는 곳이다. 이 폭포를 이용해 수력 발전도 이뤄지는 곳인데 카약과도 같은 스포츠를 할 수도 있다. 여러 보트가 정박된 바다가 나왔다. 저 멀리에 있는 돌산은 원래 나무가 있었지만 산불로 인해 다 타버렸고 그 때문에 비가 내릴 때 흙이 다 씻겨 내려가, 지금의 모습이 되었다고 한다. 여기선 저 폭포를 보는 것 말곤 딱히 할 일은 없다. 10유로를 내고 보트를 대여하면 폭포 가까이 까지 갈 수 있지만 시간적 여유도 없고 이미 충분히 눈으로 잘 보인다.

버스는 계속해서 바닷가를 지나쳐 간다. 계속 바다를 보고 싶다면 버스를 탔을 때 진행 방향 기준으로 오른쪽에 자리를 잡는 게 좋다. 다만 내리쬐는 햇빛도 그 방향이다. 하나를 얻으면 하나는 포기해야 하는 이치가 여기서도 작용한다.

공식적으로 마지막 관광지로 향한다. 거대한 오레오를 보러 가는 길. 보통 오레오가 3m 정도 길이인 것에 비해 오늘 보게 될 오레오는 그 길이가 무려 35m나 된다고 한다. 오레오는 마을 안쪽에 있어서 큰 버스를 마을 도롯가에 세워두고 약간 걸어갔다. 이 지방에서 두 번째로 긴 오레오(Horreo de carnota). 오레오의 길이가 그 지방의 수확량을 대변하기 때문에 크기에 관해 서로 경쟁이 있었다고 한다. 그때 여기 말고 옆 마을이 더 큰 오레오를 지었는데, 이 마을에서 걸어서 20분 거리에 있다. 다만 차로 접근하기 어렵다고 하다는 걸 보니 좀 외진 곳에 있는 모양이다.

일반적인 오레오들이 나무로 된 벽면을 가졌지만, 그에 비해 여기는 돌로 되어 있다. 그 돌은 지금까지 지나온 세월이 고스란히 느껴지는 외관을 가지고 있다. 이 오레오 지붕에는 십자가가 붙어 있는데, 이는 성당의 소유를 뜻한다. 물론 지난 순례길에서 일반 주택들 가까이에 있는 오레오에서도 십자가를 본 적이 있다. 그 십자가는 신이 나의 곡식을 지켜주길 바라는, 일종의 신앙심이다. 빽빽한 돌들을 따라 얇고 길게 뚫린 구멍들이 존재하는데 공기의 순환과 비를 막는 용도라고 한다.

이제 산티아고 돌아가는 일만 남았다. 할 일 없이 버스에 앉아 있겠거니 싶었는데 바닷가를 지나가면서 추가로 설명 할 수 있는 부분을 오디오 가이드가 알려준다. 무로스 Muros 마을을 시작으로 바다 위에 서로 간격을 두고 넓게 펼쳐져 있는 것들이 있었다. 습기에 강한 특정한 나무로 만든 거대한 판들은 홍합을 채취하는 곳인데, 저 일의 수입이 꽤 짭짤하다고 한다. 한 번에 만 유로를 번다고 한다. 만 유로는 우리나라 돈으로 1300만 원이 넘는다. 당연히 아무나 할 수는 없고 허가증을 가진 이만이 할 수 있는데 중요한 건 더는 새로 허가증이 발급되지 않는다고 한다. 즉, 기존에 허가증을 가진 사람으로부터 그것을 사야 하는데 그 시작가가 100만 유로부터 시작된다고 한다. 13억이 넘는 돈이다. 와우.

돌아오는 길, 버스 안에서 숙면을 취했는데 하도 잘 잔 탓에 몸이 풀려서일까, 버스에서 내리면서 계단에서 미끄러졌다. 워낙 턱이 높아 한 번은 넘어지지 않을까 싶었는데 기어코 들어맞았다. 창피한 상황을 애써 털고 다시 알베르게로 돌아와 마지막 밤을 정리했다. 그동안 단체 관광 상품에 대해 반감이 있었던 내게, 이번 경험은 그 편견을 깨는 일환이 되었다. 특히나 말이 잘 통하지 않는 타국에서 힘겹게 대중교통의 배차 시간을 알아내 찾아가는 일을 하지 않는 게 얼마나 편한 일이었는지 모른다.

며칠간의 시간을 두어 피니스테레까지 걸어갔다면 오늘의 느낌과는 좀 다른 것을 얻었을지도 모른다. 아마 관광지 느낌에 쉽게 푸쉬식 하고 감정이 식었을 수도, 직접 마주한 0㎞ 표지석에 감격했을 수도 있다.

어쨌건 이로써 순례길과의 접점은 모두 끝났다. 모든 것들이 이제 추억으로 흩어질 준비를 시작한다. 그렇게 끝과 시작 모두 산티아고 데 콤포스텔라로부터 이뤄진다.

순례길은 안녕했나

항공편	베트남항공 파리 왕복(하노이 경유)
출발일	2019.07.03. (순례자 여권은 2일에 만듦)
출발지	생장피드포르 Saint-Jean-Pied-de-Port ,프랑스
도착일	2019.07.30.
도착지	산티아고 데 콤포스텔라 Santiago de Compostela, 스페인
소요 기간	28일 (하루 로그로뇨 휴식 포함)
건너 뛴 구간	Torres del Río ~ Logroño (20km)
	Logroño ~ Burgos (124km)
	Carrión de los Condes ~ Léon (94km)

생각한 것보다 훨씬 정말 훨씬 힘들었다.

일단 내가 생각 자체를 잘못했던 탓도 있다. 고도 표와 지도로 대충 보긴 봤지만 모두가 2D로 다가왔기에 그렇게나 오르고 내릴 줄은 예상하지 못했다. 평소 주변 사람들이 말하길, 너는 잘 갔다 올 것 같다고 했다. 한국에선 누구보다 빠르게 씩씩하게 잘 걸어 다녔기에 나 또한 그 사실에 대하여 부정하지 않았다. 뭐, 좀 더 오래 걷는 차이만 있겠거니 싶었는데… 여긴 그게 아니었다.

한두 시간 걷는 것과 여섯 시간 이상 걸어 다닌다는 건 상당한 차이가 있었다. 미리 한국에서 매일 두 시간씩 걷기 연습을 하고 왔던 이들도 백기를 들었다.

더불어 나는 이곳의 길 대부분이 평지일 거라고 착각했었다. 그런 일은 그다지 많지 않았고 잘 닦인 거리를 대도시에서 만날 땐 이미 내 발 상태가 말이 아니었다. 어떤 길을 걷든, 그 걷는다는 것 자체가 아주 아팠고 힘들었다.

자아 성찰의 여유는 그다지 없다.

이 길을 나서는 대부분이 그럴 것이다. 자기 자신을 되돌아본다거나 앞으로의 미래를 고민한다거나 하는, 일종의 자아 성찰을 위한 마음이 어느 정도는 있다. 나 또한 복잡했던 올해의 일들을 조금 정리하고 피할 수 없을 미래에 대해 생각하고 싶었던 마음이 있었다. 그런데 이러한 시간을 가진 건 산티아고에 도착하기 대략 5일 전부터였다. 초반부터 중후반까지는 정말 오로지 걷는 것만 보인다.

일단 생각조차 잘 안 든다. 잡념을 떨쳐 버리기 위해 이곳을 택했다면 정말 옳았을 테지만 나는 생각이란 걸 잠자면서도 끊임없이 하는 사람이라서 무상무념이란 게 시간을 허투루 날려 먹었다는 식으로 다가왔다. 정말 이 일을 끝까지 해도 될까 싶은 갈등이 초반에 내리 있었다.

걸으면서 드는 생각은, 길을 왜 이렇게 만들었을까 하는 거다. 보통 출발 전에 오늘의 일정을 훑어보면서 자연스럽게 고도를 확인하게 된다. 수치로만 보면 마을과 마을 사이의 차이가 별로 안 나서 나름의 평지겠거니 싶지만 실제로는 한참을 내려갔다가 또 그만큼 또 올라가는 일정인 경우가 정말 다반사였다. 내리막을 탈 때마다 매번, 이래놓고 또 겁나 올라갈 거면서 왜 내려가냐며 투덜댔다. 그 투덜이 지나고 나면 이제 발의 상태에 온 신경이 집중되어서 '쉬고 싶다, 발 아프다.'는 생각으로 가득 찬다. 이다음 바르가 나오면 쉬어야지, 근데 바르는 언제 나오지? 그러한 생각이 대부분이다.

나에 관한 생각은 결국 '순례길에서의 나'로 제한된다.

곤충, 동물 현장 학습에 최고

새까만 민달팽이가 그렇게나 길 수 있다는 걸 여기서 처음 알았다. 이에 비하면 우리나라 달팽이는 굉장히 귀여운 편이다. 여긴 크고 종류가 다양한데 징그럽지 않다고 생각하는 게 편하다. 사실 달팽이는 새벽의 어두운 길을 걷는 순례자들이 미처 발견하지 못해 밟혀 버리는 일이 많은데, 그 잔해를 뒤에 따라오는 이들이 종종 보게 된다.

몇 번씩 바뀌는 지방에 따라 잘 보이는 친구들이 조금씩 다르다. 비가 많이 오고 습하면 달팽이가 주로 많고 메세타에서는 그렇게 들쥐를 자주 봤다. 쥐를 싫어하지만 도시에서 볼 수 있는 거대한 회색 쥐가 아니라 돌멩이 같은 느낌의 갈색 시골 쥐라 그렇게 망측하지는 않았다. 다만 이 녀석들은 겁이 없어서 사람이 걷는 와중에도 발 앞까지 튀어나왔다가 도망간다. 이 쥐들은 해가 뜨기 전까지 제일 활발했다. 그 외에도 여치, 메뚜기 이름 모를 곤충들이 되게 많고 도마뱀도 자주 나온다. 고슴도치, 양, 소, 당나귀, 말, 닭 등. 참고로 갈리시아 지방엔 소들에 의한 똥이 정말 많은데, 처음엔 좀 피할 수 있을지 몰라도 결국엔 발 디딜 곳이 없어 밟게 된다. 그냥 받아들여라.

첫째 날, 론세바예스로 향하는 피레네 산맥에서

사람들은 정말 빨리 걷는데,
나를 앞서간 이들도 그날은 몇 번씩 마주치게 된다.

오래 하는 산책 정도로만 생각하고 왔던 나에게, 빠르게 걸어 다니는 사람들만 많았던 게 신기했다. 원래 빠른 이들도 있겠지만 대부분이 스스로 속도를 내며 걷고 있었다. 물론 서양인과 나의 보폭은 매우 다르다. 그들이 세 걸음을 걸으면 나는 두 걸음 정도 될 거다. 물론 이곳에서의 나는 천천히 걷는 사람이었지만 한국에선 정반대였다. 그런데도 여기선 나 다운 걸음을 해낼 수 없었다.

보통 처음 만나면 부엔 까미노로 인사를 한다. 누구나 서로 하게 되는데 사리아로 들어오고 나서부턴 이 인사를 안 하는 사람들이 많다. 힘든 길을 만나면 더욱이 인사를 많이 한다. 서로 땀에 젖어 붉어진 얼굴로 인사를 건네면 피식하고 웃음도 난다. 이 다섯 음절이 꽤 멋진 주문 같기도 하다. 숨이 차도 꼭 하는 말이다. 인사를 하고 나면 사람들이 나를 떠나간다. 그리고 바르에서 쉬고 있는 모습과 만나며 한 번 더 인사를 한다. 사람은 누구나 휴식이 필요하기에 쉬는 틈이 거의 비슷하다. 만약 내가 그 바르에서 쉬지 않고 계속 걷게 되면 어느새 내 뒤까지 쫓아온 그와 세 번째 인사를 하게 되는 것이다. 계속 부엔 까미노라는 말을 고수하지 않아도 괜찮다. 손 인사나 눈짓, 헤헤하는 웃음으로도 충분히 전달된다. 나는 새벽 일찍 나가는 편이지만 걸음이 느려서 한 두시간 늦게 나온 그들과 길 위에서 항상 만났다. 내가 중간에 버스로 구간을 건너뛰는 사이 익숙했던 얼굴들이 모두 없어졌는데 계속 그렇게 이십 일을 넘게 봤더라면 통성명뿐만 아니라 더 많은 이야기도 나눴을 것이다.

아무리 내가 사교적이지 않다고 해도.

영어가 유창하지 않아도 괜찮다

순례길에서 만나는 사람들을 보자면 스페인 출신이 제일 많고 그다음 프랑스, 영국, 한국, 대만. 그 순서 뒤에 동유럽, 아르헨티나, 멕시코 등이 뒤를 따른다. 대부분 영어를 하므로 그들과 친해지는데 제일은 영어다. 만약 스페인어를 할 줄 안다면 그것은 천군만마를 얻은 것과 동일하다. 식당에서 주문이라던가 알베르게 예약을 위해 전화 통화를 해야 하는 경우에 정말 수월함을 느낄 것이다. 길을 걸으면서 스페인어를 6개월 동안 배워온 한국인을 만났는데 여기에 와서 그 실력이 부쩍 늘었다고 했다. 약간의 기초만 있다면 더할 나위 없는 배움의 장이다.

새로운 사람을 만나 영어로 하는 이야기는 늘 비슷하다. 언제, 어디서 출발했는지, 며칠째인지, 어디서 왔는지… 추가로 여기에 왜 이렇게 한국인이 많이 오냐는 질문과 한국에서 무슨 일을 하는지, 산티아고까지 며칠을 잡고 있는지, 오늘 어디까지 걸을 건지 등. 비슷한 패턴인지라 몇 번 말을 하다 보면 나중엔 자동 응답기처럼 술술 나오게 된다. 이것이 바로 반복 학습의 효과다. 숙소로 들어와서도 상황은 비슷하다. 나는 원래 모르는 사람이랑 말을 많이 하지 않기 때문에 거의 이 정도의 질문 안에서만 대화가 이루어졌다. 술을 잘 못 마시는 탓에 저녁 시간에 그들과 주방이나 바르에서 어울릴 일도 없었다. 사교성 많은 사람이 온다면 정말 다양한 나라의 친구들을 쉽게 사귈 수 있다. 왜냐하면 우린 순례자라는 역할의 공통점이 있기 때문이다. 그것은 평소 세워 두었던 많은 장벽을 허물어준다. 비록 나는 결국 한 명도 진득히 사귀지 못했지만 새삼스러울 일도 아니고 그게 아쉬울 인간도 아니다.

기간은 40일 이상을 추천

여행은 다사다난할 수밖에 없다. 특히나 순례길은 일반적인 여행처럼 한 도시에 여러 날을 머물며 적응하는 일이 생기지 않기에 하루하루가 새롭다. 이 길을 걸으면서 만난 이들 대부분이 35일~40일 정도를 잡고 온다. 심지어 50일도 보았다. 30일 일정으로 걷는 이들은 이 계획이 빡빡 하다고 느낀다. 쉬운 일이 아니다.

만약 내가 맨 처음으로 돌아가서 아주 자유로운 일정을 짤 수 있다면 50일을 투자하고 싶다. 그래야 마음에 드는 마을에서 이틀이나 묵는 호사도 누려 볼 테니 말이다. 28일의 일정에서 내가 한 마을에서 연박 한 건 로그로뇨가 전부였다. 생각보다 많은 이들이 대도시에서 두 번의 밤을 맞이한다. 알베르게가 보통 1박만 된다고 알려져 있는데 이는 공립만 그렇고 사립은 상관없다. 혹 몸이 안 좋아서 공립에서 이틀을 머물러야 할 경우엔 그와 관련된 진단서를 제출하면 가능한 것으로 안다. 공립과 사립의 가격 차이는 1~5유로 정도다. 그리고 체력이나 건강의 문제로 쉬게 되는 일이 생긴다. 꼭 병원에 가야 할 수준이 아니어도 나와 같이 물집 때문인 경우도 있다. 일단 물집이 생기면 건조되어야 할 날이 필요하다. 처치가 정확하면 좋으련만 나는 아무리 해도 계속 물집이 잡혔고 결국엔 피까지 섞여 나오고 나서 결국 로그로뇨에서 쉬었다. 절뚝거리며 이건 진짜 아니다 싶은 날들을 며칠 보내며 버텼지만, 지팡이를 짚고 걷는 할아버지보다도 내가 더 느린 상황에 이대로 걷는 건 의미도 뭐도 없었다. 더불어 아무것도 안 해도 되는 날이 주는 회복제를 무시할 수 없기에 일정은 여유로워야 한다.

교통을 이용하는 것에 '죄책감'은 낄 자리가 아니다.

굉장히 이상한 일이다. 내 돈을 내고 내가 타는데, 왜 스스로 죄책감이라는 단어를 꺼내서 그걸 느껴야 하는지 모르겠다. 내가 무슨 어느 대기업의 후원을 받고 완주를 목표로 하는 다큐멘터리를 찍고 있는 것도 아닌데 말이다. 그런데 웃기게도 그게 느껴진다. 아니라고 머리로 판단을 하지만 마음 한쪽에서 스멀스멀 올라온다. 비난의 화살을 자신에게 겨누지 않도록 잘 다뤄야 한다. 사리아부터 산티아고까지는 무조건 도보로만 걸어야 완주증이 나오기에 그 점만 조심한다면 과학 기술의 진보로 이뤄낸 교통수단을 타지 말라는 법은 없다. 선택은 본인의 몫이다.

간혹 소수가, 교통을 이용했던 사람들을 반칙으로 대하는데 무시하라. 그런 이들 때문에 길에서 만난 사람들이 이 사실을 어색하게 대한다. 그럴 때마다 나는 '저도 탔어요.' 하면서 그게 아무렇지도 않은 일임을 표현했다. 타야 한다면 탈 수도 있다는 것을 꼭 기억했으면 좋겠다. 나는 꽤 버티고 버티다 백기를 든 사람인데 마무리하고 돌아와서도 한참을 무릎, 발목, 발의 불편함과 지내야 했다. 결국 허리 상태는 더 안 좋아져서 장시간의 좌식 작업을 할 수 없게 되었다. 그러니 그 전에 타라.

거리에 연연해, 초반부터 무리하지 말 것

생장에서 출발하게 되면 첫날은 거의 모두가 론세바예스까지 가는 27*km*의 산행을 하게 된다. 쉬운 산이 절대 아닌 데다가 나는 원체 등산을 싫어했기에 더욱더 힘들었다. 나는 8시간, 누구는 10시간도 걸린다. 아마 가방이 있었다면 12시간도 문제없었을 것이다.

참고로 꼭 배낭 트랜스퍼 서비스를 이용해야 한다. 첫날은 선택이 아니다. 8유로가 적은 돈이 아니라는 건 나도 충분히 알지만 이건 필수다. 또한 유럽의 햇살은 한국에서 겪던 것과 다르니 한 줄기도 조심해야 한다. 온종일 흐렸던 첫날에 잠깐 날이 개서 만난 햇빛으로 며칠을 화상의 고통 속에 끙끙대며 잠들어야 했다. 목에 입은 화상은 그 흉이 반년 넘게 갔다.

첫날이 전 일정 중 제일 힘들다. 별 다섯 개. 하지만 그다음 날도 정말 만만치 않다. 가방을 메고 처음으로 가는 날이자 지옥의 내리막이 있다. 우리가 생각하는 돌부리가 좀 있고 하는 정도가 아니다. 땅이 왜 이리 생겨 먹었는지 모를 기이하고 괴팍한 길이다. 발목이 꺾이는 위태로움을 맛보고 나서야 아차 하게 될 것이다. 이래서 목이 긴 등산화를 신으라는 거구나. 그 깨달음은 이후에도 몇 번씩 느끼게 된다. 그렇게 첫날 27㎞와 수비리까지의 22㎞를 걷고 나면 이제부턴 자유롭게 마을을 정해서 다닐 수 있다. 초반엔 갑자기 장시간으로 걷게 된 몸을 익숙하게 하는 기간이 필요하다고 생각한다. 물집이 생기지 않고 체력도 좋다면 문제없겠지만 긴 거리 탓에 몸에 무리가 오면 그 여파는 매일 복리로 불어날 것이다.

초반에 적게 걷고 점점 적응되면 후에는 25~30㎞, 때로는 35㎞ 이상도 뽑을 수 있다고 하는데 그게 허튼 말이 아니다. 나는 그 금쪽같은 적응 기간을 오버 페이스로 날려버렸고 그 뒤에 고통의 나날로 하루를 질질 끌었고 즐거움도 놓쳤다.

어떤 일을 하든 그 목적이 '즐거움'에 닿아 있는 나이기에, 그래서 참 많이 후회했다. 내 오버 페이스에 대한 후회가 아니라 이곳을 선택했다는 후회를 했다. 후회의 대상을 잘못 고른 것이다. 그 생각은 오래갔다. 매일매일 거리에 연연해 걷다 보면 분명 무리가 온다. 그러니 앞서 말한 대로 일정을 길게 잡으라는 것이다. 같은 거리여도 그날 오르막과 내리막이 많다면 더 오래 걸리고 지칠 것이다. 평지가 가득하다면 그날은 또 쉬울 것이다. 그럴 때 덜 걷거나 더 걸으면 된다.

여름의 순례길은 오후 1시 전에 마무리하자

일단 숙소에 들어가면 바쁘다. 나는 가난한 순례자였으므로 매일 손빨래를 했다. 먼저 샤워를 하고 그 후에 빨래하다 보면 1시간 정도는 후딱 지나간다. 그리고 마트에서 장을 봐 와서 밥을 먹고 일정을 정리하고 나면 또 내일을 위해 일찍 잠자리에 든다. 그런 일정이 쳇바퀴처럼 굴러가는데 이게 늦게 들어올수록 그만큼 여유가 없다. 그리고 오전 10시가 지나면 해가 굉장히 따갑고 뜨겁다. 정신력으로 버틸 만한 것은 정오가 되기 전이다. 그 이후엔 정말 이건 아니다 싶은 온도가 오후 5시까지 이어진다. 특히나 2시부터 4시까지는 정말 힘들다. 걸을 체력이 있어도 그늘이 없고 해가 쨍쨍하면 계속해서 걷는 게 안 된다. 초반에 그런 것들을 무시하고 걷기를 강행했는데 팔뚝에 열기가 올라서 화상이 도통 낫질 않고 밤만 되면 불타올랐다. 그래서 그 뒤로 일정을 조정했다.

늘 목표는 있었다. 이 마을까지 가야지. 하지만 날씨로 인해 견딜 수 없게 되면 그냥 지금 서 있는 그 마을에 멈췄다. 내가 지금까지 걸어온 거리와 시간을 계산해 봤을 때 이 정도 거리면 한 시간이면 되겠다고 걸어가는 순간 예상보다 시간이 계속 늘어졌다. 둘째 날 수비리에서 라라소아나까지 5km를 걸었을 때 2시간 30분이나 걸렸던 나의 경험을 바탕으로 하는 말이다. 체력과 속도가 당연히 초반만큼 안 난다는 걸 의식하지 못한 탓이다. 이미 걸어왔으니 되돌릴 수 없다. 태양 아래서 고스란히 오후 5시까지 걸었던 그 날, 나는 좀비였다.

개를 무서워한다면 마음의 준비가 필요하다.

나 또한 어렸을 적에 자전거를 타다가 작은 개에게 쫓겨서 미친 듯이 페달을 밟았던 쓰라린 기억이 있다. 그때 엉엉 울면서 기계처럼 밟아 댔는데 지금 생각하면 웃긴 일이지만 그 당시엔 생명의 위협을 느꼈다. 그런데도 집에서 계속 개를 키웠기에 별다른 거부감 없이 자랐고 오히려 좋아하는 편이다.

순례길 초반엔 개가 별로 없었는데 목축업이 발달한 갈리시아 지방에 들어오고 나서부터는 정말 많이, 자주 보인다. 소몰이 개인데 문제는 목줄에 묶여 있지 않다. 게다가 몸집도 엄청나게 크고 색깔도 거무튀튀해서 사나워 보이기도 한다. 왈왈하고 무섭게 짖는 녀석들이 간혹 있지만 걔네들은 대부분 묶여 있고 사방에 무기력하게 널브러져 있는 애들은 우리에게 관심조차 없다. 나는 옆에서 개가 무섭게 짖어도 그냥 쳐다보지 않고 지나간다. 하지만 개를 무서워하는 사람은 한 걸음 떼기도 어려울 것이다. 지나가는 순례자와 함께 지나가려 몇십 분째 기다렸다는 글을 보고 이게 가벼운 일이 아님을 알게 되었다.

라스 에레리아스 알베르게에서 만남

사리아 가는 길, 나를 따라오던 친구

가방은 무조건 가볍게, 8kg 이하로.

만약 순례길 전후로 여행이 있어서 그에 관한 물품들의 무게가 꽤 있다면 빡 뻬 레그리노 서비스로 산티아고에 보낼 것을 추천한다. 내 짐은 내가 챙기겠다는 신 념으로 끝까지 버텨 봤으나 결국 백기를 들었다.

순례길을 걸으면서 물과 식료품을 사서 가방에 넣고 다녀야 하므로 2kg 정도 추가된다고 생각해야 한다. 물은 생각보다 많이 마시기에 1.5ℓ 를 들고 다니는 건 아무 일도 아니다.

빨래는 잘 마른다. 그날 도착해 빨면 다음 날 아침에 입을 수 있다. 날이 안 좋 아 덜 마르기도 하지만 워낙 건조하기에 그런 적은 한 번도 없었다. 기껏해야 두 꺼운 양말만 덜 마르는 정도다. 그건 걸으면서 가방에 매달고 말리면 된다. 그러 니 여벌 옷도 그다지 많이 필요하지 않다. 가방이 너무 무거워 버린 것들도 많다. 스킨 로션, 알로에 젤 사 놓고 한 번도 안 입은 등산바지까지. 버릴 수 있는 건 최 대한 버렸다. 내가 체감하는 무거움은 물건이 아닌 내 삶의 무게라고 생각했다. 그래야 버틸 수 있었다.

그리고 순례길에는 배낭 트랜스퍼 서비스가 존재한다. 일정의 비용을 내면 다 음 알베르게까지 가방을 옮겨주는 것으로 거의 모든 마을에서 이용 가능하니, 힘 이 들 땐 이용하자.

나는 순례길에 갔다 온 것을 후회하지 않는다

만약 이 책을 돌아온 직후에 바로 만들었다면 순례길이고 뭐고 후회 가득한 한탄의 글로 마무리했을 것이다.

'내가 미쳤었지, 이 돈으로 이 시간을 이런 데에서 쓰고 왔다니.'

그런 말들을 악랄하게 날렸을 것이다. 하지만 뭐든 다 그런 것 같다. 막상 그 현실에 있다 보면 흐르는 시간을 쫓아 가느라 뭘 느끼거나 깨닫는 게 잘 안 된다. 지나 보고 나서야 곱씹어 보면서 아래처럼 되새기게 된다.

'아, 그때 그랬었지.'
'그때 그 정도로 화날 건 아니었는데.'
'아, 그거 엄청 좋았지.'

산티아고에 도착하는 날에도 그런 말을 했다.

'어휴, 지긋지긋한 이 생활도 이제 끝이다.'

그러면서도 마음 한쪽에 스멀스멀 아쉬움이 밀려왔는데 그걸 애써 모른 척했다. 그렇게 친구들과 지인들에 이곳이 너무 힘들다고, 새로운 지옥의 코스를 걸었다며 오늘도 어디가 아프다고 징징댄 이력들이 있어서 여기서 아쉬워하면 내 입장이 이상해진다고 생각했다. 나는 남의 눈치를 참 많이 보는 인간이다.

당연한 말이지만, 역시나 순례길을 다녀온다고 뭐가 해결되는 건 없었다. 잠시 멀어졌을 뿐이지 다시 현실로 돌아왔고 또 시궁창 같은 일들이 날 기다리고 있었다. 내가 철 십자가에서 그렇게나 기원했는데, 하면서 부들부들 대기도 했다. 보통 블로그에 쓴 일기는 목적이 없는 한, 다시 읽지 않는데 뭔 바람이 불었는지 어느 날은 첫날부터 쭉 글을 읽어 보기도 했다. 산티아고에 도착하고 그다음 날, 안 걷는다는 것 자체가 얼마나 어색했는지 모른다. 더 걷고 싶다는 바보 같은 생각도 들었다.

　버스를 탄 바람에 건너뛴 구간들이 있다. 사실 많이 아쉬운 건 아니라서 그 구간만 다시 걸어 볼 생각은 없다. 두 번씩 같은 길을 걷는 사람들도 있다던데 도대체 뭐가 좋아서 오는 건가 싶은데 그걸 조금은 알 것 같기도 하다. 당시엔 다신 이 길을 걷지 않겠다고 결심했지만, 지금은 만약 걷는다면 포르투갈 길이 좋겠다는 고려를 할 만큼 유순해졌다.

　예상치 못한 상태로 선택한 것들이 제법 있다. 워킹홀리데이를 비롯해 이 순례길도 그렇다. 그렇기에 앞으로 무슨 일이 어떻게 생겨날지는 나도, 그 누구도 모른다.

띄엄띄엄 산티아고 순례길

초 판 1 쇄 2021년 5월 5일
지 은 이 안녕
펴 낸 곳 하모니북

출판등록 2018년 5월 2일 제 2018-0000-68호
이 메 일 harmony.book1@gmail.com
전화번호 02-2671-5663
팩   스 02-2671-5662

979-11-89930-76-9 03950
© 안녕, 2021, Printed in Korea

값 18,500원

이 도서의 국립중앙도서관 출판예정도서목록(CIP)은 서지정보유통지원시스템 홈페이지(http://seoji.nl.go.kr)와 국가자료공동목록시스템(http://www.nl.go.kr/kolisnet)에서 이용하실 수 있습니다.

이 책은 저작권법에 따라 보호받는 저작물이므로 무단 전재와 무단 복제를 금지하며, 이 책 내용의 전부 또는 일부를 이용하려면 반드시 저작권자와 출판사의 서면 동의를 받아야 합니다.